高校“三全育人”教育体系评估及实践探索

付瑞红◎著

燕山大学出版社
·秦皇岛·

图书在版编目（CIP）数据

高校“三全育人”教育体系评估及实践探索 / 付瑞红著.—秦皇岛：燕山大学出版社，2021.5

ISBN 978-7-5761-0180-5

Ⅰ. ①高… Ⅱ. ①付… Ⅲ. ①高等学校－思想政治教育－研究－中国 Ⅳ. ①G641

中国版本图书馆 CIP 数据核字（2021）第 088849 号

高校“三全育人”教育体系评估及实践探索
付瑞红 著

出 版 人：陈 玉
责任编辑：张 蕊
封面设计：方志强
出版发行：燕山大学出版社 YANSHAN UNIVERSITY PRESS
地 址：河北省秦皇岛市河北大街西段 438 号
邮政编码：066004
电 话：0335-8387555
印 刷：英格拉姆印刷(固安)有限公司
经 销：全国新华书店

开 本：700mm×1000mm 1/16　　印 张：17.25　　字 数：265 千字
版 次：2021 年 5 月第 1 版　　印 次：2021 年 5 月第 1 次印刷
书 号：ISBN 978-7-5761-0180-5
定 价：72.00 元

本书是2020年河北省社会科学基金项目“新时代高校国家安全教育评价指标体系构建研究”（HB20JY008）最终研究成果

目　　录

第一部分　高等教育系统及评估的理论基础

第二部分 “三全育人”教育体系建设和评估

第三部分 “三全育人”视野下的国家安全教育与评估实践

绪　论

习总书记在2016年全国高校思想政治工作会议上强调："要坚持把立德树人作为中心环节，把思想政治工作贯穿教育教学全过程，实现全程育人、全方位育人，努力开创我国高等教育事业发展新局面。"[①]"三全育人"工作机制建设是全面提升高校思想政治工作质量和落实"立德树人"根本任务的战略安排及重大部署，是十八大以来我国教育改革发展的理论和实践创新。全员、全程和全方位育人，是将育人主体、过程和载体分别作为整体，整合机制，形成一体化协同的育人格局。构建全面、多层次和各类型的教育评估指标体系是高校思想政治工作高质量和制度化发展的实践需求，是提升高校治理能力和治理体系的客观需求，是高校"立德树人"根本任务实现的内在需求。

一、选题依据和研究问题

我国高水平大学的教育评估改革要始终坚持立德树人的办学方向，为社会主义发展培养爱国、道德品质高尚、心灵美好的人。"三全育人"具有全局性和系统性，是要建立思想价值引领贯穿高校教育教学全过程和各环节的长效机制，最大限度挖掘并科学整合现有及潜在教育资源，发挥协同效应，构建育人新格局。十四五时期，高等教育改革高质量发展的政策实践之一是深化"三全育人"综合改革，其发展方向依赖于教育评估。2020年中共中央、国务院颁发的《新时代教育评价改革总体方案》中，把"立德树人"成效作为学校评价的根本标准，科学成才和育才的观念是以德为先、能力并重、全

① 习近平．把思想政治工作贯穿教育教学全过程 开创我国高等教育事业发展新局面[N]．人民日报，2016-12-09（1）．

面发展。2021年国家三部委发布《“双一流”建设成效评价办法（试行）》，将评价对象定义为人才培养过程、结果及影响。“三全育人”评估指标体系研究要立足高校“立德树人”的根本任务，契合“双一流”建设发展要求，符合《深化新时代教育评价改革总体方案》提出的改革方向，与高校教育管理和思想政治教育的育人规律一致。

十四五时期，高校“三全育人”综合改革与教育管理的优化升级需要全方位依赖教育系统构成要素和资源的协同，转变教育管理思路，形成科学化、专业化的有效管理方式，推动高校思想政治教育工作的制度化。高校“三全育人”教育体系评估，以工作机制建设和育人过程为对象，以整体性与协同性为突出特征，对于高校“双一流”建设和思想政治教育工作高质量创新发展具有理论和现实意义。

本书研究高校范围内如何以“三全育人”综合改革的过程评估提升高校育人能力和效能，围绕系统论、评估什么、如何评估、评估实践四个相互关联的问题展开：

（1）理论基础——从系统理论和方法分析教育系统的结构和教育评估（第一、二章），教育体系评估有两层含义：教育体系的评估和教育的体系评估，前者是把高等教育系统作为一个实体，是基于系统理论的评估，强调系统的功能和结构，突出系统性、整体性和协同性的基本特征；后者是以系统方法和分析技术对高等教育进行评估，强调问题界定和目标确立，从不同维度开展系统分析，从而为决策提供依据。

（2）“三全育人”教育系统评估——教育发展和评估的整合（第三、四、五章）：高校“三全育人”教育系统内涵和目标的系统论是教育发展和评估的基础。“三全育人”教育评估是多主体、多层次，多维度的，包括工作体系建设与评估、微观层面教育实施过程基本构成要素的建设与评估。

（3）“三全育人”教育体系评估的实践探索——高校国家安全教育评估（第六、七、八章）：国家安全教育在“三全育人”教育体系中具有独特地位，与思想政治教育具有本质上的一致性和共通性。“三全育人”体系中，高校国家安全教育是相对薄弱的环节，教育孤岛现象更为突出。笔者作为军事理论课教师，长期从事国家安全教育的教学研究，持续进行基于评估的研究模式课程探索，实现教学科研一体化的教师能力成长，对高校国家安全教育体系评估有深刻思考。国家安全教育实践中的评估理念和方式在“三全育人”的思想政治教育实施中具有普遍应用性。“三全育人”是教育实践，只有宏观层面的理论探讨与微观层面教育实践结合，才能提升教育的实效性。

二、“三全育人”研究与实践述评

（一）研究与政策同步，研究主题突出但呈现多元化趋势

中共中央、国务院在2017年将“三全育人”列为加强和改进高校思想政治工作的五项基本原则之一；2019年在党的十九届四中全会上明确提出建立全员、全程和全方位育人机制，加强高校思想政治工作。在中国知网，以“三全育人”为篇名搜索的期刊类文章共有1270篇文章，2018—2020年研究成果最多，论文数量大幅增长，发文数量从2017年的15篇增加到2020年为715篇。在读秀数据库以“三全育人”为书名的搜索中，专业研究书籍也出现大幅增长的态势。

围绕核心主题的研究成果数量逐年增加，集中在思想政治工作、思想政治教育、全员全程全方位育人、育人工作、育人模式、课程思政、实现路径，“三全育人”与思想政治教育、立德树人的相关研究成果增长幅度较大（见图1）。主题研究数量增长的同时，所占全年发文量的比重在下降，研究主题更加多元化，体系构建、新时代、心理健康教育、综合改革、学风建设、文化育人等主题研究的发文数量逐渐增加，研究内容更丰富，基本定位更清晰。“三全育人”是思想政治教育工作机制、育人模式和理念，广义理解的目标是建立育人共同体①和育人生态②，也有学者提出全环境育人③。

① 赵耀，王建新．论新时代高校“三全育人共同体”的内涵与建构——基于利益趋同、价值共同和行动协同的思考[J]．中国矿业大学学报（社会科学版），2021（3）：11-24．

② 余嘉云．“三全育人”的生态主义理论阐释与实践路径探索[J]．南京师范大学学报（社会科学版），2021（1）：130-138．

③ 蒋广学．全环境育人理念的探索实践与网络思想政治教育的时代创新[M]．北京：北京大学出版社，2016．

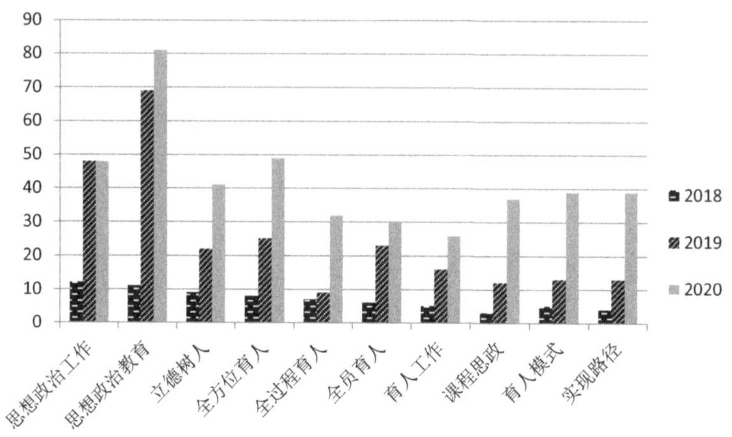

图1　2018—2020年“三全育人”主题研究变化图

（二）现有研究的主要观点

“三全育人”的价值意涵研究：是高等学校落实立德树人根本任务的具体体现和内在要求①；是培育德智体美劳“五育”全面发展时代新人的必然要求；以人的全面发展价值为目标。② 内涵阐释集中在全员全程全方位研究：是以育人主体、时间、空间三个维度，围绕立德树人根本任务，遵循学生成长和思想政治工作的规律构建全新的育人模式和格局。③“三全育人”要素的内涵呈现多元化解读。全员指高校全体教职员工④，有学者认为是指学生、家庭、学校和社会的“四位一体”育人主体⑤。育人过程一般认为是大学生从入学到毕业的全过程，有学者还增加了空间、范围和方式的认识维度，课内课外的空间；教育、管理、服务全过程的范围；有线上线下的方式。⑥ 全方位的内涵

① 邓国彬．新时代高校“三全育人”格局体系构建[J]．社会科学家，2020（3）：141-145.

② 丁丹．新时代高校“三全育人”探赜：机理、问题与路向[J]．思想教育研究，2020（6）：119-123.

③ 岳修峰．普通高等学校“三全育人”研究[M]．北京：社会科学文献出版社，2018：1.

④ 杨晓慧．高等教育“三全育人”：理论意蕴、现实难题与实践路径[J]．中国高等教育，2018（18）：4-8.

⑤ 王艳平．高校“三全育人”的特征及其实施路径[J]．思想理论教育，2019（9）：103-106.

⑥ 张平，丁德智．“三全育人”视域下民办高校思想政治教育创新[J]．学校党建与思想教育，2020（4）：39-41.

界定并未统一，有“教育场域”的全方位，即课内课外、线上线下、校内校外[①]；“育人成效”的全方位，即德智体美劳全面发展[②]；育人主体的全方位，即家庭、学校和社会等不同层面的影响[③]。

“三全育人”建设的主要挑战是育人主体教师对于育人职责不够重视，育人观念尚未转变，育人能力有待提升。全员育人的人力资源整合不足，尚未形成协同效应；全程育人对接不够顺畅，尚未形成长期效应；全方位育人立体联动不强，尚未形成融合效应[④]。“三全育人”缺乏有效的协同、保障和创新的教育机制，评估机制尚未健全。校级领导工作机制、部门协同育人机制和院系的融合工作机制是“三全育人”长效机制建设的路径。“三全育人”教育评估研究成果较少，思想政治教育工作机制评估和立德树人评估的研究成果提供借鉴意义。高校立德树人工作综合质量建设研究关注效果评估，评估内容包括大学生道德、知识、成长、人格感情、价值观念等；社会、家庭、学校、教师和学生等多元主体共同参与和相互协作；评估指标的维度是大学生的政治、思想、道德、法纪和身心素质 5 个方面。[⑤]

（三）“三全育人”综合改革试点的实践

教育部在 2018 和 2019 年在全国范围内分别设立二批“三全育人”综合改革试点单位，共 8 个试点区、25 个试点高校和 92 个试点院系，覆盖全国各省（区、市）。教育部对试点工作的要求是“强化领导体制，完善统筹协调机制，创新工作实施体系，加大保障力度，改进评价管理规范，整合各方育人

① 刘承功．高校“三全育人”的核心要求、目标任务和实现路径 [J]．思想理论教育，2019（11）：92-95．

② 刘润，王小莉．高校“三全育人”工作路径与机制的探索实践 [J]．思想教育研究，2020（6）：115-118．

③ 王习胜．“三全育人”合理性的逻辑诠释 [J]．思想理论教育，2019（3）：52-56．

④ 张睿．协同论视域下高校“三全育人”实施的机理与路径 [J]．思想理论教育，2020（1）：101-106．

⑤ 冯刚，陈飞．新时代高校立德树人的治理架构与实施路径 [J]．思想教育研究，2020（7）：99-104．

资源，构建一体化育人体系，形成全员全过程全方位育人格局”[①]。教育部还指导建设32家省级高校网络思想政治教育中心，培育建设20个思想政治工作创新发展中心、40个思想政治工作队伍培训研修中心。

教育部公布《综合试点工作建设要求和管理办法》，提出构建一体化育人体系，宏观层面，省级负责统筹学校、家庭和社会教育资源；中观层面，校级以“十大育人”体系（课程、科研、实践、文化、网络、心理、管理、服务、资助、组织育人）为基础把思想政治工作融入人才培养各环节；微观层面是院系各项工作内在的育人元素和逻辑。教育部公布的试点建设标准中，省级试点区的一级指标与教育部发布的试点工作要求一致，包括强化领导体制、完善统筹协调机制、创新工作实施体系等。普通高等学校和院系建设标准的一级指标是组织领导、条件保障和“十大育人”体系。

2019年华东师范大学举行全国高校“三全育人”综合改革试点经验交流会，教育部思政司副司长张文斌提到“三全育人”综合改革要真正推动各高校工作重点和目标落实在育人效果上，在“深、实、精、细、合”方面下功夫。上海是第一批试点区，聚焦内容、主题和资源供给，促进教学平台、学校建设、师资建设、区校联动、校内外育人五个一体化平台建设。微观层面的院系推进工作中，上海交通大学机械与动力工程学院作为首批入选综合试点的院系，创建了“三全育人”主题网站。育人工作中，党政联席会议发挥决策职能，加强党对思想政治工作的领导；成立学院教书育人委员会，营造育人氛围。以价值引领、知识探究、能力建设和人格培养四个方位体现“全方位育人”，以灌浆期、抽穗期和拔节期三个阶段体现“全程育人”，以班主任、导师、任课教师、思政教师、校外企业和校友资源的N支队伍建设发挥合力育人。

（四）现有研究及实践的评估

现有研究成果和实践经验为本研究提供坚实的理论和实践基础，但体系

① 教育部办公厅．教育部办公厅关于公布第二批“三全育人”综合改革试点单位名单的通知[EB/OL].（2019-01-22）[2021-02-23].http://www.moe.gov.cn/srcsite/A12/moe_1407/s253/201 902/t20190201_368791.html.

性研究不足，教育评估研究还有待深入。高等教育为“三全育人”研究主体，占比达到 65.6%，研究者以校党委领导和马克思主义学院教师为主，权威期刊的发文量较少；研究内容以学理阐释和实践探索两个维度为主，研究思路具有相似性，从价值、内涵、逻辑关系、原则特征、问题挑战及实践路径等方面展开论述，存在研究同质化、与实践相脱节的现象。“三全育人”教育理念是对现有思想政治教育评估的创新发展，但教育评估研究相对不足。教育部在省、校、院系三个层次公布综合改革试点建设评估标准，指标是十大育人功能体系、组织领导和条件保障，各自独立的评估指标无法体现工作体系建设的整体性和系统性。

“三全育人”工作体系评估是以形成性和过程性评估为主的自我评估，更注重工作机制建设中各个育人环节和过程的评估，“以评促建”的特征更突出。思想政治教育成果的显性效果无法与教育评估直接等同，无法用清晰、明确的量化方式呈现思想政治教育的发展状况。“三全育人”综合改革推动教育评估体系向全面性和过程性方向延展。全面性评估是兼顾主观性和客观性导向，引导主体形成新观念，优化教育资源配置的方式，二者相互影响和转化，新观念会导致教育资源配置方式变化，反之亦然。①

本研究关注狭义范畴的“三全育人”，把高校作为具有特定功能和构成要素的体系，开展针对性强的研究；不局限于全员全过程全方位的研究线索，而是以“评建合一”，组织生态优化和育人能力提升为主要线索开展深度研究；基于体系性、过程性、发展性特征分析如何以评估带动发展，拓宽研究广度；构建“三位一体”的多元多维多层次评估体系，三个维度是工作方案、课程发展和教师能力评估，“一体”是整体建设评估，旨在缩小教育政策与实践差距；以国家安全教育实践研究深化“三全育人”建设和评估理论，实践研究重视教师角色，教师是育人主体，也是评估主体，高校教师凭借着对专业教学、思想政治教学和对教育现场的充分理解，是课程的最佳发展者和评估者。

① 李一希，黄毅．价值异化：高等教育评价“五唯”问题探析 [J]．高等工程教育研究，2020（4）：112-117.

三、系统研究方法和“三全育人”协同理念

系统观念作为思想和工作方法在新发展阶段推进全面建设社会主义现代化建设中具有重要作用，也是我党治国理政的基本思想和工作方法。

（一）高等教育评估的系统论

系统论作为科学行为主义的研究方法之一，把各种因素组织在一个具有合理的解释能力或预测能力的简单框架之中。系统既是一种理论，也是一种分析方法，系统科学论是作为理论概念的系统论，系统认识论是作为方法的系统论，二者都强调相互依存与互动，以整体、相互联系的方式进行有序分析。系统的三个基本概念是系统结构、环境和功能。系统结构同环境的关系决定系统整体性及其功能，揭示系统存在、演化、协同、发展的一般规律。为了使系统实现期望的功能，可以通过改变和调整系统结构来实现，实现整体、部分与环境协调统一关系，使其相互协调和相互协同。

作为社会中一个重要的功能系统，高等教育是规模庞大、结构复杂、功能显著的系统，具有封闭性和开放性，其结构和功能在与外部环境互动中不断进行动态调整。教育管理者的任务就是使教育结构、目标、规模和功能满足社会需求并促进社会发展。教育的概念在社会结构变迁的背景中，随着各个时期主流价值、社会思想或时代精神的转变而发生意义形式及其内涵的转变，最终落在与价值的关联层面。高校作为实体系统，是育德和育才功能统一的整体。高等教育系统封闭性体现在依据其特殊的功能需求建构起特殊的意义结构。教育发展和评估的基本原则是整体性、层次性与协同性，以部门整合与成员的协同达成一致性的育人功能。以系统方法论分析高校育人模式，是特定实施主体根据所要解决的问题或目标要求，借助一定的技术、工具与信息，给出最优方案的过程。研究的系统分析思路是界定问题，寻求现实与教育目标、教育政策需求的差距，进而提出教育发展和教育评估相统一的方案。

（二）“三全育人”的系统论和协同理念

“三全育人”系统论包含教育内涵系统、教育目标的整体性和工作机制

建设体系。“三全育人”教育内涵的整体观是目标、方式和功能之间的相互联系，全员、全程、全方位的育人方式，不仅体现在主体、时间和空间，更有深层次的育人主体能力、品德教育的内化过程和以学生为中心的全方位育人。“育人”是以人的思想政治素质和全面发展为目标，大学生首先是一个爱国者、辩证唯物主义者、道德品质高尚的人，然后才是具有科学专业知识的人。“三全”代表高校思想政治工作建设有明确的目标，即以制度化建设推动高校思想政治工作的高质量发展。“三全育人”教育目标具有系统性，反映政治、社会和人的全面发展需求。习近平新时代中国特色社会主义指导思想、马克思主义理论、“四史”和“四个自信”为内涵的思想政治教育居于主导地位，具有全局性；还包括以社会主义核心价值观为主体的品德修养教育，以人的全面发展为核心的综合素质教育。高校坚持“立德树人”，发展素质教育，必须建立各方协调的共同育人观、树立育人为本的教师职业观与教育政绩观以及教育评价观。[①] 协同是两个行为体经过持续的相互沟通与协调形成动态的合作，并依赖于彼此的资源完成共同目标。

1. 全员、全程和全方位育人所蕴含的组织协同关系

高校全员、全程、全方位思想政治教育工作是复杂的系统工程，并非各要素的简单机械组合和叠加，而是立足育人整体目标，基于内在逻辑的各要素分工协作和良性互动，蕴含协同与合作关系。全员育人体现主体关系的协同性，是全体成员分别发挥育人角色和职责，主体之间形成协同合作关系。全员育人要求以组织行为推动建设常态化育人工作格局、统筹协同工作机制。工作机制建设的主要方向是提升教师地位；探求增进目前教学人员和设备运用的新方式；探求修改学校所有领域课程的方式；探求在大规模的学校结构中创造更灵活、协同的组织方式。全程体现全程性的组织协同关系，为持续性、全程性和差异化地推进思想政治教育提供组织保障。全程包括本科教育与高中教育、步入社会的衔接过渡；大学阶段持续实施的教育过程；以学生终身发展为目标的长期育人效果，培育学生能“带走”的政治素养、品德和能力。全方位育人是从空间角度实现思想政治和知识教育的有机结合，包含

① 教育部课题组．深入学习习近平关于教育的重要论述 [M]．北京：人民出版社，2019：55-59．

教师主体和其他人员发挥育人职责、学生自我驱动、环境的作用、主体相互关系及文化的作用。高校组织、管理、服务等各方面协同发力拓展育人渠道和媒介，有机结合显性和隐性育人的各种途径，有效避免传统思想政治教育方式单一的问题。

2.“三全育人”综合改革对组织协同功能的需求

高校“三全育人”综合改革建设标准中，组织领导是首要指标，组织育人是十大功能体系之一。党是思想政治工作制度体系的领导核心，党委承担主体责任，发挥集中力量办大事的制度优势。组织育人主要包括党组织建设和群团组织建设，各级党组织承担育人保障功能，负有管党治党、办学治校、育人育才的主体责任，校党委统一领导，分党委和党支部协同配合，在育人过程中定方向、抓战略、控大局、作决策。加强党政联动，党委领导和行政部门配合，建立协同联动制度。“三全育人”综合改革中，学校行政组织对相关的人、事、物、财等要素进行系统化管理，承担建立思想政治教育工作协同机制的任务。学校行政不是片段活动的组合，而是动态连续且相互合作的过程，为师生提供最佳的教学与学习环境，只有建立灵活、动态的组织机制，才能使高校具有适应时代和社会情境变化的能力。

3.“三全育人”对组织行为协同效应的需求

“三全育人”综合改革的协同性体现为体系协同和机制协同。体系协同是整体协同，系统整体结构的协同和体系内构成要素之间的相互协同。从全局观念发掘子系统之间的协同效应，从而产生整体功能。①机制协同是组织结构中有机的层次关系与功能互补性的高度统一，需要掌握全局与局部的辩证关系，通过协同组织机制促进合作，以组织结构、机制建设和组织文化为主要方式强化协同效应。协同作为系统的基本关系，反映的是过程关系。②作为一种程序和过程，组织协同工作的基本步骤是确认目标，建立伙伴关系，最终形成目标、工作过程和具有协同组织文化的管理结构。协同合作是建设性的，参与者相互的差异性需要组织的力量达成共识，促进协同合作，包括确立正式管理机制，提供组织保障、激励机制和文化建设。文化是参与者的

① 邹珊刚，黄麒雏，李继宗．系统科学 [M]．上海：上海人民出版社，1987：283-284.

② 魏宏森，曾国屏．系统论——系统科学哲学 [M]．北京：清华大学出版社，1995：317.

价值观和原则，是非正式的管理机制。高校“立德树人”教育功能依赖于高校系统结构的合理性和持续优化。组织机制建设是基于系统功能的内在机制和共同特征，优化要素之间的协同效应，推动系统由无序向有序状态转化。

四、研究内容与核心观点

“三全育人”是将思想政治教育真正落实在教育现场的政策创新。工作机制建设的目标是打破思想政治教育的孤岛状态，形成思政课程与课程思政协同育人的教育格局。本研究以“以评促建”、高校协同组织生态优化为主要研究思路和线索，对高校“三全育人”的“三位一体”评估进行系统分析，以国家安全教育实践探索分析研究模式课程设计和动机为例激发教学模式。

（一）主要思路——建设与评估的统一性

建设与评估具有内在逻辑的一致性，从教育评估视角研究高校综合育人改革的机制建设路径更有针对性。“三全育人”工作体系建设与教育评估是一体两面，相互促进，具有共性特征。评估是育人工作机制建设的一个环节，评估是建设的指挥棒和助推器，发挥引领、指挥和推动力量，评估内容和指标可以早于实践，评估为实践提供必要的信息和资源。工作机制建设和评估都服务于教育实践，具有可执行性、可操作性。评估的信息搜集功能和引领作用确保教育政策能有效转变为教学实践。工作体系建设和评估有共同的价值目标，即提升育人实效。教育评估价值诉求就是以系统方法寻求高等教育最佳的育人质量，工作机制建设包含创新的概念、有效的运作程序和成功的策略。教育评估的对象是育人的结果，更是育人的过程。教育评估是对思想政治教育活动的“工作—成效”或“历程”作系统化分析，目的在于判断育人活动是否达成目标，是否需要调整改进，以作为下次或下一阶段教育实践的参考。

评估与组织发展是互动的，组织发展的目标是追求育人品质，教育评估是品质管控的重要方式。组织发展影响教育评估的内容，结构性视角的评估关注个体在组织中的角色期待，成员间的关系是否实现充分沟通并相互信任；人力资源管理视角的评估关注成员的激励、支持和保障因素。评估专业化影响组织演进方向，高校组织演化不是解构，而是组织重构的过程。学校评估可以提升组织效能，塑造组织文化。多元化教育评估能提升教师专业和教学能力，实现自我成长并提升育人信念。教育评估主体的多元化，尤其是教师参与评估能够提升组织成员对教育品质提升的内在需求，创造更优质的教育环境。

“三全育人”工作体系建设和教育评估都是持续的过程。高校思想政治教育具有鲜明的政治性，是育人价值取向非常鲜明的教育教学活动，育人过程和育人效果需要教育评估。思想政治教育非一日之功，而是持续不断的过程。“三全育人”是高校在制度建设、工作流程和运作模式上的变革，也是高校内部各个构成要素结构和关系调整的过程，评估是这一过程运作的指挥棒。“三全育人”评估在理论发展、评估模式、评估指标构建方面有所创新，但也是一个不断循环的动态过程。只有在不断的反馈和循环中，才能促进指标体系的不断完善，真正发挥评估的效用。以教育“应然”状态的评估指标推动高校育人能力建设，因而，可持续发展能力是评估的重要角度。系统性、整体性与协同性既是“三全育人”工作机制建设的特征，也是教育评估关注的焦点。

（二）主要线索——“三全育人”协同理念下高校组织生态优化

“三全育人”综合改革的根本要求是重塑高校组织结构、功能和行为，使教育需求及时反映在教育结构、目标、规模和功能的动态变化上。大学组织行为的新价值取向是思想价值教育引领知识传授并将之贯穿教育教学全过程和各环节，实现协同育人。高校垂直和松散状态的组织结构对思想政治工作的导向性和统筹性不足，缺乏组织机制和政策创新。高校思想政治教育工作整体性推进的效果明显，思政课程与课程思政同向同行格局基本形成。但创新发展的制度支撑不足，尚未形成组织合力。在高度组织化的高校系统内，主体的行为习惯体现制度逻辑的力量，组织生态优化不仅是强化现存的制度逻辑，更要建立有利于教育政策推行的一套规范和价值观。高校原有的管理模式和组织结构面临优化升级，在教育实践中通过提升组织的有效性、回应教育需求及塑造组织文化等方式获得期望的教育效果。高校组织生态实现优化就是调整垂直管理和松散联结的模式，建立跨机构、跨专业、多主体的协同合作机制，以联结性更强的制度提升育人主体能力并推动协同育人行为。

高校组织生态优化路径是以多元化组织形态的结构优化、全方位激励机制建设、评估体系建立和塑造具有持续变革能力的组织文化。

1. 组织结构的优化

思想引领和价值塑造是要打破学科界限，学生能够灵活转化各学科所学概念及实践能力，以符合国家政治需求和普遍社会规范的价值高度解决不同情境脉络中的问题。高等教育育人行为有很强的向心吸引力，依赖组织机构横向和纵向制度整合，确保系统内所有构成要素集体响应、支持和推进教育变革的目标。"三全育人"是建立协同育人的长效机制，以强化领导组织、拓展现有行政组织职能、创建新组织形态方式实现组织结构优化，增强育人的协同效应。

强化和完善党的全面领导制度体系和运行机制，加强党政联动。学校党委和各级党组织强化在决策、执行、保障、评估和激励机制的各个环节领导统筹作用。高校垂直型职能架构兼顾效率和沟通，以统一思想、垂直模式的工作协调和水平方向功能协调增强组织的有效性。组织成员的思想和意志、个体工作能力和信念统一到育人目标。组织协调是垂直模式权力结构中的协调，领导部门通过发布命令或通知方式来协调工作，建立有效沟通和控制网络，从而有效完成主要目标，由高层到基层贯穿整个高校组织。组织协调还体现在水平层次建立不同功能的协调工作机制，如建立相关协调或推进小组、工作机制平台，实现观念沟通、人员协同和资源整合。教务部门负责课程发展、教师能力提升，树立典范并进行推广；科研部门负责理论研究和教学科研一体化工作，为教师提供支持和服务。高校现有组织的协调以管理和行政组织为主，以政策实施为主要功能。

高校以横向组织途径提升思想政治工作向心力。横向组织结构的主要形态是不同功能和目标的团队，由不同专业技能的一群人组建的以解决问题为目标，探索育人主体的共同演化关系，通过新工作关系改变行为、态度和价值，增强协同性。高校原有组织发挥协调人角色，在不同群体之间传达信息并进行监督和评估。"三全育人"综合改革中，高校横向结构超出传统的事务性或功能性部门之间合作，产生更大的横向整合能量。教师是育人主体，在高校组织管理中拥有独立性，欠缺主体性。组织结构优化是以教师教学科研

活动为中心建立有效教育活动的有机共同体。高校的协同工作机制是以相关领域的教师或专业人士为主导，行政部门发挥服务和保障职责，为高校全员、全程和全方位育人提供可持续发展的组织保障。协同工作机制以团队为组织形态，不同学科教师通过彼此合作实现整体目标。团队型组织有教学科研等不同类型的组织机构，以自主管理、弹性灵活、沟通协调的方式完成任务。在松散耦合的高校组织网络体系中，教师力量团体与系统内其他组织进行动态联结和共同演进。

2. 全方位激励机制

全方位的激励方式是提升组织育人能力、激发主体育人活力的关键制度保障。教师知识构成及对工作的积极信念依赖于组织提供的“自励”“他励”“互励”全方位激励协同机制。“他励”指组织提供给教师的经济奖励或者职称评定、优秀认定等精神激励，是组织领导和行政部门有意识的引导。在高校系统中，组织激励是基础，教师获得回报、认同和尊重。公平公正关怀的文化塑造教师积极正向的思维模式和行为方式，是教师育人能力提升的根本组织保障。自我激励具有能动性和主动性，教师是独立自主并且高度自我导向的个体。高校行政部门鼓励教师进行职业发展规划，为教师提供思想政治教育学习机会，以主动参与、合作探究等工作方式提升教师能力，制定明确的奖励制度并严格执行，确立有效的责、权、利关系。相互激励具有群体性、联动性和社会性，组织机构塑造教学科研典范以产生模仿和激励效果，在成员之间以分配机制建立互惠共赢关系，塑造合作、诚实、沟通、信任的组织文化，构建互惠的信念。

3. 组织协同文化塑造

组织文化影响组织行为，是成员共同持有的价值、信念、行为、规范与期望等，有共享的意涵，是个体组织角色和工作需求在工作情境中所呈现的动力关系。高校组织文化建设本身就是在情感层面实施思想政治教育，以组织文化建设所体现的校园德育软环境发挥“境教”功能，即营造学习导向和公平关怀的校园文化。高校“三全育人”协同性组织发展策略关键在于学习整合。组织通过不断学习，运用系统思考模式尝试不同问题的解决方案，拓宽个人的知识和经验并改变整体组织行为，以增进组织的适应及革新能力。

学习型学校是建立终身学习理念，建构学习文化，使组织具有深层变革力量。高校通过创新性和探究性的教师培训塑造学习型组织文化，培育“学习型的人”。

“三全育人”教师文化具有协同合作特征。由于隔离的教室空间形成孤立与个人主义教师文化，学校行政部门需要建设教师非正式合作机制，提升教师互动质量，从而推动新型教师文化形成。非正式合作指基于相同理念、兴趣或任务需求的教师，弹性且机动的成立各种校内跨领域团队或专业组织，通过各种团队的合作完成任务。合作教师文化可以消除教师的孤立状态，有助于组成具有组织弹性、人员开放流动及共享知识的教师专业合作团队，使教师快速因应高校思想政治教育变革。

（三）核心观点——构建“三位一体”层级评估模式

“三全育人”教育方法的多样性、教育环境的复杂性和教育时间的灵活性和教育范畴的全局性，需要多元多层次的评估内容及指标体系构建。2020年教育部等八部门发布《关于加快构建高校思想政治工作体系的意见》，强调建立多元多层、科学有效的高校思政工作科学测评和指标体系，完善过程评估和结果评估相结合的实施机制。“三全育人”教育评估关注学生的思想观念、情感的变化，具有内生性、潜在性、动态性和模糊性等特点，需要采取教育政策、教育要素、教育阶段等分类方式实施过程性和发展性评估，以要素构成的分析、评估和改进带动整体育人效果的提升。基于高等教育系统实体特征和建设评估合一的理念，以系统技术分析高等教育思想政治教育发展和评估，提出“三位一体”的评估层次结构：宏观层面“一体”，即体系机制建设和评估；微观层次的三个向度，即行政部门工作方案制订和评估、课程发展和评估、教师能力和成长评估。以整体和分层次的教育评估体现高校思想政治教育的全员、全程和全方位（见图2）。“三位一体”的评估层次意味着在高校范围内建构不同的评估思路和指标，协同性、系统性和基于可持续发展的评估是共性原则和理念。但不同评估内容、原则和主体具有多元化特征，教育体系、工作方案和教师能力评估的主体可以是教育主管部门和高校相关人员，课程评估的主体是教师。

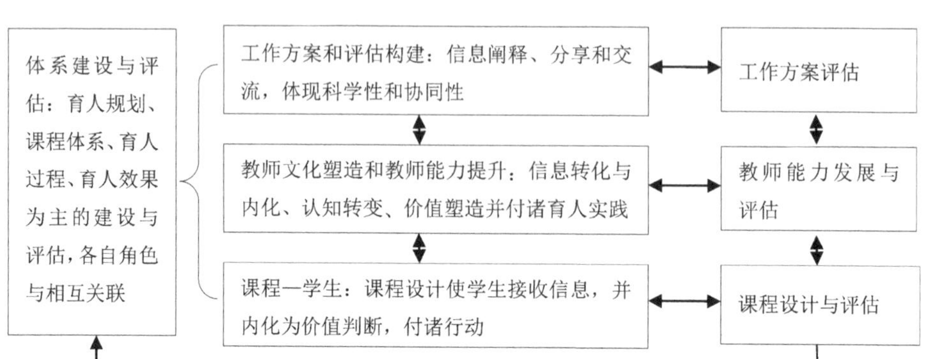

图 2 “三位一体”育人体系建设和评估

高校“三全育人”体系建设评估基本思路是基于现实又高于现实的理想“应然”状态，评估设计领先于实践，坚持评估与发展过程相联结的基本评估原则。输入层面包括组织规划和教育资源，过程阶段包括全课程育人格局和校园文化建设；输出层面包括学生思想政治素养提升、教师成长和教育的可持续发展。“三全育人”教育格局就是要实现高校课程体系的重建，解决教育理论与教学实践之间的落差、课程政策和课程实施之间的落差。课程体系建设的基本原则是“价值观教育与专业相结合、教研融合”，基本理念是课程整合、课程融合与协同。高校思想政治教育效果依赖于思想政治理论课程教学、其他课程的融入程度、教师“身教”与学校“境教”等综合因素。

“三全育人”工作机制在学校行政层面的策略是形成多元分层次的育人方案。思想政治教育工作纳入学校事业发展规划和人才培养方案中，制订专门的具有学校特色和统一的工作方案或计划，制订思想政治教育规划，以务实整合的教育计划推动教育改革。教育部层面的思想政治教育政策是自上而下的模式，高校制订详细的行动方案则需要整合模式。整合模式的政策是有效管理的概念，认为政策执行是动态的过程，关注上下层级之间的互动，执行人员的行为会随着时间、政策种类、所属层级不同而有所差异。学校根据各个学科的知识特点及其所蕴藏的思想政治教育资源，编制学科思想政治教育工作的实施意见，进一步修订课程大纲和课程计划，促进知识与技能、过程与方法、情感态度与价值观的统一，为所有课程实施思想政治育人提供理论支撑和操作建议。方案评估目的在于提供方案实施情况和信息，作为教育方案持续推进和修正的依据。工作方案属于教育公共政策，政策程序上包括方案制订、实施策略、教育内容、执行过程和执行绩效层面。

“三全育人”教育政策突出政府和教育部的教育决策权，也强调学校本位的课程发展和课程管理。课程评估是了解信息和改进课程的重要机制，但传统的评估范畴充满了监视、考核和比较的色彩，教师在课程评估中始终是“旁观者”和被评估者角色而处于被动地位。过程模式课程发展是实践性和反思性的，课程发展与评估整合为一，教师在发展课程的同时以行动研究方式对自身教学行动进行评估。评估是教师收集各种信息的系统化过程，用以帮助教师修正教学活动。“三全育人”教育的核心是以价值观教育引领知识传授，是价值、规范和思想体系的教育内容，教育方式以启发为主，只有依赖于过程模式的课程评估才能更有效衡量教育过程和教育效果。“三全育人”过程评估的归宿不是评判，而是在于解决问题，实现育人效果、教学目标的最优化。课程评估是一个不断循环和互动的过程，不是在课程结束时才进行，而是在课程发展的每个阶段进行的评估反思与改进，没有一定之规，在课程互动实践过程中进行。

教师居于教育改革的关键地位，是教育改革、学校进步的动能，也是课程变革的推手。“三全育人”教育改革与教学创新的关键是强化教师的思想政治素质，加强师德师风建设，提升教师育人信念、态度、知识和能力，使教师政治素质过硬、业务能力精湛、育人水平高超。师德师风是评估教师队伍素质的第一标准。教师专业知识的来源可通过四个途径：专业领域上的学术研究、教材、教育学术研究、教学实践的智慧。教师教育教学知识学习需要教学科研一体化，需要理论与实践的统一。教师能力评估是有效引导教师行为表现符合“三全育人”教育政策发展方向，教师能力成长路径有组织保障和自身因素。

（四）理论实践——“三全育人”视域下高校国家安全教育实践

习近平总书记指出加强国家安全教育，增强全党全国人民国家安全意识，推动全社会形成维护国家安全的强大合力是有效维护国家安全的途径。国家安全教育纳入国民教育体系是《国家安全法》的法定要求。2020 年，教育部发布的《大中小学国家安全教育指导纲要》中明确提出高校开设专门课程——国家安全教育公共基础课。高校国家安全教育将进入独立开设课程与融入课程相结合的新发展阶段。国家安全教育与思想政治教育具有本质上的一致性，但在学科归属和教育管理层面有其独特性，在高校“三全育人”教育内涵和教育体系中有特殊的定位，是相对薄弱的领域，教育“孤岛”困境更为突出。高校迫切需要以全员、全程和全方位的方式建立国家安全教育工作体系。

1. 国家安全意识目标体系构成

国家安全教育在观念和认知层面的目标是培育国家安全意识。意识就是认识，不是与生俱来的，而是有发生、发展的过程。国家安全教育目标是培育具有意识指向作用的情感和能力，通过总体国家安全观、国际和周边国家安全形势、国家安全战略与政策、国家核心利益的内外威胁、国家实力、国防史等国家安全教育内容为载体实现的。国家安全意识的概念架构主要包含总体国家安全观、全球共同安全认识、国家安全的动态认识。国家安全意识的基本含义是正确认识总体国家安全中不断出现和变化的、新的、未知的和不确定所导致危险的因素，具有积极应对安全风险的心理、思想和法律准备，具有预防和应对安全风险的基本知识和技能。国家安全的动态认识的培育目标是让学生在课程学习后依然能持续关注国家安全问题。意识教育不仅是提升和拓展认识，更是培育应对国家安全风险的能力和行为实践的责任心。总体国家安全意识是自觉和深刻的，其教育的根本目标是统一民众意志力、爱国心和责任感，捍卫和发展国家的根本利益。

2. 国家安全教育的思维模式

国家安全教育课程的意识培育包含空间、议题、时间和内在层面的四种思维模式。空间层面探讨国家安全与全球安全的相互联系性，学生具有普遍、共同安全观乃至全球安全共同体的基本立场。议题层面是国家安全教育课程探讨各种与学生生活需求相关的议题，涵盖政治、经济和文化等总体国家安全观所包含的各个层次议题。议题的探讨包括安全议题之间的联系性及安全议题与学生个体的相关性，配合学生的认知、经验和情感发展。学生在议题的学习中认识到国家安全的重要性，对中国实力维护国家安全抱有自信心和自豪感。时间层面是将时间阶段视为互动的，过去、现在和未来并非分离的而是相互关联的整体。课程就是给学生提供机会探讨国防的历史、现在和未来的相互联结，从历史经验思考对于现在的启示，探讨未来的国家安全维护的能力需求，让学生通过时间层面的探讨，从个人层面认识到对未来国家安全维护作出适当的选择和行动。内在层面是国家安全教育思维模式的核心，教育是双向的过程，一方面向外引导学生关注并认识国家安全的现实形势，一方面向内提升学生对自身与国家安全相关性的认识，引导学生形成国家安全的态度、情感和能力。国家安全教育课程思维模式的四个层面不是割裂的，是相互联系的整体，时间、空间和议题的教育思维之间相互联系性，这三个层面都指向学生内在心理和认知发展以及外在的能力提升和行动意愿。以时间的互动和空间的相互依存，以及议题的彼此关联设计体现知识、情感和能力的国家安全教育课程。

3. 国家安全教育的体系评估

国家安全教育评估指标构建的现实逻辑是教育现状，难点在于评估指标选取的逻辑，这涉及国家安全教育的“应然”状态和“实然”状态。各高校国家安全教育水平基本规范化，但有效性不足。高校国家安全教育的现实状态是教育政策需求持续强化和高校教育供给不足的矛盾、教育内容和目标层面面临教育有效实施的困境、学生的狭隘认知与总体国家安全内涵的错位。在构建教育体系评估指标时，基于现实，又重视“应然”面和理想状态，“应然”状态的判断依据是教育部文件确立国家安全教育的工作原则，即坚持“系统设计、整体谋划，尊重规律、注重实效，部门联动、协同推进”。国家安全教育体系评估一级指标包括输入环节（组织规划、教育资源配置）、教育过程、教育结果。国家安全教育的有效性从根本上需要高校内部发挥作用，建立顶层设计的管理体系，形成总体布局、规范实施、多元推进、统筹兼顾的国家安全教育长效机制建设。

4. 国家安全教育课程教改实践

国家安全教育教师专业素养主要包括安全理论知识、基本教学方法与技巧、专业精神与态度。教师能够做到以学科知识的延伸和拓展引导学生分析国家安全问题，在课程中融入国家安全教育内容，教学上以教学设计避免知识的简单添加和生硬衔接，注重教学实效。

国家安全教育属于学生社会规范、价值观念以及思想体系的建立，选择以认知目标导向和系统教学设计。认知目标的结果导向与教学过程设计并不矛盾，以过程评估的方式实现整合与统一。认知目标导向的教学是师生互动的过程，教师在发展课程的过程中，以实践研究的方式对教学行为进行评估。在高校现有国家安全教育主渠道的军事理论课程中，教师基于系统模式的教学设计、认知目标转变的心理学基础、教学阶段和过程、课程教学评估的理论总结进行教学过程设计。学生在教学过程中经历国家安全意识的认知过程，感知国家安全战略形势的危机和辩证意识，以知、情、意、行的历程，最终能以行动参与国家安全维护的实践。高校国家安全教育，教师教学的目标不仅是传授知识，更需要激励、唤醒学生学习的意愿和情感，以动机模式设计教学，维持学生学习活动的内部动力，进而提高学习效率和课堂教学效果。国家安全教育认知目标导向的教学过程设计、动机模式教学设计思路为高校思想政治教育提供新的研究视野和实践思路。

第一部分

高等教育系统及评估的理论基础

系统理论和教育系统特征为本研究提供基本理论基础和分析框架。高等教育系统是规模庞大、结构复杂、功能显著的系统。高校作为系统实体，是育人和育才功能统一的整体，是开放性和相对封闭性的统一。本研究以高等教育系统内部评估和自我评估为主。高等教育系统包括各要素相互联系共同组成的整体、构成要素中发挥关键角色的部分或子系统，即行政部门的管理工作、课程和教师。

基于实体的高等教育系统现实，本研究采用的系统分析技术是“三位一体”结构，基本理念是教育发展与教育评估具有一致性，体现为宏观层面“一体”，即体系机制建设和评估；微观层次的三个向度：行政部门工作方案制订和评估、课程发展和评估、教师能力成长和评估。以整体和分层次的教育评估体现教育的全员、全程和全方位。

本研究采用的系统分析思路是界定问题，首先是寻求现实与教育目标、教育政策需求的差距；其次是确定具体化和分层化的目标，进而提出教育发展和教育评估相统一的方案。基于系统和教育系统特征，教育发展和评估的基本原则是整体性、层次性与协同性，以整体的体系建设及子系统的发展形成协同的演化机制，以部门整合与成员的协同达成一致性的育人功能，以过程导向的系统评估方式带动高等教育机制建设与高等教育发展。

第一章　系统理论和系统方法探析

系统观念作为思想和工作方法在新发展阶段推进全面建设社会主义现代化建设中具有重要作用，也是我党治国理政的基本思想和工作方法。习近平总书记在《中共中央关于制定国民经济和社会发展第十四个五年规划和二〇三五年远景目标的建议》的说明中，将坚持系统观念作为7个重要观点之一加以特别说明。[①]系统论作为科学行为主义的研究方法之一，把各种因素组织在一个具有合理的解释能力或预测能力的简单框架之中。系统既是一种理论，也是一种分析方法，系统科学论是作为理论概念的系统论，系统认识论是作为方法的系统论，二者具有内在一致性，有着共同的内核——强调相互依存与互动，以整体而相互联系的方式、层次关系角度进行有序分析。

第一节　系统理论渊源及核心概念

系统概念源自古代人类的社会实践经验，从中国和希腊古代的哲学家和军事家到近现代许多伟大的思想家，都对系统思想有过深刻的论述。在20世纪40年代被总结为理论，使系统理论变为一种强有力的思考工具和理论架构，从系统思想演变到一般系统论与近现代科技发展有紧密联系。系统科学与思想从整体而言是人们所欲探索的系统运作，突破以往的研究框架，由追求基本构成要素向深究组织性变革，由简单性向探索复杂性发展，由遵循线性规律向探讨非线性规律转变。系统与混乱和无秩序相对，表示由相互作用和相

① 习近平．关于《中共中央关于制定国民经济和社会发展第十四个五年规划和二〇三五年远景目标的建议》的说明 [N]．人民日报，2020-11-04（1）．

互依赖的若干部分构成具有特定目的和功能的有机整体。系统理论演变的历程主要探讨部分与整体、系统与环境、系统封闭性与开放性的辩证统一关系。

一、系统论的理论渊源

一般系统论由路德维希·贝塔朗菲在20世纪30年代提出。之前欧洲生物学界曾经历一次生物学“机械观”和“有机观”的争论。贝塔朗菲首先提出生物作为一种组织的观点，他认为生物是一个组织体，非生物也是一个组织体，整个社会可以看作一个组织体，进一步提出不同科学的法则有共通的成分，因而在1938年提出一般系统理论。系统是一组彼此相互作用的实体，这种相互作用是有规律的，因而是可以预见的。①他概括总结出系统、动态和等级观点。系统观点指一切有机体都是整体，整体功能异于部分功能之和；动态观点指一切有机体都处于动态变化之中，静态是相对的，是动态的极限状态；等级观点指系统的上下、时间和结构的有序性。一般系统论的核心观点是构成要素的互动性，要素的相互联结和相互关系模式及这种互动如何建构一个整体。

系统理论提出后在欧洲引起关注，并在二战后得以普遍应用，为各门学科提供了全新的研究方法。1954年贝塔朗菲联合当时不同领域知名学者创立“一般系统理论促进会”，后更名为“一般系统研究会”，全力推广一般系统理论观点。20世纪中叶，一般系统理论发展到巅峰状态。人们称20世纪50年代以来的时代为系统时代。不同领域的学者都喜欢以系统理论作为观念工具，思考他们所研究的问题。系统思维的特征是界定研究对象的系统等级，然后再以系统理论概念找出各个系统等级之间的“异质同构”关系。

二、系统科学论的核心要义

作为理论的系统最初是一个科学术语，属于系统科学论，更强调将一个

① 路德维希·冯·贝塔朗菲．一般系统论[M]．秋同，袁嘉新，译．北京：社会科学文献出版社，1987：186.

实体视为整体，实体内部存在构成要素，构成要素之间相互关系形成系统结构，该结构的功能具有整体性。从实体外部而言，存在实体与环境的互动和反馈。

系统泛指相同或相类的事务按照一定的秩序和内部联系组合成的整体。① 著名系统科学家钱学森认为系统就是由许多部件所组成的整体，所以系统的概念强调整体是由相互关联、相互制约的各部分所组成的。系统论是整体论和还原论的辩证统一。依据《韦氏大辞典》的解释：系统是依照共同计划和共同目的，而由许多部分所组成的复合体。

系统定义的核心要点是：首先，系统与要素之间是一组相对的概念，依赖于所研究的具体对象及其范围；其次，系统与环境是一组相对的概念，系统同其所属的一个更大系统存在相互作用及输入和输出的关系；再次，系统构成要素之间存在有机联系，形成一定结构和秩序，结构是要素的关联方式或力量对比的状态；最后，系统都有其价值和作用，有运作的具体目标和功能，环境和结构影响系统功能和目标实现。

系统的丰富性内涵使系统具有不同的阐述视角。以系统的目的和结构为重点对系统形成整体的、全局性的认知；以静止的视角阐明子系统和构成要素之间的关系；以动态观点解释系统的变化和运动过程及过程中的因果关系。过程指系统接收输入和产生输出的中间转换环节；因果是影响系统变化、运动的原因和结果。②

三、系统认识论的思维方法

系统是一种理论，也是外部观察者对行动进行分析解释时的方法。用系统论研究和认识系统实体，探究系统客观规律并建立系统的分析技术和知识体系，就是系统认识论。

作为分析方法的系统主要体现为一种思维方式，是一般性的思考方法，也是对某种概念系统和实体系统进行的特定思考和分析方法。系统分析的目

---

① 潘忠歧．世界秩序：结构、机制与模式 [M]．上海：上海人民出版社，2004：49．

② B H Banathy. Systems inquiry in education[J]. System Practice, 1988, 1(2):193-212.

的主要是为决策提供方法和依据，作为分析方法的系统是以实践为导向的，也是一种工作方法。系统既是一种思维方式，也是一种指导决策和行为实践的基本理论。

基于系统理论的发展渊源，以开放系统观点与结构功能观点阐释系统是目前普遍为学界所接受的。开放系统的观点认为系统是“投入—转换—产出”的回馈系统，强调系统与外在环境的紧密关系。系统是一种方法、程序和设计。在系统中，不断地投入信息、能源和物资，经由时间及转换过程，再产生信息、能源和物资。从结构功能的系统观点出发，整体下的各个相互依赖的部门之间，在整体目标下推动功能时，即可视为一种系统。

系统思维是一种联系某个系统结构与表现的思考进程。它可由系统结构推求输入及表现，亦可能由系统的进出以探究结构。一位系统控制科学家认为良好的系统思维应具备 7 种特征，即动态性、回路性、总体性、结构性、操作性、连续性及科学性的思维。[①] 系统论的基本思想方法是把研究和处理的对象当作一个系统，分析系统的结构和功能，研究系统、要素、环境三者的相互关系和变动的规律性。系统方法在分析问题的特点时，强调通过抓住主要要素和联系来简化为结构化问题，分析系统的要素和联系，并分析其中要素和联系的变化对系统功能的影响。而系统的功能往往通过几个定量指标来衡量，确定最优的组合，最终形成最优化目标。用系统方法分析的基本特征是：各要素之间的活动是相互依赖的；因果关系同时在直线方向和相反方向上活动；影响不是瞬间的，影响是非线性的。

系统科学的产生和发展，使人们认识到行为决策实际上是在特定的系统中进行的，系统决策的思维模式应运而生。系统思想在现实世界“问题求解”中，尤其是帮助决策方面成为一个助手。[②] 系统思想对决策的影响是深刻而广泛的，决策主体需要运用系统的方法处理决策过程。系统原则成为决策过程中要遵循的基本原则。决策分析和决策实施都是对系统要素和系统结构、功

① Richmond B. Systems thinking: critical thinking skills for the 1990s and beyond[J]. System Dynamics Review, 1993(92):113-133.

② P B 切克兰德．系统理论的思想与实践 [M]．左小斯，史然，译．北京：华夏出版社，1990：119.

能、目的的分析和变革。[①]决策系统首先是诸事务、人、活动等相互联系，相互作用的集合体，任何一项决策活动过程会涉及各种要素，从整体考虑，不能顾此失彼是决策成功的前提；其次是决策系统与环境的关系，通过与周围环境的不断互动，决策系统处于持续演化过程中。一个组织在谋求与外部环境达成动态平衡中作出长期性、全局性的决策。决策系统的分析对象是决策主体、决策客体和决策环境，分析的主要内容是决策系统内部各要素的相互联系性和环境的适应性。

决策的系统分析基于系统的基本规则和系统的转化规则。系统的基本规则是确定决策系统中各行为体之间的一般关系，把确定的系统角色功能赋予每个行为个体，其基本假定是理性行为体对外寻求利益最大化，对内通过利益协调与妥协达成一致。系统的转化规则是动态系统的变化规律。决策的转变既是系统外部环境影响的产物，又是内部利益主体之间利益关系影响的产物。不同类型的决策系统以不同的方式作出反应或发生变化。决策系统存在内部互动及其与外部环境的互动。决策系统是相互联系而又区别于其环境的一个变量集合，这些变量相互之间有内在关系，内在变量集合与外部力量组合也有一定的关系。决策系统与环境之间也存在着互动。决策系统不仅要考察决策系统内发生变化对环境的影响，而且要考察环境变化时，决策系统内部的变化。用系统性方法研究决策是将其解释为一系列复杂的过程，某种输入转变为行为体行动的输出，输出的效应又会在这一过程中反馈，影响输入的内容和强度。输入来自一个系统内部，输出是系统之间变量关系的结果。输入和输出是相对的，当系统连接两个方向时，就会发生反馈：正反馈的作用方向与输入的方向相同，负反馈的作用方向与输入的方向相反。

系统的三个基本概念是系统结构、环境和功能。[②]系统结构同环境的关系决定系统整体性及其功能，揭示系统存在、演化、协同、发展的一般规律。系统环境一般不会轻易改变，系统只能去适应环境。为了使系统实现期望的功能，可以通过改变和调整系统结构来实现，实现整体、部分与环境协调统一关系，使其相互协调和相互协同。

① 张彩江．复杂系统决策理论 [M]．广州：广东人民出版社，2006：344．

② 于景元．系统科学和系统工程的发展与应用 [J]．科学决策，2017（12）：1-18．

第二节　系统分析方法

系统概念的提出以及一般系统理论的建立为系统认识论的提出和构建奠定了理论基础，系统这一概念对人们认识思想具有较大的启发意义。

一、系统分析方法的演变

系统理论提出后，系统方法逐渐发展成熟并广泛应用。系统方法实践源于美国，与系统工程的产生与发展密切相关。20 世纪 30 年代，美国发展与研发广播电视系统正式提出系统方法的概念。系统分析产生于 20 世纪 40 年代，是由运筹学派生出的一门实用学科。美国贝尔电话公司开发微波通信系统，正式使用系统工程一词。1945 年，美国空军建立研究与开发机构，即现在美国兰德公司前身，提出系统分析的概念。1972 年，美国、意大利等 12 个国家的有关部门联合组成了国际应用系统分析研究所（IIASA），系统工程的应用重点从工程领域进入到社会经济领域，并发展到一个重要的新阶段。钱学森是我国系统科学和系统工程的开创者。

注重思维科学方法的系统科学不断充实和发展，随着控制论、信息论等一般系统理论的创立，作为方法的系统论在社会科学，尤其在经济学领域得以建构和应用。[①] 不同学科对系统方法形成不同的认识，如同盲人摸象，偏重系统分析方法的一个侧面。一般而言，系统方法是分析和认识事物的思维规则、处理系统问题的分析技术及解决问题的决策路径，系统方法这三个视角的认知并不是孤立的，而是紧密联系，有共同的出发点和依据，只是系统方法应用的侧重点有所不同。正如系统科学一样，系统分析同样具有综合性、整体性和交叉性。

系统分析是利用系统科学原理，针对已有系统进行研究、探索，从中找

① 顾基发，唐锡晋．从古代系统思想到现代东方系统方法论 [J]．系统工程理论与实践，2000（1）：89-92.

出规律的具体方法。系统分析方法应用广泛，包括技术经济、政策、组织体制及信息流等方面。系统分析是基于系统理论基本原理及一般规律来分析和认识事物的一般方法。系统方法为思维提供某种规则和程序，是以系统观点对系统实体的考察，把对象和过程视为互动的整体，从整体形式实现最佳处理问题的方法。系统方法有助于研究复杂组织的功能，并已被视为新型组织的基础，可以在各种功能（例如计划、组织、指导和控制）中建立相互关系。系统方法比其他方法更具优势，因为它非常接近实际。

二、系统分析的问题导向

系统分析是系统观念在管理规划功能上的一种应用，基于预期目标制订出最优方案。这一工作过程中首先关注问题，调研并掌握系统的目的、功能、环境等要素的预期状态和现实状态，比较和评估结果同预定的目标或任务之间的差距，最终选择更优的可行方案，为决策提供参考。系统分析的基本要素是问题、目的及目标、方案、模型、评估和决策。

（一）在现实与目标的偏差中界定问题

系统方法实质上是一种通过辨别并关注与之相关的关键要素来感知和思考问题的方法。应用系统方法的前提是了解问题的性质以及问题类型，即问题是什么，如何辨别。[①] 解决问题的系统方法是一种根据问题的性质和问题的类型来思考问题的方法，改变目标的问题需要系统综合和预测。如果是一个寻求目标的问题需要系统方法，以分类、分析和综合途径，关注的不仅是问题是什么、不是什么。目的和目标分析是系统分析的主要工作之一，目的体现整体性，而目标则体现出从属性和多样性。首先定义对象系统，分析并明确作为对象的系统目的。大多数情况下，目的都是以定性的形式表现出来，进而分析、研究达到目的的各种因素，制定为完成目的所需要的具体目标。一个系统的形成一定有其被视为系统的缘由和目的，且具体阶段的目标

① Gordon K C Chen. What is the systems approach?[J]. Interfaces，1975 (1):32-37.

常常决定其阶段性的行为。目标就是为了达到目的所必须做到的具体事项。在设定目标的时候，内外各种因素中有确定因素、可预测和不可预测的不确定因素。

（二）系统分析的目的是提供决策依据

系统分析针对性强，目的是帮助决策者解决实际问题。系统分析是一种辅助决策的工具。系统方法考虑整个系统的属性以实现系统的目标，即解决一个问题，系统方法允许设计人员管理和预期复杂的行为，预测和应对紧急情况行为。系统分析是为决策者提出各种可行方案以供决策者选择。系统分析是完成风险和不确定条件下，对系统对象的目的需求进行恰当的决策。①

系统分析的基本要素有目的、代替方案和评估标准。目的是任何一项工作首先必须明确的问题，也是决策的基本出发点。系统分析人员有明确的工作方向，才能有的放矢地收集资料，并根据目的确定采用何种分析方法。解决任何一个问题，一般有多种方案和多种途径，多个解决问题方案的优劣有时难以立即确定，因为这与决策者的目标、主观愿望和意志、决策者对问题的认识和思考有关，因而需要最优方案和替代方案。方案具有可替代性、详细可分、能评估系统目的和功能的达成度。不同方案是否达成系统目的依赖于评估，衡量各个替代方案的优劣指标就是评估标准，是比较客观的，不是依据决策者的个人意愿和意志。通过评估标准对各种方案进行综合评估，确定各方案的优劣顺序。

（三）系统分析技术

系统科学原理应用到社会实践活动中，产生可供操作的程序和方法，成为系统技术。系统工程的方法论是以合理的开发组织形式，建立决策者和专家团队密切合作的科学决策体制，通过合理与严格的划分工作阶段，遵循明确的指导原则和思路，选择运用恰当并有效的科学技术和手段，力争开发出最优的对象系统。系统工程的步骤将非常规、非程序化的问题简化为一系列

① 秋山穰，西川智登．系统工程 [M]．高烈夫，译．北京：机械工业出版社，1983：27.

常规和程序化问题的思路和方法。系统工程的方法论中，最具代表性的是美国学者霍尔和英国学者切克兰德。

美国学者霍尔等人1969年提出包括时间、逻辑和知识的三维结构，直观展示了系统工程各项工作内容。时间维度是工作阶段或进程，包括规划、设计、分析和研制、运筹与生产、实施、运行及更新阶段。逻辑维度是每个阶段的工作遵循的逻辑顺序和步骤：界定问题、系统设计、系统综合、模拟化、最优化、决策和实施计划。知识维度是从事系统工程工作需要的方法类知识和专业知识。霍尔的三维结构突出特点是整体性研究方法、综合性技术应用、科学性组织管理、问题导向性的工作实施。①

随着系统工程的不断发展和应用领域的不断扩展，系统工程方法也不断创新。20世纪70年代以来，社会经济发展和组织管理问题开始应用系统工程方法。具有代表性的是80年代中期由英国切克兰德教授提出的软系统工程方法论，基本流程是认识问题、界定问题、建立概念模型、比较、选择、设计和实施，最后是评估反馈。认识问题涉及搜集信息认识问题现状，认识问题产生的影响因素和因果关系从而明确问题结构要素，尤其是问题相关行为主体和利益主体。切克兰德的方法论是从理想模式的“应然”状态与现实“实然”状况的比较中探寻改善现状的途径，优化决策，实现目标。

第三节　系统理论和方法的主要特征

系统的最基本特征是整体性，而整体性问题就是复杂性问题。

一、系统的整体性和开放性

整体性、联系性和有序性是系统的一般特征。系统是具有不同层次的整体，整体性是系统最基本的特征。作为整体的系统不是各要素的简单相加，

① 汪应洛．系统工程论 [M]．北京：机械工业出版社，2008：17.

也不遵循基本的线性规律，而有自己特殊的运动规律。部分的功能、部分之间的关系服从系统的目的和功能，任何要素不能离开整体研究。整体性还指各个行为主体通过相互作用而形成的整体力量，这种合力有人为的，也有自然的力量形成的结果。系统的联系性体现在构成要素之间的相互制约、相互渗透和相互依存，各个构成要素在体系结构内部担任一定角色发挥作用，并受制于体系结构。系统构成要素之间相互关系的变化是结构状态的原因，也是结果。构成要素在系统内必须遵循有序性原则，这并不是某个行为主体意志的反映，而是各行为体相互作用的客观结果。

系统具有开放性及与环境相互影响的特性。本质上系统是开放的，与其他的系统具有相互依赖关系。系统对其环境的开放性以及环境因素对系统的影响效果就成为系统理论学者关切的重要议题。系统论者倾向以动态的角色来审视外部与系统本身，系统的各种内部或外在过程都会影响系统的运作，存在帮助系统维持现状和运作方式变革的过程。事实上，系统及其环境本身就形成一个生态系统，其中构成部分产生互动并相互影响。要使一个系统得以生存必须与其环境保持平衡或均衡，因为系统行为会影响环境，而这些影响又会回归到系统之中，使得系统必须不断变迁和适应，以便与其环境维持一种恒久而持续的互动过程。系统只有与外在环境维持一种均衡形式，才能确保其持续生存。开放系统理论认为在一个能量“投入—产出”的系统里，其能量投入及产出转换成进一步能量的投入，由组织与其环境的交换所组成，系统论者非常强调结构与其支持环境的紧密关系。

社会心理学家盖兹和卡恩提出界定所有开放系统的 9 个特征，也是系统的一般性特质。①能量输入：开放系统要从外在环境输入部分形式的能量，以弥补或增加其原有的能量或功能。②转换过程：将输入的各种能量转换成有利于组织的使用形式，使其融合于系统之中，以增进系统的功能。③产出：开放组织输送部分产品至外在环境之中，可发生新的作用。④将系统视为事件的循环：能源交换的活动形态具有循环的特性。⑤反衰退：衰退过程是自然通则，指各种不同形式的组织终将趋于解体而致死亡。为求生存，开放组织需要寻求反衰退能量，以遏止组织衰退。⑥信息输入、反馈及修正过程：每一个开放系统具有矫正偏差和错误的功能以寻求系统的稳定状态。⑦稳定状态和动态的均衡：面对外在环境的改变，开放系统为求生存具有一种维持稳定状态的特性，具有一定的自我稳定力，可以在一定限度内自我调节，从而得以保持其结构、功能及秩序。⑧分化：开放系统将会日益朝向功能分化与精进方向发展。⑨殊途同归性：开放系统具有殊途同归性原则，即一个系统可由各种不同的原始情况，分别通过不同的途径，达到相同的终极形态。

二、系统结构的层次性

系统具有层次性，系统中诸要素在地位、结构与功能上表现出等级秩序性。系统理论是多重层次的，所以可以完全适当地应用至最大规模层次与最小规模层次之上。从结构功能论的观点而言，系统是由一些为了达成共同目标的部门所构成的复合体，这些部门间彼此交互影响，会形成一种有规律的形态，即结构。因此，结构意味着可直接观察或测量的事件之间的关系。功能是结构对系统内或系统外所产生的后果。因此，可将功能视为是结构活动的结果。所谓结构的本质功能是指系统或次系统立即而直接的结果，而所谓结构的附属功能则指系统的结果会导致其他系统或次系统产生结构性的改变。因为系统理论具有多重层次的概念，有必要以较低的系统层次概念去理解每一个较高的系统层次概念，并关注系统内较小部分之间的关系，因为较大的整体是由较小的部分所组成。系统理论认为社会系统的一切部分彼此相互关联，因此，系统一部分中发生的事件，通过系统结构会影响另一部分中事件的发生。

系统结构的一些互动行为在某种可观察到的范围之内，彼此的关系比较密切频繁，可见的范围就构成系统疆界，是指隔绝系统与外在环境之间的无形门槛，它会影响系统开放性的程度，并且与系统功能的自治程度和周围环境的系统分化有关。在此疆界之外，可能与系统发生关系的种种因素就是环境因素。系统疆界应如何划定可依据研究者的研究旨趣而定。例如我们可将家庭、学校、组织、小区、地区、整个社会或国家，视为一个系统来研究，完全依照我们的研究需要而定。若从大小系统之间的关系来看，它们具有次系统、系统、上位系统的形式，分别代表它们独立自主完成功能的程度以及研究者独特的兴趣。我们可将一个系统分为若干个次系统，而系统之外也存在许多系统疆界更大的上位系统。因此，就系统的关系结构而言，它在本质上具有层级节制的关系。

系统具有内部整合的特性。一个系统的形成是诸要素的结合，但若实施或分析其运作，需要整体视角。系统具有整合与协调的特质，以促使系统内达到一致性的功能。在社会系统中，有两个途径可以达到一致性的功能，即整合与协调。协调是具有将系统内成员紧密结合在一起的功能，整合是具有将系统内各部门间紧密结合在一起的功能。系统中有一种朝向均衡、平衡、一致、静止、饱和或整合的趋势。系统自我调适的过程，就是一种系统内部整合的过程。整合是处理系统内部的问题，主要是为了使系统内各个部门间彼此协同一致，共同朝向系统目标的一种功能。

三、系统分析的基本原则

由于系统内各要素存在着复杂的关系，同时整体和个体都处在动态之中，多数系统都是开放的，随时要接受外界的信息，并更新系统的某些状态，因此必须遵循一定的准则，以免无所适从。系统分析适应实际问题的需要，前提条件是以整体最优为核心，坚持问题导向、从整体观念出发、权衡优化等基本原则。

系统方法的基本出发点和核心原则是整体性原则。一个系统由相关的和从属的元素组成，它们在相互作用时形成一个整体，以产生统一整体的方式排列。系统内各构成要素不是简单相加，因而需要立足于整体分析构成要素之间的关系，通过对构成部分的深刻理解而达到对整体的分析。系统思维方式的主要特征是把研究对象视为在环境中的整体，与环境相互作用和相互影响，在环境中作为整体的系统与其他从属的子系统也存在相互联系和制约。在管理学中，系统方法是将管理作为一个系统或作为由子系统组成的“有组织的整体”，这些子系统集合成为一个有序的整体。组织系统有一个边界，该边界确定哪些部分是内部的，哪些部分是外部的。系统中的构成要素虽然有特定的功能和目标，但要相互分工协作，才能发挥系统的整体效能。

坚持整体效益最优原则。从系统的整体出发，综合认识系统内部、系统与环境的关系，基于整体效益最佳进行资源配置，形成系统最佳结构，处理好局部与整体的关系。在应用系统概念中，不仅要考虑组织，而且还要考虑不同部门（子系统）的目标和绩效。在系统方法中，关注的是系统的整体有效性，而不是子系统的有效性。一个系统下面有几个子系统，这个系统又是更大系统的子系统。因此作为一个子系统，它必须争取获得最优，而这个子系统在大系统中，又是局部效益，有时为了整体效益最优，必须牺牲局部效益。因此在分析系统时，始终把局部效益和整体效益进行综合考虑，最终获得整体效益优先。一个系统不仅受到内部条件的影响，同时还受到外部环境如政治、经济、外交、政策等各种因素影响，因此分析各系统时，必须把外部条件和内部条件综合起来分析。

系统方法需要坚持动态性和关联性原则。系统方法将组织视为一个有机和开放的整体。现实中的系统是开放和不断变化的，内部各要素之间，系统与外部环境之间，时刻存在相互沟通。系统方法的最基本概念是没有元素存在于真空中。系统不存在真空中，它从其他系统接收信息、材料和能量作为输入。这些输入在系统内经历转换过程，并留给系统作为其他系统的输出。系统构成要素也不存在真空中，每个要素始终与系统的其他要素互动，应该研究各个子系统之间的相互关系，而不是相互隔离。如果一个要素改变，它和其他因素之间的关系会受到影响。整个系统中，如果所有相关的要素都可以实现与改革的要素一致，变革就被接受，系统恢复稳定并产生某种协同作用，或有效指导系统的平稳运行。系统方法的动态性意味着坚持当前利益和长远利益相结合。任何一个方案如果只有现实意义而没有长远意义，或者对未来的发展会产生危害，它就一文不值，这个方案就必须舍弃。因此，既要看到当前的利益，又要结合长远的利益才是可行和有远见的。

系统分析结合定量分析与定性分析。系统方法通常遵循“定性一定量一定性”这一过程，先对问题进行定性分析，把握最根本的因素，简化成更能集中表达问题实质的模型，然后进行定量计算，当获得一些定量的指标和结果之后，必须回归原始的问题，再次进行定性分析，从而获得最优或者是次优的方案。决策者或者研究者由于不重视系统分析这两者结合的过程，经常会把决策科学化单纯理解为决策定量化，似乎用最准确的“量”来解释一切就是最科学的。任何的模型建立总是在一开始就忽略了一些因素，总是把一些环境因素理想化。为了便于计算，数字处理上经常把非线性问题变为线性问题，间断变为连续，这样计算所获得的结果只是理想状态下的结果，并非复杂现实的反映。因此这种计算结果直接用于实际反而不准确。只有再回到定性分析，不断地比较、分析、补充，才可能更接近于现实，因而才可能获得更好、更科学的可行方案。

第二章　高等教育系统结构与评估

系统理论研究中的系统实践和系统思维适用于包括教育系统在内的所有系统。客观上教育系统是社会中的次级系统。教育系统理论把教育视为具有内在联系和自身结构的整体，并试图从系统和结构功能的角度对教育的性质、特征及变革进行研究。

第一节　作为社会子系统的高等教育系统

教育系统是社会大系统的子系统，也是相对独立的整体。教育的外部因素是社会，同时教育系统与社会系统中其他构成要素发生各种互动关系。

一、社会的教育系统

20 世纪 60 年代中后期，出现许多新的系统理论，我国著名科学家钱学森对系统理论和系统科学的发展有独特的贡献。在钱学森先生的系统学基本框架中，社会系统是特殊复杂的巨系统。社会科学和人文科学等由于研究问题的复杂性，通常采用思辨和描述的方法。

（一）社会学的系统论

20 世纪 60 年代兴起的社会学系统理论源自基础自然科学，也来自生物学的生态系统观念，它从其他相关领域吸收各种重要观念内化为社会学的产物。行为学派认为在社会结构产生以前，从事件的发生到完成，是一个连续序列的循环。结构功能论大师帕森斯就以系统的概念作为建构其行动理论的基础，在其《社会系统》一书中采取开放系统的研究取向，探讨社会系统与其他相关系统的关系形态。帕森斯在社会行动理论中，将影响人类社会行动的系统区分为以下几个等级：最高层次是一切有生命的系统；其次是行动系统；第三层次是行动的次系统，包括人格、文化、生物及社会各系统；第四层次是次系统的次系统，如社会系统的次系统是政治系统、经济系统和社群系统等，第五层次是第四层次的次系统，如经济系统的次系统。帕森斯的功能论认为，无论哪一个层次，任何系统如果要生存下去，就必须满足四个条件：对环境的适应性；目标的达成，每一个系统都必须拥有动员资源达成目标的功能；整合，每一个系统都要维持其各部分之间的内部协调，并有应对偏差现象的方法以维持其完整性；模式的维持，每一个系统都要使自己尽可能接近均衡状态。

社会心理学家盖兹和卡恩在1966年提出“开放系统理论”[①]，认为在一个能量“投入—产出”系统里，能量的转换从产出后系统的回馈而来。社会系统都属于开放系统，其能量投入及产出转换成进一步能量的投入，是由组织与其环境的交换所组成。所有的社会系统，包括组织，都由组织成员的活动所组成，这些活动是一些共同的产出或与结果相关的互补性或相互依赖性行为，它们是重复的、持久的，且与特定时间和空间有密切关系。这些活动的稳定性或再现可从能量的投入、能量的转换以及产品的产生或能量的产出加以检视。开放系统模式专注于“社会秩序组成要素之间的内在动力、相互连接与持续的回馈过程”。“开放系统理论”提出后，系统的观念已被移植、重塑而广泛应用在社会科学界。

与结构功能论的社会学家不同，德国社会学家卢曼以系统论构建社会，认为社会是整合的，只有凭借系统才能使社会变得有秩序和可控。社会的演化是以各个社会系统的功能分化为主要机制。卢曼超越所有分化的社会系统，从广义的“全社会”角度观察社会演变机制、次系统自我生成机制及社会系统与次系统的共同演化机制。在认识论和方法论上，突破欧洲哲学传统的认知论，从生命科学中获取灵感，从“自我生成”概念进行思考。根据现代神

① Daniel Katz, Robert L Kahn. The social psychology of organization[M]. New York: John Wiley, 1966.

经生物学和细胞生化学方面的研究，大脑几乎没有任何与外界的接触，整个神经系统也是集中在观察自身机制的变化。外界进入神经系统的影响，最初以“量”的方式被接受，再通过内部的复杂机制传送到大脑中进行处理。

“自我生成”概念最初由神经生物学家提出，认为认知是生物学现象，所有外部环境的刺激都是在封闭的有机体系统中转换为信息，细胞只选择能够辨认的信息并制成自我维持的必要元素。卢曼将“自我生成”概念比拟为在社会网络中“意义”被创造和再生产的过程，提出一个不须具有演化目的，也不预设自我维持的系统动态观。卢曼认为，我们只能由封闭的系统来认知外界的现象。

与一般系统论关注部分和整体、系统和环境不同，卢曼的社会系统论是系统的开放性与“自我指涉”的封闭性相统一。卢曼认为社会系统具有自我组织、自我调整特性，还有“自我指涉”的特性，而这一特性和系统自我再生使系统能抗拒外界干扰产生自身的秩序。卢曼把沟通作为社会系统的主要构成要素。社会不是个体构成，是基于要素和关系的动态体系构成，是有意识的社会组织之间沟通的综合。社会系统是由沟通组成的，除了沟通没有进一步的实质要素。[①] 卢曼强调每一个社会系统都有其深层结构，即长久保留的文化和意义形式，是由沟通运作所建构起来的“自我指涉”的系统。每一个社会系统都存在依赖于自身系统方式进行有意义沟通。社会的选择过程中借由“自我指涉”的运作方式对社会中的某个问题、概念进行沟通。

“自我指涉”的运作方式可以反映被区分的两个测量中的一个侧面，同时也反映两个侧面彼此之间的差异和关系。在持续区分和选择的过程中，社会系统建构其自身的运作结构。社会系统作为一种沟通系统，沟通的内容是社会中的“意义内涵”，这是由沟通的情境脉络中产生出来的。系统面临复杂性的问题，面对问题时有多种可供选择的可能性，如果系统不作出选择，系统的要素之间无法相互联结。因而为了系统构成要素之间建立可能的关系，系统必须作出选择。社会系统中的每一个子系统是功能性的，系统本身决定了沟通的形式和性质，沟通功能具有独特的和不可复制的特点。每一个系统存

① Niklas Luhmann. Essays on self-reference[M]. New York: Columbia University Press, 1990:100.

在于其他系统环境中，按自身独特性与外部环境沟通。社会系统在系统内部进行自我生成和系统分化。卢曼并不认为系统中存在直接的“输入—输出”沟通方式，只有结构上的耦合和不同系统的共同演化。

（二）社会学视角的教育系统论

教育系统以实现受教育者的社会化为目标，由具备专业知识和技能的教育者、不够成熟的受教育者，以一定教育设施和知识信息为中介，按某种结构组成具有特定功能的系统。① 社会的教育系统界定了教育与外部——环境社会的关系及教育与社会系统中其他子系统的关系。社会与教育系统是互动影响的过程，这种互动影响使教育系统呈现为一种非平衡系统，教育的结构、规模和功能处于动态变化之中。教育管理者的任务就是使教育结构、目标、规模和功能满足社会的需求并促进社会发展。

德国社会学家卢曼从宏观的社会理论观点解析教育系统，认为教育系统在社会变迁的过程中分化出来并与其他功能系统共同被建构。② 基于社会系统理论框架，卢曼分析教育系统与社会的关系及动态发展过程。18 世纪末随着国家教育的兴起，教育系统和其他功能系统一样，从社会中分化出来成为社会中的一个功能次级系统。教育系统是社会中一个重要的功能系统，它和其他功能系统一样采用“自我指涉”的运作方式，在其特有的媒介和形式中表现其自身的意义，进行系统的沟通运作，并依据其特殊的功能需求建构起特殊的意义结构。教育系统的社会功能是为社会培养出具有社会沟通功能的个人。同时教育系统培养出来的新社会人才，会因沟通能力产生变化，进一步影响或加速各个功能系统的沟通与运作过程。教育系统作为次级系统，与社会系统及社会内其他系统发生震荡效应。

教育系统的分化过程是依据教育的社会功能所建构的。功能分化的社会导致教育系统内部持续产生调节作用与系统分化的现象。教育系统会为各个功能系统培养出能够进入到系统内参与各种社会沟通的人，个人的社会沟通

---

① 颜泽贤，张铁明．教育系统论 [M]．郑州：河南教育出版社，1991：13.

② Niklas Luhmann. Das erziehungssystem der gesellschaft[M]. Frankfurt am Main: Suhrkamp Verlag, 2002:13.

能力就是专业知识。教育系统培养的个人沟通能力是不同的，教学内容要不断发生专业化转变，为社会培养出新的人才。教育系统与其他环境的差异、教育系统与其他系统的复杂关系使教育系统存在普遍化与特殊化、依赖与独立的对立原则。教育系统以学科分类、课程内容安排、互动与组织系统分化等方式调和对立原则，并在系统内部产生系统分化与自我生成的现象。在功能分化的社会中，期望教育系统培养出其所需要的职业人才，然而对于教育系统而言，功能更具有全面性，因而教育系统面临特殊化与普遍化的矛盾。一方面，教育系统为长期的不可预见的未来作准备，教授具有普遍化的能适用于不同时期的知识；另一方面，教育系统也需要考虑社会需要的职业知识和特殊技能。教育系统中的教学计划与课程是体现教育系统调和特殊性与普遍性的需求和原则的结果。在教育与政治、经济等其他系统的关系中，需要以某种自主性对抗他们对教育的干预，但也依赖其他系统的力量而发展。

在教育系统与其环境中的功能系统互动中，将各系统的复杂关系引入教育系统，并构成教育系统的整体功能。教育系统要同时吸收政治、经济和科技系统的观点，并从多元化观点和复杂的相互关系中发展出教育系统本身的同一性。在社会的教育系统中看到教育系统中的社会。教育的概念在社会结构变迁的背景中，随着各个时期主流价值、社会思想或时代精神的转变而发生意义形式及其内涵的转变，教育的概念最终落在教育与价值的关联。高等教育系统是规模庞大、结构复杂、功能显著的系统。一个国家的高等教育系统的管理水平、学术水平对于国家发展具有重大意义。教育不断面临变革，国家因社会文化环境不同而对教育改革有不同需求，教育改革政策与方式在不同文化脉络中被建构。

二、教育系统的一般特征

系统的教育理论是基于集合、信息和一般系统理论中的概念和原理构建的。系统性能、结构和动态为我们理解教育系统提供概念和原则。教育系统中存在各种强化和平衡的循环。系统有恒定的特性，以维持系统运作的稳定模式。教育系统结构包括要素、影响关系、信息及信息的选择、系统外部因素、输入和输出。教育系统的结构特性具有整体性、完整的连通性、脆弱性、依赖性、相对独立性、等级顺序、灵活性和复杂性等。除了系统配置属性（即要素之间如何连接或相互关联）之外，还有动态属性来表现系统如何随时间变化。

第一，高等教育系统具有整体性。高校系统内部各构成要素之间相互依赖，教师没有基本的实验室、教材等物质因素，难以培养符合需求的学生。学生、行政人员、教职人员、图书馆人员、实验室人员，以及相关服务保障部门、图书馆、实验室等各要素功能的巧妙配合，才能完成整体功能。高校教育系统的整体功能要大于各要素、各部门的功能之和。专业门类复杂和科技日新月异的时代，培养知识结构合理的综合素质人才依赖高校各构成要素的整合。系统管理活动要遵循整体观点，系统各要素构成一个子系统，各子系统构成一个大系统，所有这些大小的子系统都要遵循整体最优的观点，遵循整体大于部分之和的总原则。

第二，高等教育系统具有目的性。高等教育系统旨在培养具有一定价值和各种专业知识的人才。教学系统运行围绕教育目标而开展。评估教学工作优劣时，始终以教育目标为依据。当国家对高等教育提出新的育人目标时，当学生的工作能力和社会新需求反馈到学校时，学校需要对系统构成部分进行修正和更新。

第三，高等教育系统具有关联性。教育是一个大型的、相互联系的系统。外部要素的关联性体现在教育与其他社会系统结合在一起。高校系统内部与外部以某种媒介产生关联，如学生个体在学校的表现不仅受到他们自己努力的影响，还受到家庭成员、同学、老师、学校管理员以及许多其他类似因素的影响。组成高校系统的各构成要素之间相互影响、相互制约。教学质量与教师能力、学生素质与态度，以及实验室、图书馆等高校物质条件的提供等这些因素密切相关。教学行政人员的管理能力和服务水平与教师的教学科研能力相互影响，教师与教师之间相互影响，教师的知识结构与学生学习能力及态度相互影响，高校实验科研条件与师生的水平相互影响等。高校教育系统中各要素影响整体的程度受其他要素的制约和限制。勤学好问的学生促进教师成长，教师教学水平不高对教学质量的影响会由于学生的能力和努力的态度而得到弥补，学生学习能力不足对教学质量的影响会由于组织和教学水平高的教师而获得提高。教学管理与教师积极性、主动性存在密切互动，制度化和人性化的管理方式制约师资外流，能引进优秀人才，反之亦然。

第四，高等教育系统具有开放和动态性。系统管理活动要处理好系统与环境的关系，注意系统与环境的协调和相互促进，要观察和研究环境进而调节系统，增强系统对环境的适应能力，加强系统与环境的协调力。高等教育系统是一个开放系统，它与环境进行物质和信息的交换，高等教育系统随着环境变化而作出调整，以适应外部环境的变化。教育系统培育的是人才，人才在社会、经济大系统中是发挥主导作用的要素，随时作用于环境，又随时受环境各种信息的制约。开放渠道多样、开放程度较高的教育系统，其构成要素较为活跃，能适应外部变化的社会，反之亦然。

高等教育系统随着时间，随着社会、政治、经济等的变化而变化。知识在不断更新，教师和学生的知识结构和学习需求都在变化，有的变化是量的增加和积累，从而产生质的飞跃和变迁，一切都是动态的变化过程。然而，高等教育动态过程具有时滞性。高等教育系统不像企业系统或其他生产系统那样输出的是产品，可以流水线作业制造出相同规格和功能的产品。高中生进入大学直至毕业需要 4 ～ 6 年时间，这表明人才培养有时间性，这些人才输出到社会中并不能立即发挥作用，其所学知识也不能全部投入使用，需要一个较长时间才能渐趋成熟，这是人才使用的滞后性。

教育系统中许多干预措施的效果都不成比例，系统运作模式是循环而非线性的。有时付出更多成本和资源，影响却甚微；有时系统对策略更改会反应过度。大学增加的资金可能不会转化为生产力的提高，并可能导致意想不到的结果；外部推动教育系统变革也未必能取得预期效果。系统管理要重视协调，系统的目标有时会出现矛盾、冲突，子系统的元素之间、子系统之间，在资源分配、人员调整、信息交流、工作安排、计划实行等各方面可能出现利益冲突，为了实现整体最优化，必须有协调的观点，要寻求彼此相容的途径。

三、教育系统的协同性

协同是两个行为体经过相互沟通与协调，并依赖于彼此的资源完成共同目标。协同是一种合作，通过持续沟通确立关系，是动态的。在协同合作的准备期的构成要素是协同目标、文化、管理机制和参与者；协同合作执行阶段的构成要素是环境、协同的过程和协同的结果。协同合作是建设性的，需要参与者探索相互的差异性，从知识、技术或组织层面找到协同合作之处。协同合作需要内部管理结构，包括基本的组织保障和文化建设，组织结构确立正式的管理机制，订立规章制度，确定参与者的角色；管理文化是参与者的价值观和原则，是非正式的管理机制。从参与主体而言，协同合作超出参与者单独从事某件事所受到的能力和意愿限制，达到更佳的效果。

协同是一种程序，基本步骤是：（1）确认协同合作的目的，协同的目标是可以通过与其他伙伴共同合作来有效达成；（2）协同合作伙伴关系建立，自主伙伴的建立更多是利益驱动的，在高校系统中的教育任务协同需要制度保障、物质激励和价值认同；（3）确定协同合作方向，通过互动和建设性沟通了解彼此差异，建立协同文化、目标和协同过程的管理结构；（4）协同合作的实施，参与者通过协同过程彼此互动效果来学习和改变，达成效果；（5）是协同效果的评估，搜集信息，为下一步合作确立基础。协同的效果存在有形和无形效益，而这两个特性分别从对参与个体的、组织的、组织之间的协同成果判定。

协同强调系统功能的内在机制和共同特征，优化要素之间的协同效应，推动系统由无序向有序状态转化。协同性有整体协同性和结构协同性。整体协同性是基于系统和构成要素视角，在一个系统中存在属性不同的子系统，各子系统之间相互依存、相互联系，各子系统有各自功能，也有发展变化的共同规律，重要的是从全局观念发掘子系统之间的协同效应，从而产生整体功能。结构协同性是基于系统功能由系统结构所决定的基本观点，不同结构产生不同效应，依据不同途径的信息反馈，有序调整系统的结构要素，充分发挥系统结构协同功能而产生积极效应。协同学理论和方法是将宏观与微观研究有机结合，强调有机的层次关系与功能互补性的高度统一。高等教育系统中开展的是不同专业的教育，但立德树人的教育目标是一致的，因而在教育原则、教育理念层面具有共性，都要将价值观融入自身的专业教学中。

在教育发展和教育变革过程中，协同性在宏观层面体现为体系协同，在微观层面体现为机制协同、课程体系协同和协同教学。体系协同是系统整体结构的协同实现其功能，也包括体系内构成要素之间相互协同，达成育人目标。组织机制协同是掌握全局与局部的辩证关系，建立互通的教学管理机制，成立相应的领导小组和工作小组，协同专业建设和教学管理等各项工作。课程协同是专业教育要素之间发挥育人作用的协调关系，专业课程教育与思想政治教育课程的协同关系，建立课程体系结构。协同教学是由两个或多个教师组成教学团队，共同制订教学计划，实施教学。两位以上不同领域或专业学科的教师，依据本身擅长的学科、教学方法等，建立目标导向的教学合作关系，针对同一群学生密切分工合作，采取弹性多元的教学方法与内容，在课堂上提供多元观点的互动，共同实施教学。协同教学不是多个教师挂名却各上各的课，而是由不同专业领域的教师全程参与、合作实施所有教学活动，发挥 1+1>2 的效果。

第二节 高等教育系统的结构

从系统科学视角来看，高校是组织化的整体和实体，系统内部的构成要素彼此依存，系统构成要素相对稳定。教育是一个复杂的系统，教育系统研究是为教育实践服务的。以系统方法论思考，高校育人模式是科学，也是实践性的艺术，涉及多个主体的思维和行动过程，是特定的实施主体，根据所要解决的问题或目标要求，借助一定的技术、工具与信息，给出最优方案的过程。教育系统认知论与教育系统工程的概念相关。系统工程离不开具体的环境和条件，无法脱离事务本来的性质和特征，即与系统本身所在学科密切相关。教育与系统科学的关联性由钱学森先生于1978年在《文汇报》上提出，系统工程大体有 14 类专业，其中教育学系统工程是一类。[①]

一、教育系统变革的组织动力

作为实体的教育系统，是为达成教育事业的共同目标结合而成的有机体，

① 钱学森，许国志，王寿云．组织管理的技术——系统工程 [N]．文汇报，1978-09-27（1）．

通过教育人员、教育结构的配置及对教育环境的适应完成教育任务。学校系统相比于其他社会系统，对于外界快速变化反应迟缓。从不同角度思考教育结构，认知侧重有所不同，其共性是有共同的教育目标、相互作用的形态、科层制的阶层体系、开放的有机体。

（一）功能视角的高等教育结构

基于系统观点，高等教育系统输入环节是培养目标、教育方针和政策，构成要素包括教材、教师、学生、管理机构、教学设备、实验设备、图书馆；输出环节是毕业生、科研成果等。① 高等教育构成要素从主体而言，有教师、教学行政人员和学生；从组织机制而言，有系、学院、教育行政部门及其他相关服务机构；从运行要素而言，包括教学体系、管理体系。从静态观点思考，教育系统由教师、学生和行政人员组成的整体，彼此有不同的角色和功能。教育系统无论怎么变化、组合，都离不开这些基本构成要素，有其特有的功能和运行机制。教育系统具有一定的层次性和相对性。教育系统结构有教育行政、学院、教研室或系等实体部分，也包括教育目标、教学管理及思想观念等。教育并不是凭空发生的，它发生在由周围社区及其文化组成的环境。教育系统中还存在教育之外的其他组成部分，就地理空间而言，教育系统与其他系统之间的边界不必一定是物理边界。

学校是一个开放的有机体，在不断调整适应环境要求。教育系统工程是以立德树人为目标，整合教育系统资源，建立全民教育和终身教育系统。高等教育系统管理是为教育规划、教学规划、人才分配资源使用等寻求最优决策和最优管理。教育系统分析的目标是为政府行政部门提供一套教育预测和决策的方法，在学校层面，加强教学管理，对教学过程进行分析，为多种层次的教育机构设定不同的目标和评估标准。系统方法在教育中的重要性体现在确立规划、决策控制和解决问题、确立评估的框架、阐明管理的动态性质、完善考核评估体系和改善教师培训计划等，从整体上而不是部分地看待体系，帮助管理者识别关键子系统以及彼此之间的互动，最大限度地利用资源，改

① 廖泉文. 高等教育系统工程 [M]. 厦门：厦门大学出版社，1990：4.

善系统的运作方式，实施系统的教育计划，提高学校管理效率和教育质量。系统管理的主要工作内容有：收集资料提出问题，研究系统的历史和形状，做出高等教育的规划；确定高等教育经费的合理分配；确定师资培养、使用的最优方案；在师资、设备等有限条件下合理制定全校各专业课程表；确定学生最优的培养计划；对各种教学方法进行选择；确定教学评估、师资的评估和晋升职务；确定招收学生和毕业生的分配方案等。

（二）管理视角的高等教育结构

对于各种不同性质的系统，一般都存在着管理的概念。从古典管理阶段到行为科学管理、现代管理阶段，系统管理是最高管理阶段，自20世纪50年代起，在西方经久不衰地占有着主导地位。在我国，系统管理也逐渐被人们所认识，人们开始用系统的观点和方法去研究管理系统的结构和组成。系统管理就是指在管理中运用系统方法，为所研究的系统进行宏观规划，制定具体计划，调配资源，选择最优方案而进行决策的工具，这样就能从整体最优而不是局部最优的高度分析系统中各种复杂的问题。管理视角的高度教育结构是动态和文化视角的组织结构，组成成员彼此相互作用，协调合作，为共同目标而努力；组织文化层面，教职员工在工作上获得满足感和成就感，同时有彼此的情感和思想交流，形成团队意识。

高校系统的组织结构具有科层体制的特征，内部层级分明，分工详细，具有明确的规范，每一个部门有特殊的功能以达成组织目标，存在一定权力阶层。高校管理系统中存在垂直分系统结构，对各具体职能系统进行统一的管理，按水平层次一般分为最高、中级和基层管理层。最高管理层人员主要负责制订教育科研规划、选拔干部、分配资金和监督评估工作等；中级管理层人员主要负责制订工作目标、协调基层部门间关系、编制培养方案、设置课程计划和评估教学成绩等；基层管理人员实施教学、执行指令、评估学生成绩和掌握教学进度等。垂直分系统是按职权划分，表明级别、权力和责任大小。

高校结构具有松散结合的特征。相互联系的各构成要素具有自己的独立性和一定程度的分离性，彼此事务联系很少，相互依赖性较弱，各自是一种平行的存在。学校行政事务具有紧密结合的特征，但教学系统具有松散结合的特性。教师和行政人员的关系常常是微弱且松散的。校长和教师在行政体系中存在某种程度的相互依赖，但也有分离性；教师对学生事务的处理具有某种程度上的自主性，教师遵守规则，行政人员不可能随时监督教师的一举一动，更难要求教师依据行政意愿进行相关的教学活动。高校存在按其职能的不同而划分的水平分系统。在学科层面有不同学院。在职能层面，一般高等教育管理系统最重要的五个职能子系统是：包括本科生、硕士研究生、博士研究生等在内的教学子系统；科研、科技咨询、学术交流等学术子系统；招生、分配、学生等管理子系统；财务、后勤等服务子系统；以师资管理为主的人事子系统。水平分系统是按职能划分，它表明该子系统所从事的工作和其必须完成的职责。一般说来，水平分系统可以根据具体的系统增加或减少。

（三）育人功能的组织动力——横向与纵向结构

垂直连接的高等教育结构是相对松散和独立的，允许独立创新发展，尊重甚至鼓励不同学科的自主权。然而，在高校“立德树人”教育任务要求下，在持续强化思想政治教育需求、问责制和评估持续受到关注的当下，高校纵向组织的松散状态难以满足当下的育人期望和需求，对跨机构和横向机构的合作要求越来越高，合作的目标是支持整体学生和教师的学习和发展，不仅仅是提供服务、监管或履行自身职责，也不仅是支持学生的发展，教师能力成长同样是高等教育组织结构的功能。高校“立德树人”的任务要求在教育实践中通过组织的有效性、对机构需求的回应及塑造组织文化获得期望的教育效果。高校面临重新思考历史和传统的组织结构框架变革问题，考虑高校育人主体和受教育者的事务规划、服务和支持系统的结构，改变高等教育“孤岛”运行的垂直结构。现有高等教育结构侧重于促进自身的内部目标和宗旨，关注自身所在组织的责任和资源，却容易忽视教育全局的育人目标，从而导致一种离心力，使教育改革的政策与教育实践存在鸿沟。

协同的本质是秩序，并非各部分子之间的主从关系，是有效沟通互动的行为模式。有效组织的发展趋势之一是用构建工作的“水平”导向补充官僚组织模式的“垂直”导向。[1]横向组织结构是从具体的活动或职能转变为整体工作流程的活动或职能，是层级更少的“扁平”结构，有不同于垂直模式的联合效果。“有机—自适应”组织结构是由不同专业人员组成以解决问题为取向，通过负责协调和进行任务评估的专业人员以一种有机运动形式联系在一起，这种结构在个人需求和灵活组织结构之间存在协调性。[2]横向组织结构的主要形态是不同功能和目标的团队，由不同专业技能的一群人组建，以解决问题为目标，探索育人主体的共同演化关系，通过新工作关系改变行为、态度和价值，增强协同性。高校原有组织发挥协调人角色，在不同群体之间传达信息并进行监督和评估。

“三全育人”综合改革中，高校横向结构超出传统的事务性或功能性部门之间的合作，产生更大的横向整合能量。高等教育的育人行为有很强的向心吸引力，并且必然是横向的，能够满足学生和教师的成长需求，可以进行跨垂直结构的合作，发挥综合作用。全员、全程和全方位育人政策要求学校横向结构，提供相关教育信息，保障学术和教学事务之间的合作，教师建立学术和教学合作关系。高校思想政治教育的新要求首先是对纵向组织结构障碍和力量的系统性打破或削弱，是组织的跨部门合作或成立性的横向组织，是组织结构和组织文化的系统性改变。即便学院和学科的纵向组织结构难以彻底变革，可以通过支持和服务计划的机制建设改变高校思想政治教育缺乏合作的局面。高校横向结构是一定程度的组织和服务水平的整合，超出传统事务性或功能性的部门之间的合作，是产生更大的横向整合育人能量，如领导层面的政策推进工作组、具体工作组、教师和学生能力提升工作坊等组织（见图 2-1）。教育政策的变化引发制度变革、新功能的制度的产生和维持、新制度文化的塑造。教育变革是否有成效依赖于组织机构横向和纵向活动紧密结合所带来的有效制度整合。如果缺乏变革的制度环境，高校思想政治教育政策需要的向心力难以形成，无法克服原有组织的离心力和垂直结构主导所

---

① 杰克·雷斌．公共管理学手册 [M]．张梦中，等译．广州：中山大学出版社，2006：127．

② 沃伦·本尼斯．未来的组织 [M]// 杰伊·M 沙夫里茨，艾伯特·C 海德．公共行政学经典（第七版·中国版）．北京：中国人民大学出版社，2019：234．

带来的问题。评估是将校园中不同元素聚集在一起以实现共同目标的强大力量，是促使各要素横向连接的力量和工具。

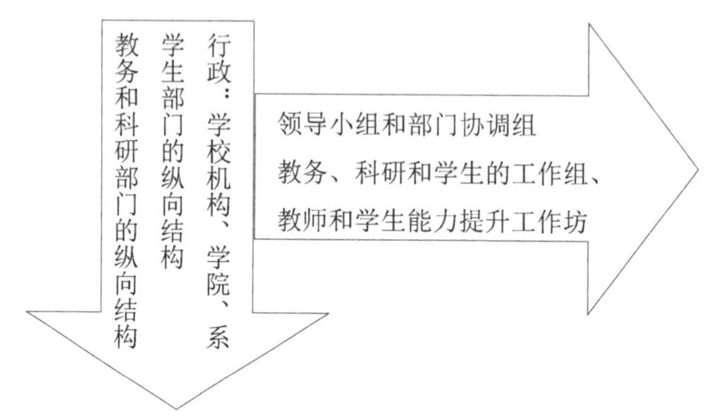

图 2-1　高校组织变革的横向和纵向结构

横向结构的形态是多元的，有统筹领导组织，引导方向和制订总体规划；行政部门牵头的协调组织，提升育人主体能力和育人合力；团队型组织，强化育人的协同效应。高校“思政课程”与“课程思政”的协同，需要建立不同学科教师的团队组织，在育人原则和共识下，通过彼此合作达成整体目标。团队型组织有教学、科研及政治理论学习等各种类型，通过自主管理、弹性灵活、沟通协调的方式完成团队任务，提升育人效能和效率。

高校组织发展和变革不只是组织结构的调整，还涉及学校领导、权力分配、价值观念、组织文化、课程与教学等各层面及其关系的改变。学校组织变革成功与否直接影响育人能力及育人效果。

二、教育系统“三位一体”的结构要素

教育系统分析的本质意义在于提供了一种理念价值。传统的观念是“要素决定功能”，然而系统论理念下，要素好的系统，功能不必然好；要素不好的系统，功能未必不好，关键是结构。在要素不变的情况下，一旦形成了新的关系结构，如新的师生关系、新的学生与环境关系、新的教师与环境关系，就可能获得新的功能，即高效率的课堂教学及效果优的育人结果。教育系统意味着各种行为体共同参与。教育体系结构要素中，是以师生为主体，包括

教育行政和管理人员，图书馆、实验室等教学设施，以各种教学实践、教学项目、社团、学生组织等为主要形式的校园文化建设。教育系统的分析内容是教育规划和决策、管理和评估、教育创新与发展、教育人才及培育体系建设等。[①] 对于高校主要育人职责而言，教育系统分析内容包括体系层面的教育格局构建、工作计划、课堂教学和教师知识结构（见图 2-2）。体系层面的教育格局是高校教育的全局观，是高校内部主要育人主体和要素所形成的关系状态，即相对而言的对立、竞争、孤立、合作或协同状态。高校工作计划、课程和教师是高校育人格局中最重要的三个构成要素，同时又具有一定的独立性和自主性，因而与高校教育格局整体一起共同构成具有层次性和整体性特征的“三位一体”系统结构和分析结构。

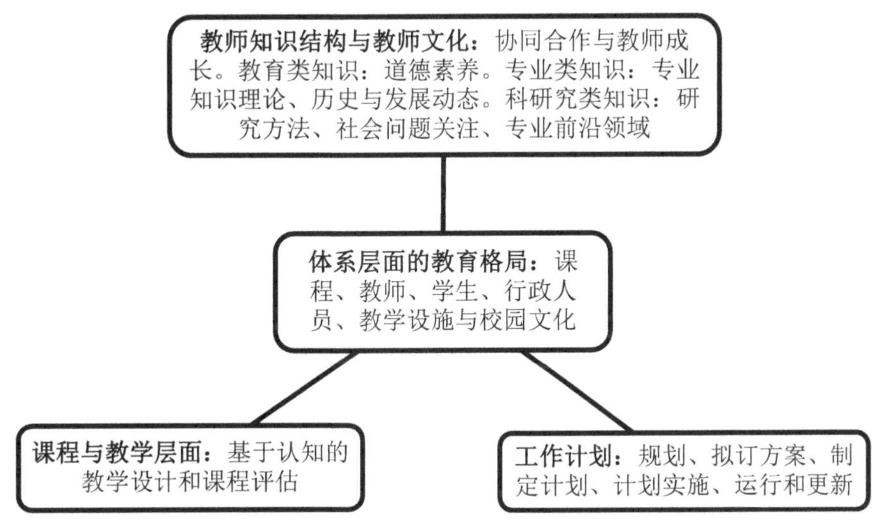

图 2-2 教育系统分析的总体框架

（一）基于体系构成要素的教育格局

教师、学生、行政人员、教学设施和校园文化等构成高校体系的基本构成要素，基于系统构成要素构建教育格局的总体管理体系，具体是对每一个工作阶段的思维过程，主要步骤是：明确问题，通过系统调查全面搜集问题

① 包国庆. 教育系统工程的内涵与类型 [J]. 高等理科教育，2003（3）：20-24.

的有关资料和数据，包括过去、现在已知数据以及对未来的预测数据；系统设计，选择系统功能的评估指标；系统综合，根据问题性质及总的功能逐步形成一组可供选择的系统方案；系统分析，对可能入选的方案，通过比较进行精简，并对精简后的方案作定性和定量分析，对各种方案的性能、特点等进行说明；系统优化，在一定条件下，对各种方案进行择优；决策，从各种方案中找出一个最优或次优的方案；实施计划，根据最后选定的方案，进行具体实施。

教育系统管理的目标是把教育置于行动和评估的背景下。教育管理始于教育需求，可行的与可衡量的目标，应用系统分析决定要达成的目标和任务是什么；选择实施的方式，最终评估和反馈整个过程。这个过程在设计、实施阶段是通过系统分析和系统综合进行自我更新的过程。教育计划用系统方式始于对需求的评估，需求在现状和被期望状态的评估，现实状态与被期望状态之间存在差距，因而需求评估是差距分析，使我们认清现实和行动的方向。教育管理过程是基于政策需求界定问题，这些问题被可测量及可操作性的方式表达出来。

系统方法是分析和综合的应用，教育系统管理就是“系统分析”和“系统综合”的过程。系统综合是问题解决过程，包括从众多的备选方案中选择解决策略，实施策略和评估行动方案和效果。系统分析过程是通过分析要求和可行性方案为系统计划决定“做什么”可行性的问题。首先要界定问题，其次要确定多个解决方案，界定问题和确定多个解决方案是系统分析过程，确定多个解决方案需要进行目的分析、结构功能分析、任务和目标分析、路径和方式分析。

目的分析是总体的工作规划，包括一个最终产品、服务、某物或某人的变化。教育中的目的分析包括任务目标、任务实施要求、限制性因素。目标就是教育系统的行为目标，清晰辨别要做什么、做的时间、地点、能做到何种程度。目标实施要求由教育成果行为表现，以衡量标准形式体现。目标限制是行动实施中的障碍因素，有可能会损害全部或部分目标的成就和具体行动。财力、人力、规则、偏见这些都会产生制约因素。

功能分析是系统分析延伸目标、行动要求，界定不得不处理的“做什么”

的问题，确保达成目标。系统分析需要界定做事情的秩序，运用系统技术建立程序的规则。功能分析是界定一组功能和次功能，包括达成目标的一系列关系。每一次功能被界定时，也需对行为作出规划，尤其是能以可衡量的方式，同时辨别面临的障碍因素。任务分析是一组去实现某种功能的行为。任务分析相比于目标和功能分析而言，是系统分析中较低层次的分析，任务分析要基于目标和功能分析。界定涉及总体功能实现的基本任务和途径，确定任务的特征、需求和背景，将任务按时间排序，最终确定任务的要求和行为措施。

目标、功能和任务分析之间的区别是重要性程度的不同，而不是分类类别不同。任务分析得是否完美，其运作方式与目标和功能分析一致，都需要辨别达成目标的因素。任务分析是能获得更具体的行为信息，能够提供基本的结构和教育计划设计、实施、评估的信息。目标、功能和任务分析是界定达成目标要实施行为的过程工具，这些过程就是界定“是什么”，提供决策的数据基础。

（二）工作计划

工作计划是活动按时间排列的顺序和工作阶段：规划阶段，制订高等教育系统的总体规划和战略部署；拟订方案阶段是提出具体的计划方案；制订计划阶段是实施系统的研制方案并作出各种教学计划，将各学年教学计划包括毕业生设计等衔接成完整的教学计划，同时制订运行计划；计划实施的教学阶段是完成各学年的教学及毕业设计、毕业论文等；运行阶段是将学生从入学到毕业的各个过程进行常规运行，并随时解决运行中的问题；反馈更新阶段是建立信息反馈系统，进行各种类型的评估，及时更新系统中不完善的部分。工作计划实施的基本原则是教育规划与决策的整体性、管理和评估的一致性、人才与培养体系建设的协同性。

（1）教育规划与决策的整体性。以系统观念的主要原则应用于教育决策与规划就是辨识教育与外部社会、经济、科技、文化等系统的关系。教育不是孤立的事件，是复杂大系统中的一部分，只有与外部系统协同，教育才能获得发展。决策可分为计划、规划和政策制定。教育规划是一切系统建立的基础，是战略性的长期谋划，首要任务是确定教育的发展方向和教育目标。

计划是近期实施的目标和方案。决策的科学化需要对事实的掌握和对问题的科学分析。

（2）教育体系管理与评估的一致性。没有客观全面的评估就不可能实施有效的管理。高等教育体系评估标准和评估体系是高等教育系统规划、管理和决策的指挥棒。评估内容包括教学效果评估，科研评估，师资评估，学生能力、情感和知识评估，实验设备评估等。作好系统评估，可以加强宏观指导、管理和控制，具有指挥定向、区别优势、督促后进、目标调节等作用。

（3）教育人才与培养系统建设的协同性。人才既有个人自身潜在天赋，也依赖于教育环境和教育条件，教育人才培养体系就是解决“应该提供怎样的环境”的问题，以新的教育理念实施人才的思想政治教育、创新教育、素养教育。教育理念包括教学过程中的理念，如培养求实精神、宽容精神和创新精神等，教育理念是社会主义人才培养的根本。因此，高校教育人才培养体系需要在教学中提供学生素养生长的土壤，在校园中提供学生素养培育的环境。

（三）以课程发展为核心任务的教学系统

教学系统是一种过程系统，是高校系统一个最重要的子系统，课程规划设置、课程安排和课程发展是高校教学系统的核心任务。教学系统的行政归属有三个层次：一级教学管理单位是教务处，对全校教学工作进行组织和调度，对各系、各专业的教学进行管理。教务处主要由教务科、师资科、教材科等组成，主要职责是制订教学计划和指导实施，教学督导和评估、培训师资等。二级教学管理单位是学院教务科，基于学校管理工作目标以及教务处的教学安排具体实施教学计划，统筹安排和调配师资力量，指导教研室工作。三级教学管理单位是系，根据学校、学院管理工作的目标和教学计划的要求，组织和管理各门课程，随时处理偏差，并及时将有关信息向学院领导汇报。

教学管理最优化的基本精神是把教学过程视为系统，这个系统又由更小的子系统所组成。每门课程可视为一个子系统，每堂课可视为一个更小的子系统，要找出系统内各要素的相互关系。高等教育系统区别于其他教育系统的根本之处在于，科学研究也是一个重要的子系统，并且只有与教学系统两者紧密结合，相辅相成，学校的教育事业才能发展。科学研究可以提高教学质量，促使教学发展；教学则是科学研究的前提，也是科学研究的载体。

（四）教师知识结构和教师文化

教师知识结构是为了完成教育系统分析及教育系统实施所需要的知识。从知识掌握的主体而言，包括教育规划者、管理者、以教学和科研为主的教育行政部门参与者及教师，只有教育系统内所有参与者和利益相关主体全部参与到教育系统管理、运行及系统分析中，才能实现教育系统结构和功能的优化和最佳状态。

高校教育者所具备的首要素质是道德素质，教师是具有道德的职业者，本身具有表率和榜样作用。教师掌握的知识内涵包括教育类知识、专业类知识及科研类知识。教育类知识是教育系统结构中所有参与者都需要掌握和了解的知识，尤其是教师在教育系统中是教育教学和课堂的管理者，具有很大程度上的独立性。在教育系统中，教师也是被管理者，需要了解教育规划和教育政策，遵守教育行政管理部门制定的规章制度，依照教学管理部门的要求开展教学，遵循科研管理部门制定的科研管理制度进行科学研究。教师需要掌握教育管理学、心理学、统计学、比较教育学等知识。专业知识和科研知识的掌握主体是高校教师。教育要培养终身学习的人才，教师是终身学习的职业。教师的专业知识体系中包括专业知识理论、基本概念、专业知识历史及本领域的知识发展趋势，教师唯有持续更新专业知识结构才能培育满足社会和国家需求的人才。

从高校组织而言，教师文化是组织文化的一部分，是学校管理的重要课题之一。对于长期处于学校组织中的教师而言，教师会受到学校组织条件的影响，而产生特有的思想和行为，这就是教师文化。教师文化虽然发生于学校场所，但其在一定程度上超越了学校制度框架，并且反过来影响学校制度的发展。教师文化是学校组织文化的次文化，但是对于校园文化的营造却具有引导、示范、整合和预警的功能。因此，教师文化也被视为学校组织内的教师群体所形成的一种隐性教师行为准则，规范着教师在组织制度、教学实践、学术研究和师德方面的教育实践活动，对教师行为产生制约和激励作用。

教师文化塑造所面临的主要问题是高校系统中的教师具有双重属性，受制于双重权威并具有管理者和被管理者的双重身份。系统中每一个教师都在一定的位置上受到一定的制约，完成分内的工作，为达成一致的目标而努力，这是来自高校组织的作用力。但另一方面，高校教师受自身所在学科权威的影响和制约。教师存在于各种知识群，教师进行科学研究以扩大知识群的范围，从事教学以传授和传播知识、运用知识、研究新知识。教师的研究成果获得承认，除了本系统的各类组织外，还有来自学科权威群体的认可。学科或专业领域的认可是给高校教师的另一股作用力，这两股交叉的力使教学、科研人员处于双重权威之下。高等学校教师行为的特点有其独特性，兼具管理者和被管理者的双重身份，具有独立思想和观点。教师希望自己所在的系统办学水平处于优先地位，因此他们都能积极完成分内工作，关心教学、专业训练、科学研究，关心学生的能力和学校的发展。教师不认可统一化和标准化，在教学方法、成果表达等方面反对所谓的标准化。教师希望在高校系统中实现社会正义，他们在自身的教育和成长过程中，逐步形成一套公正、平等的准则。教师希望获得研究工作和教学工作的独立性，对自身的教学科研表现出相当的自信，要求个人的教学方法和所教授的知识获得尊重，研究成果得到承认。

高校系统中，多样性的结构比单一的结构能更好地调节系统各构成要素、系统各功能和准则之间的冲突。在高校系统内，有必要建立某些松散组织，可以使系统中有独立性的部分不依赖于其他的部分而持续存在并发展。松散的联合可以使系统中各子系统能够局部地适应他们各自的环境。松散联合的系统比紧密联合的系统更能容纳大量的变化和各种解决方法。松散的联合可以使组织里的各元素有更大的自决权，从而提高他们处理事务的水平，并使自身产生更大的效能感。

三、教学观点的教育系统结构

教学观点的教育系统结构是教师主导的课堂教学活动，是高校育人的主力军和主渠道。课堂教学受整体高校体系发展的深刻影响，其管理又相对独立，教师拥有一定程度的自主权。教师的素质和知识结构、工作态度等主体因素在教育系统变革和发展中具有举足轻重的作用。但由于受教育者在教育活动中是独特而能动的客体，是具有丰富个性、情感和多重需求的人，教育系统中有效教育的原则是为受教育者服务，满足社会对教育发展目标规模、方向和内容等的需求。

从教学观点而言，教学过程和教学结构是教育系统中师生之间关系的类型。美国学者提出：老师、学生、内容和情境被视为形成一种教育系统。[①] 教育系统是具有至少一个具有信息的情感关系的组，这种界定确定了教育中应该发生的各种相互影响的关系。老师是指导他人学习的老师，定义了两个人之间的一种情感关系。师生之间是教学相长的关系，A 可以指导 B 学习，B 可以指导 A 的学习。学习指导可以是直接指导或间接指导。学生之间存在相互指导学习的状况。如果将教学视为一种情感联系，教导是两个人之间的关系，其中一个引导另一个跟随，教师是主体但不必领导和控制学习。学生是在老师指导下学习，同样学习者也是在没有指导情况下尝试独立探究和学习的人。学习是教育中应该发生的一种情感关系。

内容就是要学习的内容，包括学生与内容、教师与内容的关系。在教育中所建立的“学生—内容”的影响关系类型是内容认知、价值认识和情感认知。我们希望学生认识学习的对象（与学习主题建立认知关系），重视这些对象，并将积极的情感与学习的对象联系起来。教师与内容的关系是教师应该了解主题以及如何指导主题学习，重视并喜欢它。情境是指导学习的环境。正规教育系统的典型环境包括学校建筑物内的教室、教育行政人员、计算机、书籍、图书馆、体育馆、甚至餐厅等。情境也可以包括地方和国家教育部门。教育系统中有学生情境、教师情境和内容情境之间的关系，可以通过一本书中的印刷文字来象征性地表示学习的目的。学习的对象可能实际存在于当前环境中，如教师、教学行政人员等。系统构成要素之间的相互关系更具有意义，在任何教育系统中，情感关系的基本类别有 7 组：师生、学生与内容、教师与内容、学生与情境、教师与情境、内容与情境、教育系统环境与教育

① Maccia E S. Development of educational theory derived from three theory models[M]. Washington, DC: U S Office of Education, 1966:107.

系统（见图 2-3）。[①]

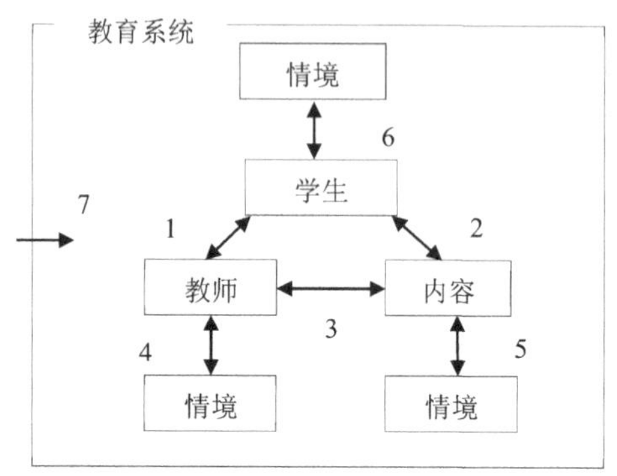

图 2-3　教育系统的 7 组基本关系

师生关系的一般状态是：老师通过听觉和视觉向学生群体展示信息；老师经常给整体学生分配相同的阅读和练习；教师对学生的作业和测验进行评分，并提供有关学习的反馈、进展；教师很少个性化教学，因为在大多数情况下是不切实际的；学生听并观看老师的讲座和示范；老师经常决定学生什么时候学习以及学习多长时间；师生共同的教学实践经常是短暂和有限的，大学通常是一个学期。

老师与内容关系的一般状态是：老师们通过专业训练时的正式课程学习专业知识，之后的教学内容主要依赖于自学；老师们所教授的课程一般讲过数次；老师对部分课程教材相对缺乏自主性，依赖于相关教育机构的选择；老师经常制作教材之外的学习材料，例如课件、补充资料等。

学生与内容关系的一般状态是：学生常常发现主题毫无意义，与真实世界、与生活脱节；学生与内容的互动通常是被动的，如阅读，观看和聆听；学生经常处理抽象或象征形式的内容，并且较少出现具有标志性、代表性或具体形式的内容；学生通常遇到的内容是知识的静态表示，而不是随着知识或事件的变化而动态或变化；学生通常不能不选择学习什么内容，何时开始学习，学习多长时间，因为实现学习目标的速度在很大程度上取决于外部时

① Theodore W Frick. A systems view of restructuring education[C]//Charles M Reigeluth, Bela H Banathy, Jeannette R Olson. Comprehensive systems design: a new educational technology. Berlin: Springer-Verlag, 1993:260-271.

间；许多学生没有掌握教学内容；许多学生对学习内容并不感兴趣，甚至感到无聊和疏远。

教师与情境关系的一般状态是：老师按照学校安排的时间，在数十人至数百人的教室里工作；在工作时，教师与外界隔绝，教师接受学校的监督、考核与评聘，老师与其他老师讨论工作的机会有限，教师经常使用黑板和投影来展示信息；课余时间，老师通常在家里备课，老师很少在学校以外的地方与学生合作。

学生和情境关系的一般状态是：学生上课的教室通常是有数百名学生的大教室，学生大部分上课时间是作为一群学生中的一员，很难体现主体性；教学活动主要以课程表和铃声体现出来，从早到晚一周五天被课程占满；学生阅读大量印刷品；学生经常坐在面向教室前部的桌子上；在校期间，学生大多与世界其他地方没有交集。

内容与情境关系的一般状态是：许多内容都以纸质形式体现；大多数内容是静态的，形式上不是动态的；即使在知识发生变化之后，教育内容也变化缓慢；许多内容以抽象的形式出现。

教育系统与环境关系的一般状态是：在学校正式的教学中与外界的交流很少，教育系统与外界沟通很少；教师由国家机构或政府教育部门认证和许可；大多数正规的教育活动发生在学校；家长和老师之间的沟通渠道较少，因为老师必须按照自己的管理要求进行教学。

教学为主的教育结构体系特征主要表现在固定的时间、固定的场所用同样的方法教给不同学生相同的内容。教育体系的变革是对教育构成要素之间关系的改变，考虑改变教育系统组成部分的结构并没有多大意义。在阐明教育组织的目的或宗旨之前，必须先建立为了更好实现目标的成员关系模式。结构性变化不仅取决于教育系统的目标，更应由目标驱动各种关系的改变或更改。教育系统的主要目标是培养人才。从认识论的角度来看，有 4 种认知：定性知识（认可、熟悉和赞赏的）、定量知识（概念、理论和标准）、知道如何做（程序性、操作性知识）、知道该怎么做（品德和创意的知识）。从教育系统层次，需要打破不同专业界限，从认识论的观点审视教育体系。

第三节　高等教育评估的系统分析

评估是教育规划和执行之后针对整个教学过程有效性的衡量，目的是改进教育规划和教学实施方案。除了规划和实施之外，评估是教育可持续发展的动力，通过有效评估，可以改进教育缺失和提升教育质量。评估理论是界定评估是什么及如何做的关键，为评估提供理念、原则和依据。教育评估是对教育对象，通过系统和客观的方式整理和分析各种教育资料，进行解释和价值判断。评估的方式和内容因国情、社会制度和时代背景不同而有所差异，在具体实践领域也呈现多元化，对于高等教育评估的认识和理解，客观上存在主体性差异，而这种差异会同时反映在对教育评估的界定和评估指标体系构建的路径层面。

一、教育评估的发展历程

作为衡量教育现状与判断教育效果的参考，高等教育评估是教育发展到一定阶段的产物。不同学者因所处评估发展历史背景、所持评估取向不同，从而对评估有不同解读。依据各学者观点及本课题的研究取向，将教育评估概念归纳为：判断已有教育规划、过程及效果，形成叙述性和判断性信息，以了解教育成效、改进教育缺失和达成教育目标的系统化过程。信息应可信、有效、相关并有用，因而信息一般用指标传达。有“教育评估之父”之称的泰勒认为，评估是意图成果与实际结果的比较，评估的焦点问题是目标的界定和成果的测量，开创了“目标导向”的评估。20 世纪 70 年代，美国多位学者提出评估的 5 个范畴：评估、知识建构、评估如何被使用、接受评估者、评估实践，为评估理论提供了完整的分析框架。

（一）教育评估的演变历程

正式的教育评估观念主要源自美国、英国及欧洲陆地国家。西方教育评估大致经历测试、评估和专业化阶段。19 世纪后半叶至 20 世纪 30 年代属于测试阶段，这一阶段的中心问题是学生个体学力测验的客观化和标准化，人们普遍要求教育测量评估客观化。随着科学的逐步发展，人们开始认识到传统的测验有很多的弊端，教育测量、心理测量、教育评估逐步形成专门的学科。从 20 世纪 30 年代到 50 年代中期，这一阶段的前期是对测试的批判，指出测验不能测出学生的社会态度、兴趣、情感和品质等。

美国俄亥俄州立大学教授泰勒奉命进行课程设置与教育评价，前后用了 8 年时间，这就是历史上著名的教育评估“八年研究”。泰勒通过教育评估研究，结果发现传统的测试内容只是记诵教材的知识内容而已，最多只测试了学生的记忆能力和重复能力，从而泰勒提出了目标评估的概念。泰勒关注的是什么样的学习目标对学生最有效，衡量的是学生达到目标的程度。因而，目标本身的构成、目标的表现形式及评估方法是教育评估目标模式的研究重点。与泰勒模式相关的教育评估领域有两项重要的工作，一是标准化测量及其推广，二是布鲁姆等人进行的目标分类学研究及其成果。泰勒模式提供了教育评估理论的最初形态，也提供了评估的方法论，具有重要的实践意义。美国 1958 年通过《国防教育法》，秉持教育即国防的理念，联邦政府提供经费开展教育评估活动，发展新的教学措施。教育评估在 20 世纪 60 年代后在西方蓬勃发展。

从 20 世纪 50 年代后期至今，这一时期的核心是对目标评估的合理性提出怀疑，指出教育是个人自我实现的过程，反对用统一的模式去统一个人的自由发展。泰勒的模式受到严峻的挑战，各种研究和各种模式争相产生，将教育评估的研究迅速推向高潮，并出现了专业化的倾向。各种新的评估模式不断涌现，这一切直接酝酿着教育评估专业化。20 世纪 60 年代以后，由于教育的迅速发展，国家竞争力提升的需求，教育评估开始被社会大众所重视。1973 年起，由于评估专业期刊的发行、评估学会的成立、大学专业学科的开设，教育评估开始逐渐朝向专业化的方向发展，并形成一门学科，不断丰富教育评估理论。

泰勒模式所蕴含的目标合理性假设不断受到质疑，人们认识到泰勒模式自身无法保障其所承认的作为评估标准的目标合理性和可操作性。通过反思泰勒模式的理论与实践，1963 年克龙巴赫首先提出与泰勒不同的主张，认为评估是为了改进课程。[①] 自 20 世纪 60 年代以来，国外的教育评估出现一些新的评估模式，比较有影响的有斯塔弗尔比姆的决策模式（CIPP 模式），由背景评估、输入评估、过程评估和成果评估 4 种评估所组成。

（二）教育评估的特征

随着教育评估的专业化和模式的多样化，教育评估的方法和理论都有了新的发展。西方高等教育系统评估经历了 100 多年的演变，现代评估相比于早期评估呈现一系列新特点。早期的教育评估注重选拔适合教育的学生，现在的教育评估注意创造适合学生的教育。评估实施目的由认可学校转为协助学校实施自我改进。评估的目的不是为了证明，而是为了改进。教育评估从标准化考核转移到掌握知识技能、情感和价值观的评估，从注重总结性评价到重视过程性评估。在评估方法上更注意定性和定量相结合。最初的评估方法是依赖于传统经验的定性评估；后来过分强调定量评估的科学性；经过不断实践，认识到单纯定量评估的片面性，部分因素的不可测性，因此注重定量评估和定性评估相结合。

20 世纪 80 年代，许多国家在学校层级的评估发展已呈现从外部评估逐渐转向内部评估的趋势，评估方式由外部人员评估转为内部人员评估，学校教职员进行自我整体评估和学校本位评估，通过这个方式实现教育改进和发展的目的。早期对教师的评估注意专家同行的评估，现在评估则更信赖自我评估。特别出色的、与生俱来具有良好素质的教师毕竟是少数，多数教师必须在不断学习、实践中改进、成熟和完善。依靠专家的评估容易打击教师的积极性，发挥自我评估的作用有利于防止教师的对立情绪，在自我评估的基础上不断完善自己。当然自我评估还应与专家组织机构的评估相结合才能避免自我评估中的主观性和片面性。

美国的高等教育，无论是数量或质量都居于世界首位，其高等教育领先地位直接影响和促进了美国科学技术的高速发展。美国的教育质量评估制度

① 克龙巴赫．通过评价改进课程 [M]// 陈玉琨，赵中建，译．翟宝奎．教育学文集·教育评价．北京：人民教育出版社，1989：176.

是世界上最完备的，这与美国高等教育的评估结果对学校的地位和发展的影响有很大的关系。首先它是政府和实业团体进行的，是资助的参考，是政府、公司、企业人才挑选的依据，同时又是教师挑选学校、学生挑选学校和专业的依据。美国有多个地区性的评估协会，各专门领域都有代表性的专业协会。美国还成立了国家评估委员会和高等教育地区评估委员会联合会以协调各地区的评估工作，美国的教育理事会曾组织过数次著名的评估活动。

二、教育评估的主要类型和功能

（一）教育评估的主要类型

不同的分类方式，教育评估有不同的类型。在理论层面有规范和描述性评估。[①] 规范性教育评估理论旨在探究教育评估应该是什么，如何有效界定，偏重于应然层面。描述性教育评估理论，旨在描述教育评估是什么、有哪些形式、如何做、做了哪些，偏重于事实层面。事实上，理想的教育评估，应该兼顾教育评估的事实层面和应然层面，才能让教育评估收到良好的效果。所以探究教育评估理论或进行实际教育评估时，要兼顾规范性和描述性的教育评估。

教育评估类型并非绝对的，依照不同分类标准，同一个评估可能被归类到不同的类型中，也可能同时具有好几种不同的类型特征。从评估目的区分，有形成性评估和总结性评估。形成性评估是指在教育活动进行过程中，给管理者提供改进信息，以提升教育活动质量与效果所进行的评估，是教育实施过程评估。总结性评估则指在教育活动结束的阶段，为了解教育活动的实用价值与实施成果所进行的评估。形成性评估的设计和使用，强调以受评对象改进为目的；总结性评估的设计，目的在于呈现有关受评对象的优点与价值的结论，并作为该行为是否继续维持、扩大或终止的建议。从接受教育评估

① M Scriven. Evaluation theory and metatheory[M]//T Kellaghan, D L Stufflebeam. International handbook of educational evaluation. London: Kluwer Academic, 2003:15-31.

的对象而言，有人员评估与方案评估。从评估的方式而言有自我评估、内部评估和外部评估。

（二）评估在教育系统变革和教育决策中的价值

教育系统变革是连续的过程，有准备、规划、变革、保持和评估阶段。教育评估是教育系统变革的一个阶段，是教育变革的推动力。教育系统需要变革，变革是系统性的，思想观念转变尤为重要。准备阶段是形成新的观念及学校文化，规划阶段是发展政策和环境支持，变革阶段是建立相互信任的阶段，保持阶段是引导转变，评估阶段是确保资源。教学系统变革中的方法是形成性评估而不是总结性评估。

没有改善教育制度的灵丹妙药，只能在整个教育过程中针对整个教育系统实施变革措施。教育系统变革引发的就是系统的多样性和复杂性，系统内的行为体要冲破思想禁锢，建立不同学科主题、不同学习领域、不同目标、不同取向的学习方式，形成不同的学习情境和文化，为多样性提供选择性。教育评估是高校系统变革的一个阶段，也是学校变革层面的检测。学校系统变革是建立在理论及研究基础上的，其中包括组织行为学和系统变化论。[①] 从基于时间的、标准化的教学和基于常规模式的评估转向基于个性化的教学和评估，建立一种以学习者为中心的教学和学习系统。在学校的教育系统中，教学评估是教学过程中重要的一环，依据教学目标，运用多元评估方法，对学生的学习成果进行分析与研究，用以判断是否达成教学目标，并提供教学目标、起点行为及教学活动的参考。

教育评估是教育决策的依据。教育政策须建立在科学理论的基础上，使决策过程更为客观，政策方案更具有可行性。教育评估在教育决策层面的应用已经成为教育发展的趋势。系统评估对各类重大决策是必不可少的，是决策的直接依据和基础。系统评估是全面评估系统的价值，而价值通常是根据其效用观点，被理解为评估主体对于评估对象满足某种需求的认识，它与评估主体、评估对象所处的环境状况密切相关。因此系统评估问题是由评估对

① 段敏静，裴新宁，李馨．教育系统的范式转变[J]．中国电化教育，2009（5）：1-6.

象、评估主体、评估目的、评估时期、评估地点及评估方法等要素构成的问题复合体。系统评估的最终结果在某种程度上取决于评估主体和决策者多方面的主观感受，这是由价值的特点所决定的。

高等教育系统评估，结合目标评估与过程评估、定量评估和定性评估、静态评估和动态评估。静态评估是基本评估，指已达到的实际水平评估。动态评估能衡量系统的生命力，要评估系统的适应力和创造力，即高等教育系统对社会环境的敏感度、适应速度和创造能力。

三、基于教育评估模式的指标设计路径

由于学者评估取向的差异而存在评估模式差异，或从本质、目的、功能、方法等方面，或独立或多维的角度定义评估，研究的共同之处是对信息进行系统分析，为决策提供指导。系统研究方法和系统思维是评估的本质特征。教育指标的建构可提供教育的相关信息，作为制定政策的基础。如果能设定指标作为政策推行的参照信息，不单是政府部门应该重视的，同时也能有效引导教育的发展。20 世纪 80 年代以来，世界各国为改进教育绩效和表现，尝试利用教育指标来监控和评估教育发展，这使教育指标在教育决策中的应用越来越成熟，且有不断发展的趋势。

教育指标体系可提供教育问题分析的各个环节，整体理解教育系统。通过有效评估，改进教育缺失，提升教育品质。教育评估指标的核心是如何选择、如何建构及如何运用。教育指标聚焦于某项议题的主要事项，具有特殊性，期望呈现系统全貌或系统内部某些关键部分。评估指标体系是由各种层级的指标构成的整体，指标是系统要素外在表现形式。[①] 评估体系构建的核心是确定指标，决定评估工作能否顺利推动，更影响教育实施的深度及广度。指标的功能具有引导作用，表达教育目标；评估教育背景、过程与结果层面的表现；提供教育决策信息，如分配资源或决定教育政策如何执行。课程评估指标应该由目标、过程、条件和成果评估四部分组成。[②] 建构指标应考虑

① 张远增．高等教育评价方法研究 [M]．上海：复旦大学出版社，2002：34．

② 姜凤华．现代教育评价理论・技术・实践 [M]．广州：广东人民出版社，2003：52．

的标准是输出导向的结果性、政策相关性、相对稳定性、可描述性及实用性。教育指标体系的设计依赖于教育评估模式的选择。高等教育评估模式主要有目标导向评估、过程导向的系统评估、信息导向评估。各个模式只是评估角度不同导致评估指标体系设计的路径有所差异，没有必然的冲突。评估开始转向更好方案和更优决策依据时，这种模式下设计的指标对价值判断具有意义。①

（一）目标导向评估的指标体系设计路径

目标导向评估中，评估的作用在于判断教育目标是否达成及教育计划的实施程度是否符合目标需求。泰勒的评估理论就是基于目标导向的评估。早在 1950 年，泰勒将教育评估界定为确定教育目标实际上被了解程度的过程。

目标导向教育评估的重心是现状评估、目标界定和分解。首先需要了解高等教育的实施现状，将之与既定目标进行比较：二者是否一致及有多大差距。目标导向的教育评估中，评估指标体系设计是沿着目标而展开的，重点在于检查各种教育方案是否能够达成目标。评估结论则用于对教育目标是否达成的判断。在目标导向评估模式中，指标设计先提出问题，关注的重点不是这些问题能否体现教育过程，反映价值判断，信息的搜集主要是为了目标分析。

目标导向评估指标体系比较适合于聚焦型评估，拥有明确可支持的目标有利于评估指标设计。绩效、问责与目标导向评估相关联，将绩效和问责这两个目标联系起来进行指标设计，使教育的实施者基于评估结果改进教育质量，最终帮助提升高等教育的品质，同时确保评估者发现评估指标的有效性。

（二）过程导向的系统评估指标体系设计路径

当前的高等教育评估可以分为三个层次：办学、专业和课程水平评估。从 20 世纪初以来，系统科学逐步发展成熟，高等教育评估逐步转向以系统理论为指导，应用系统论中的整体原理、反馈原理、有序原理使高等教育系统

① 斯塔弗尔比姆（Daniel L Stufflebeam），等 . 评估模型 [M]. 苏锦丽，等译 . 北京：北京大学出版社，2007：73-76.

成为一个开放系统和闭环系统，系统原理和高等教育评估相互渗透和结合，把高等教育系统评估推向了一个新的阶段。系统评估不仅强调教育的效果，更重视教育的过程，重视教育评估的整体性观点及教育的发展和教育评估的一致性。系统评估就是把系统科学的概念引入教育评估中，改变最早对学生学习结果的测验和教育评估初期目标导向的模式。

过程导向的系统评估是整合模式评估，与信息导向和价值评估模式联系密切。评估是系统分析中一个复杂而重要的工作环节。系统评估是应用系统化研究方法，对方案的设计、实施和效益进行实施过程中的事实和价值判断的评估。系统评估要利用各种资料，对比各种可行方案，对各种方案予以评估，考虑各方案的优劣，从系统的整体观点出发，选择其中可行的最优方案。高等教育评估与一般系统评估一样，对若干可行方案要给出价值的评判，并供决策者择优而行。教育评估需要系统方法对某一个决策和教育规划的价值、目标、实施过程和结果对照评估标准，通过质或量的方式来搜集、整理、组织和分析各项教育信息，并进行解释和价值判断，以了解教育成效和达成教育目标。教育评估应用系统方法，也是对教育方案进行系统思考的过程。

过程导向的系统评估取决于教育系统的发展过程和对系统构成要素的分析。评估是一个持续的探究过程，探究有关社会、经济、环境条件与方案内部发展环境的关系，探究有关方案设计、实施过程及方案预期成果与事实成果的差距，方案目标是否达成及目标达成的程度。方案设计、实施过程及方案效果的信息搜集和分析是指标设计的主要思路。从系统的教育价值观出发，高等教育系统评估运用整体反馈原理和有序原理对高等教育的功能属性及其主客观效应的行为作出评价和估计。[1]高等教育系统评估的一般过程包括输入、转换、输出和反馈环节，系统构成要素是评估指标设计的主要指向。

（三）信息导向评估的指标体系设计路径

信息导向的评估强调立足于信息的统计、综合和归纳。教育评估为教育

---

① 廖泉文．高等教育系统工程 [M]．厦门：厦门大学出版社，1990：57.

决策提供叙述性、描述性和判断性的信息。教育评估“不在于证明，而在于改进”是教育评估的著名论断。信息导向评估的目标是提供决策信息作为改进决策的指导。评估的目的是指导如何决策，满足教学效能评估的需要，增加对研究对象的了解，通过价值层面与事实层面的比较，确定事物的利弊、得失和原因，以获取作决定的有用信息，并且提供改进的过程。信息搜集与使用的设计模式有利于评估结论的有效使用，而且更易于高等教育目标细化过程的实行。信息导向评估是一个搜集和分析信息的系统化过程，在设计指标所选取的路径上，信息模式是关键，指标设计考虑信息可信性、有效性、相关性且有用性。对研究对象的目标、设计、实施等产生影响的基本客观数据，进行统计、分析和整理，有利于建立评估系统中的数据库。

四、教育评估指标设计的系统模式

教育指标有助于了解整个教育发展的状况和变迁，提供决策和评估参考。教育指标设计往往要整合目标、过程、信息和价值模式，建构一组既相关又独立的评估因子所构成的指标体系。

（一）教育指标确立的基本原则

教育发展是一个长期的、动态的历程，想要了解教育发展的程度和问题，必须要有一套完整的指标体系作为衡量依据。教育指标并没有统一的定义，其概念源自社会指标，是社会指标体系的一部分。教育指标所应具备的基本要素是要能反映教育系统重要层面的特征；指标体现可测量、可观察的教育现象或者教育问题；指标要以客观、具体的数据来呈现，指标的数值并非具有绝对意义，必须通过比较才显示它的作用和意义；指标用来描述与教育政策有关的统计数值，提供教育制度实施状况与信息；教育指标的选择应该以理论作为指导，有了理论依据，才能对教育现象进行系统的解释。因此，教育指标是指衡量教育系统状况或表现的一种统计数据，提供相关的教育信息，并根据此理解和判断教育发展的程度。教育指标可以反映教育系统的发展特征和趋势。评估指标确立的原则是可比性、客观性、系统性、可测性和相对独立性。

（二）教育指标体系的整体性

由于教育的影响因素众多，各个因素彼此之间的作用也比较复杂，任何单一指标，对于复杂的教育现象都无法提供充分的信息。为了显示教育的全貌，获得更为完整的信息，建构教育指标体系是有必要的。教育指标体系相互依存、彼此联结，可反映出教育目标和优先次序。虽然理论上指标体系是由许多相关的教育指标组合而成，但并不是许多指标的集合，而是分别显示整个体系中各组成因素的现状，并且指出各个组成因素之间的相互关系。

教育指标体系是由一系列清楚而独特的指标所构成，通过它衡量教育制度中重要的构成要素。如果不能使用多元指标衡量教育体系的重要层面，不仅无法了解教育系统的运作状况，也无法判断教育实施达成目标的程度。如果想了解教育实施的结果，不能仅仅依赖测验得分，同时也要衡量教育资源、教师素质、教学过程和课程材料等信息，要进行综合研究判断，才能全盘理解。单一或大量的指标本身并不能描述教育制度的复杂结构。因此，为了对教育制度的复杂成分加以评估，并了解这些成分如何结合而产生教育情境，甚至是教育制度的变迁，不但要建构指标，还要将建构的指标系统地联结起来，才能提供有效的教育信息。

教育制度本身就是一个多层次的系统，在这个系统下，任何一个运作的次系统单位都提供了其他层级所需要的服务。同时，本身也是接受其他层级服务的对象。教育系统包括输入、过程和输出三个部分。输入是指投入教育系统有关的教育资源；过程是指教学运作的网状系统，如课程和教学、学校组织、行政管理等；输出则是学生从教育系统中接受教育的结果。教育系统所有的输入、过程和输出都可能发展出若干的重要指标。因此，教育指标体系涉及整个教育系统的运作，它的功能在于描述、揭示教育制度的状况和变迁。教育指标体系监测教育资源的分配和运用范围，从基本的教育支出到复杂的教师学科知识，以及学生的学习表现等。教育指标体系包括教育结果的评估，也包括与教育结果有关的输入和教育过程的部分。教育指标体系可以提供对各指标间关系的分析，并据此探讨教育资源投入与学生表现的关系。

教育指标体系可以提供教育问题分析的各个环节，对于教育系统作整体的理解。教育指标体系建立因为适用对象或建构方法不同而有所差异。教育指标体系是融合了诸多因素和成分的整体概念，也反映一种理想的评估。

（三）以系统方法整合教育指标的思路

系统模式是教育指标概念模式中最为常用的一种模式。从系统观点出发，详细了解教育系统输入、过程及输出的相关因素，掌握教育发展的方向以及各因素之间的关系。整个教育系统的输入、运作及其结果体现彼此紧密连接、交互影响的逻辑关系。如果 S 代表整个教育指标体系，I 代表输入，P 代表教育过程，O 代表教育输出，那么数学关系公式可以表述为 $S=f(I,P,O)$。教育指标体系由输入、过程和输出的三个向度建构而成：输出受过程和输入的影响，过程的运作与输入数量和品质有关。输入领域以投入教育系统的教育目标、教育资源和特性为主，包括政策目标、以经费、人力资源、物力资源和信息为主的教育资源。过程领域涉及学校教育的实际运作和过程，包括行政管理、教学活动、实践活动和校园生活，是教育目标在各个领域细化的体现。输出领域含教育机构的成效、学生成就表现和教师成长，分为参与的机会、学习成就、行为表现和教育满意四个层面，是教育目标达成的具体领域（见图 2-4）。

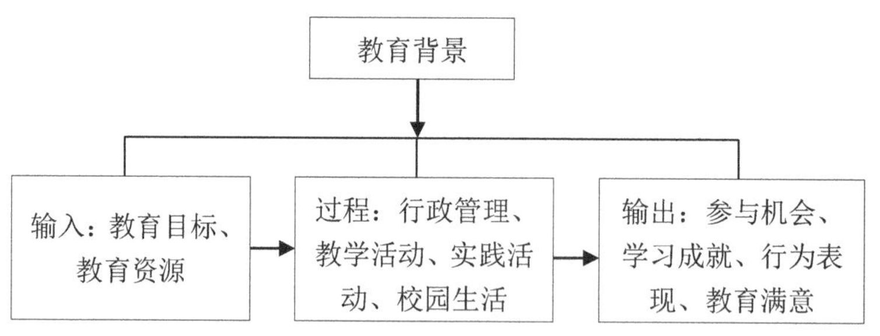

图 2-4　教育指标设计的系统模式

整合模式中，分解目标是建立指标体系的基本途径。指标与目标有密切关系，对于复杂的高等教育系统，必须先分解总目标，一般可分解为教育目标和管理目标。目标的分解往往一次不能达到要求，必须通过若干次分解。目标分解与指标的关系一般表示为：总目标—多个次级目标—多个指标。从指标的内涵分析是改善指标体系品质的途径。从指标内涵分析出发，努力删除或合并一些内涵相同的指标，增加一些内涵不同、被遗漏的指标。

（四）指标权重的设计方法

一组评估指标相对应的权重组成这组评估指标相对应的权重体系。权重是评估中一个很重要的概念。指标体系中权重的确定是一个难点，有的权重是由上级领导指定的，有的是由传统的经验所确定的。相当多的情况必须经过反复试验，并利用常用的专家预估法、层次分析法等确立各项指标的权重。权重的确定很难一蹴而就，要经过反复多次实践，征求意见，不断修正和完善，同时权重体系确定后依然会持续变化。一个成熟的教育指标系统必须经过研究、实验、修正、再实验、再修正等不断循环的历程。

第二部分

“三全育人”教育体系建设和评估

“三全育人”综合改革具有战略性、全局性和系统性，是全面提升高校思想政治工作质量的关键。“三全”是工作机制建设方式及路径；“育人”是目标，形成一体化协同的育人格局。高校育人的系统目标反映政治、社会和人全面发展的需求：习近平新时代中国特色社会主义指导思想、马克思主义理论、“四史”和“四个自信”为内涵的思想政治教育；以社会主义核心价值观为主体的品德修养教育；以人的全面发展为核心的综合素质教育。

基于教育发展和教育评估的一致性，教育评估的对象是育人的结果，更是育人的过程，以育人评估带动育人过程的持续推进和完善。高校系统育人功能从无序、分散化发展到有序、协同发展。“三位一体”的分类教育评估包括整体工作体系评估和具体工作类别评估：工作方案、课程和教师能力评估。

第三章 “三全育人”内涵与目标的系统论阐释

“三全育人”工作机制建设是“十四五”时期主导性政策和主流的教育实践，是全面提升高校思想政治工作质量的关键。“三全育人”是育人机制建设路径及由此引发的工作体系综合改革，是育人理念及由此引发的教育模式变革。“三全育人”是具有战略性、全局性和系统性的概念，是教育体系变革的标志和动力。“三全育人”工作体系建立是推动新时代思想政治教育高质量发展的根基和保障，是促进高等教育现代化的重要抓手。广义范围的“三全育人”是全家庭、学校、政府、社会协同育人机制格局。狭义范围的“三全育人”指高校系统内部的全员、全程和全方位育人。广义内涵的“三全育人”涉及综合素质、道德培育和品格塑造等，狭义内涵的“三全育人”主要指思想政治教育。本研究关注高校范围内以思想政治教育为主导内涵的“三全育人”工作体系建设和评估，以教育机制建设和教育评估一体化、评估带动建设的思路实现高校思想政治教育的创新性发展。

第一节 “三全育人”内涵指向的整体观

“三全育人”教育模式是在我国政治、经济及教育文化大背景下逐步发展和完善的。伴随着社会主义教育实践的不断发展，在政策和理念层面逐渐确认育人是一项系统工程，需要各种力量的参与。

一、“三全育人”教育模式的演进

“三全育人”教育模式是具有中国特色的当代概念，是与我国国情相适应的特有教育理念，是特定社会环境发展到一定阶段的产物。

（一）萌芽阶段（1949—1966年）

新中国成立初期，以毛泽东为核心的第一代领导者认识到教育、人才培养的重要性和迫切性，确立文化教育是“民族的、科学的、大众的”。1950年在中国教育工会第一次全国代表大会上提出“教书育人、管理育人、服务育人”的“三育人”理念，在特殊时期极大调动了高校管理和服务工作者的教育热情。国家层面首次认可了管理和服务同育人的紧密联系，将育人途径从传统的唯一性的教书拓展到教书、管理和服务三个层面。育人工作成为学校场域内所有教职员工齐抓共管的一项整体性工作，这一思路对于“三全育人”的教育理念进一步完善产生了巨大推动作用。

（二）探索阶段（1978—1998年）

十一届三中全会之后，以邓小平为核心的党的第二代领导集体恢复实事求是的思想路线，“文革”前的教育理念和原则被重提。邓小平同志指出“教育要面向现代化，面向世界，面向未来”，要培养“有理想、有道德、有文化、有纪律的社会主义四有新人”，确定了新时期的教育目标。党的十四大提出的教育精神是必须建立起与经济、政治和科技体制相适应的新教育体制，教育要满足经济和社会不断发展的要求。

20世纪80年代以来，全员、全程和全方位的“三全”育人理念开始引起教育研究者的注意，探索“四位一体”（学生、学校、家庭、社会）的育人主体，育人主体都有育人职责，应有主动意识参与育人实践。全方位是教育方式和教育载体的丰富和多元，包括校园文化建设、学生社团管理、社会实践活动等，这些育人方式发挥课堂之外的渗透式、隐性教育作用。全程育人是从入校到出校时期，学生在大学的不同年级、不同阶段依据学生认知和心理特点进行教育的科学规划和合理引导。

（三）成熟发展阶段（1999—2012年）

1999年中共中央国务院颁布的《关于深化教育改革，全面推进素质教育的决定》，对我国新世纪的教育改革和发展作出重要部署，体现了江泽民同志提出的“要以培养学生的创新精神和实践能力为重点，努力造就有理想、有道德、有文化、有纪律的德育、智育、体育、美育等全面发展的社会主义事业建设者和接班人”精神。从应试教育转向素质教育的新教育目标和新发展方向，对我国教育模式变革提出新要求。教育研究者们对“三全育人”概念进行补充阐释使其内涵更丰富，解决问题的路径更有针对性。如有学者具体提出了建立全员育人的网络系统，建立执行的机制和制度，开展社会实践，做好新生入学、毕业以及主干阶段的思想政治工作等。[①]

21 世纪以来，“三全育人”模式构建的实施途径和方式更全面，根据新形势提出新举措，相关研究范围更广泛。2004 年中共中央国务院《关于进一步加强和改进大学生思想政治教育的意见》提出，“坚持教书与育人相结合。学校教育要坚持育人为本，德育为先，把人才培养作为根本任务，把思想政治教育摆在首要位置”，“坚持教育与自我教育相结合，既要充分发挥学校教师、党团组织的教育引导作用，又要充分调动大学生的积极性和主动性，引导他们自我教育、自我管理、自我服务”，“坚持教育与管理相结合，把思想政治教育融入学校管理之中，建立长效工作机制”。

（四）创新发展阶段（2013 年至今）

党的十八大以来，以习近平同志为核心的党中央领导集体高度重视教育事业在坚持和发展中国特色社会主义战略全局中的地位和作用，围绕培养什么人、怎样培养人、为谁培养人的根本问题，全面加强党对教育工作的领导，加强学校思想政治工作，推进教育改革。在中国特色社会主义教育理论背景下，“三全育人”理念进入理论和实践创新发展阶段。

2016 年，习近平在全国高校思想政治工作会议上强调：“把思想政治工作贯穿教育教学全过程，实现全程育人、全方位育人。”[②] 十九大关于教育的

---

① 李国栋，朱灿平．坚持“三全”育人注重思想政治工作实践 [J]．中国高等教育，1999（24）：14-15．

② 新华社．习近平在全国高校思想政治工作会议上强调 把思想政治工作贯穿教育教学全过程 开创我国高等教育事业发展新局面 [N]．人民日报，2016-12-09（1）．

表述提出“培养什么样的人”和“怎样培养人”是办好人民满意教育所必须正确回答的核心问题。2017 年 2 月 27 日，中共中央、国务院印发了《关于加强和改进新形势下高校思想政治工作的意见》，确立的基本原则是：“坚持全员、全过程、全方位育人，把思想价值引领贯穿教育教学全过程和各环节，形成教书育人、科研育人、实践育人、管理育人、服务育人、文化育人、组织育人长效机制。”2018 年 5 月，教育部在“三育人”工作的基础上推出了《“三全育人”综合改革试点工作建设要求和管理办法（试行）》，启动“三全育人”综合改革试点，从省级、校级、院系级三个层面，遴选 8 个省（区、市）、25 所高校、92 个院系先行先试。

2020 年是思想政治教育政策创新的一年，先后颁布 4 份文件推动思想政治教育体系建设，“三全育人”育人理念更具有战略意义，其内容和机制建设具体措施更加细化。2020 年 3 月教育部发布《新时代高等学校思想政治理论课教师队伍建设规定》，总则第四条明确规定：“高等学校应当落实全员育人、全程育人、全方位育人要求，构建完善立德树人工作体系，调动广大教职工参与思想政治理论教育的积极性、主动性，动员各方面力量支持、配合思政课教师开展教学科研、组织学生社会实践等工作，提升思政课教学效果。”2020 年 4 月，教育部等 8 个部门发布《关于加快构建高校思想政治工作体系的意见》，“三全育人”工作机制列入高校思想政治工作的指导思想中，意见明确规定：“以立德树人为根本，以理想信念教育为核心，以培育和践行社会主义核心价值观为主线，以建立完善全员、全程、全方位育人体制机制为关键，全面提升高校思想政治工作质量。”2020 年 5 月教育部印发《高等学校课程思政建设指导纲要》的通知，高校所有课程与思政课程同向同行，统一显性教育和隐性教育，发挥协同效应构建全员全程全方位育人格局。2020 年 12 月中央宣传部、教育部印发《新时代学校思想政治理论课改革创新实施方案》，更明确和强化习近平新时代中国特色社会主义思想教育的方式和路径，全覆盖、全过程推进育人一体化。党的十九届五中全会指出要健全学校、家庭、社会协同育人机制，提升教师教书育人能力素质。[①]“十四五”时期，

① 新华社．中共中央关于制定国民经济和社会发展第十四个五年规划和二〇三五年远景目标的建议 [N]．人民日报，2020-11-04（1）．

不断提升我国教育水平和质量，需要推动德智体美劳“五育并举”和全员全程全方位“三全育人”相互结合、密切衔接。①

从“三育人”到“三全育人”的演变是持续的理论探索和实践推进的过程，反映党和国家对育人本质和规律认识的深化，教育主管部门在实践层面推进“立德树人”教育新理念的意志。“三全育人”理念的系统性特点体现在，思考育人工作如何实现跨越发展时是基于政策导向需求的全局谋划，把握学生群体心理和认知特点对育人时空维度进行科学规划和全面设计。②“三育人”以学校工作为整体，指教书育人、管理育人、服务育人。全员、全程和全方位育人是将育人主体、育人过程和育人载体分别作为整体。“三育人”和“三全育人”有着共同的实践指向，培养社会主义人才，育人工作必须集合一切资源、调动一切力量，做好各个环节的工作。

二、“三全育人”内涵的整体性

“三全育人”作为育人理念、育人模式和育人机制，其理论基础就是系统论，其内涵是辩证统一、相互依存的整体。理解“三全育人”内涵的整体性有三个层次：“三全”与“育人”的关系，全员、全程和全方位的工作机制建设，“十大育人体系”，这三个层次不是孤立的，是互动联系、协作协同的。

（一）以“育人”为核心目标，“育人力”提升为关键措施

深入把握“三全育人”的科学含义要首先厘清“三全”和“育人”的内在统一关系。“育人”体现系统的目的性，“三全”“全”“育”体现达成系统目标的要素的结构和方式。“全”的核心观点是整合和融合的过程，“育”的含义意味着强调育人主体方的能力建设。“三全育人”理念中的核心概念是育人，是以育人目标为核心的工作机制建设。即以价值观教育引领文化知识教育，“三全”是实现“育人”的工作机制和方式，是对于教育主体、教育载体

① 顾明远．稳步提升教育质量和水平 [N]．人民日报，2021-01-12（9）．

② 蒋广学．全环境育人理念的探索实践与网络思想政治教育的时代创新 [M]．北京：北京大学出版社，2016：96．

和教育过程的统筹安排和系统设计。“三全育人”是体系育人的理念，是育人在时间和形式上的有机统一，具有整体性。“三全育人”是基于时空维度构成的立体完整的德育模式。[①] 高校依据学生不同阶段的认知特点及德育教育长期性和反复性的基本规律开展教育，整合机制、规范教育行为、统一行动，形成一体化协同的育人格局。

狭义的“三全育人”强调高校如何育人、谁育人、怎样更好育人，是从行政管理、课程建设、教师队伍建设等层面，有意识、有计划地提升高校系统的“育人力”和育人主体的“育人力”，而其中教师的“育人力”提升是工作核心。“育人力”是抽象的概念，能力高低并非恒久不变的，也不是有无的问题，是受到不同时空与情境交互作用的影响。“育人力”包括硬实力和软实力，也体现在个体能力和要素合力。高校系统的硬实力是校园硬件环境、师资配置等教育条件，软实力是校园文化和教师文化塑造、协同机制创设等。以教师为主的育人主体而言，硬实力是知识和技能，软实力包括态度、价值和行为。高校整体系统的“育人力”与育人主体的“育人力”是密切相关的整体，相互影响和塑造。育人主体的“育人力”基础是所具备的学科内容和技能，同时也是情境性、协作性和自主性的，需要文化塑造、组织机制保障，通过生活和教学经验所发生的学习内化。

从育人主体的“育人力”而言，育人能力不能脱离真实的情境脉络，也不能依赖于抽象性概念的学科知识和技能范畴的评估。育人能力在不同的情境脉络中存在转化运用的差异性，学习者与学习的知识之间具有多元关系的意义。“育人力”培养的情境脉络是相互作用的状态，是育人主体之间的相互作用，也包括育人主体与环境之间的相互作用。育人主体的知识构成是整合性的，将不同时间段所学习的知识、专业知识和思想政治理论知识进行整合，建构一种协同性的关系网络，育人主体才能实现理论结合教学实践。“育人力”提升需要协作性的育人观，所有认知都是开放的存在模式，涉及内在和外在的世界，涉及主体之间、主体与外部世界关系的不断改变和更新。“育人力”注重协同性，主体之间的互动是在人际关系中形成政治性和社会性的实

① 岳修峰，向春枝，陈璐．普通高等学校“三全育人”研究 [M]．北京：中国社会科学文献出版社，2018 : 3.

践；与外部世界的对话是同客体世界产生认识论、技术性的实践；与自身的对话是在自己的内在关系中形成存在性和伦理性的实践。“育人力”的提升涉及主体与外部协同关系建立，与他人合作关系的建立，是具有多元、多层次和多重意义的关联行动。“育人力”依赖于自主性，具有内生动力，高校系统及其内部的育人主体通过目标赋予方向，在实现目标的过程中通过设计、实施等历程发生改变。

“三全育人”机制下，“育人力”提升的目的是跨领域整合性实践能力，学校教育是依据不同学科实施课程教学的，便于学科知识结构的概念组织和原理的关联性学习，让学生能系统地循序渐进地进行学科知识系统学习。学校育人功能实现依赖于打破学科界限，学生能够灵活转化各学科所学的概念及实践能力，以符合国家政治需求和普遍社会规范的价值高度解决不同情境脉络中的各种问题。一味追求各学科的知识精熟度，忽略政治素养和道德素质的培育，高校难以解决为谁培育人这一关键问题。

（二）全员全程全方位育人内涵的整体性

从育人实施主体而言，从传统教育理念中教师育人为主转变为全员参与育人，首先是在范围上扩大育人参与的主体，育人的职责进一步延伸和拓展。“三全育人”理念明确提出高校全体教职员工都要有育人意识、担负育人职责，以思想和认识为先导，提高行动自觉，做到理论与实践的统一。全员育人是从主体责任角度谈培育人，学校全体教职员工在从事本职工作过程中，以某种形式对学生进行直接或间接教育，体现为教书、管理和服务育人，将思想政治教育工作渗透到日常工作，构建思想政治教育工作新格局。其次，“三全育人”基于要素之间的分工协作和良性互动，体现育人的协同性与合作性，目标是协同提升育人效果。全员育人不仅是成员之间分别发挥育人角色和指责，更是主体之间以各种方式合作和分享信息形成协同合作的关系模式及育人团队，形成育人的合力，建立健全党委统一领导、各部门共同参与的育人体制，调动所有主体发挥育人职能，建立适合经济社会发展和人才培养内在需求的工作格局。工作机制建设的主要方向是以一种更高的资格和责任提升教师地位；探求增进目前教学人员和设备运用的新方式；探求修改学校所有领域课程的方式；探求在大规模的学校结构中创造更灵活、协同的组织方式。合作精神体现在育人主体的合作规划、持续合作行为，还体现在育人行为的一致性、信息的沟通与共享。全员育人就是调动各种教育主体的积极作用，形成与日常工作结合的常态化育人工作格局、统筹协同的教育工作机制，改善思想政治教育中存在的问题和薄弱环节，增强教育的针对性和实效性。

“三全育人”强调育人的全程性。从育人时间而言，体现育人是长期而系统的工作，将德育工作贯穿学生成长的全过程。全程育人是把育人贯穿大学生在校期间学习和成长的全部阶段，依据不同阶段的成长特征和需求，持续性、全程性和差异化地推进思想政治教育。高校思想政治教育过程涉及三个层面：衔接阶段、连续性阶段和长期阶段。衔接阶段是本科教育与高中教育的衔接期，本科教育与走向社会的衔接期。连续性阶段是指大学开展的长期潜移默化的思想品德教育过程。长期阶段是以学生终身发展为根本，培育学生能“带走”的政治素养、品德和能力，加强学生终身学习的意识。全过程外在表现是育人形式，其实质是如何让学生品德认知、情感和行动教育由外显到内化转变的教育过程。大学生在读书期间因身心发展规律和成长的不同阶段而具有不同特性，因而要不断调整思想政治教育的方式和侧重点，提高教育针对性和有效性。大学的全程性思想政治教育，有助于克服形式主义的弊端。道德思考是应用正常的思考历程去思考生活中特殊领域的问题，所以道德思考必须密切与学生的心理发展阶段相连接。如普通高校在大学生不同时期开展思想政治教育，从新生的适应性教育，目标理想信念教育到高年级的科研创新和全面发展教育。

全方位育人意味着思想政治教育和知识教育的有机结合，是从空间角度实现立体化育人，学生在同一时间接受不同课程的教育过程，提高思想政治教育的实效性。全方位育人的实质是“他育”“自育”“境育”。“他育”是教师主体角色发挥和其他人员的育人职责，具有激发性、制度性和计划性，来自外部因素；“自育”具有内隐性、主体性和持久性，来自自我驱动；“境育”包括环境的作用、环境中的主体相互关系及文化的作用，具有群体性、网络性和联动性。高校需要教育教学管理服务各方面协同发力，拓展育人渠道和媒介，以校园学生社团、社会实践等形式为载体，以网络信息技术为媒介，有机结合显性和隐性育人的各种途径和方式，在大学生实践活动中落实思想政治教育，有效避免传统思想政治教育方式单一的问题。校园文化环境也具有潜移默化、滴水穿石的作用。校园内的物质环境和人文环境也会无形中增强学生的认同感和归属感。

（三）高校十大育人体系

广义范畴的家庭、学校、社会的“三全育人”概念，主要的育人场域是高校。高校育人包括组织、课程、科研、文化、实践、网络、管理、心理、自主和服务的十大育人体系。高校十大育人体系在不同层次实施对应的措施，在省（市、区）、高校、院系层次都有各自的职责和任务。在教育部公布的普通高等学校“三全育人”综合改革试点建设标准中，就以十大育人体系为一级指标，加上组织领导和条件保障，共设置 12 个一级指标。

组织领导是加强学校领导和统筹规划能力、以工作方案和组织保障加以落实。条件保障包括政策、队伍和经费保障。课程育人是高校思政课程育人地位强化和育人效果的优化，课程思政教育工作的普及性和制度化措施。科研育人是科研管理制度突出教学科研融合的支持、激励和推广机制、学术诚信体系与创新平台、团队建设。实践育人包括社会实践长效机制、创新创业教育和精品项目建设。文化育人是社会主义核心价值观、先进文化教育的长效机制建设和主题教育活动，以文明校园、特色文化等建设为主的校园文化建设。网络育人是网络教育机制、网络平台和网络成果评估。心理育人是心理健康建议方式和预防干预体系建设及机制保障。管理育人是依法治校的教育法律法规体系建设、管理考核评估体系的基本标准、评估指标和政治素质、师德考核。服务育人是明确各单位服务目标责任，增加攻击能力；开展专题教育活动，提升后勤员工素质、文献资源供给和服务体系、健康教育教学计划、人防物防技防建设。资助育人是资助工作顶层设计和资助标准认定机制，以立志、感恩、奋斗为核心主题的资助教育活动。组织育人包括党组织建设中的育人功能保障、党建工作建设和评估，群团组织建设中育人纽带功能发挥和管理办法制定。

“三全育人”理念的提出意味着高校育人体系的变革，确立全局性和整体性教育目标推进路径，将高校育人工作落实到各个主体、各项活动和各个环节。高校“三全育人”建设是以育人为核心目标，以全员全程全方位为路径，以十大育人体系功能要素所构成的高效、整体、协同的育人体系。“三全育人”体系的基本特征是：第一，有明确的系统的目的。首先“育人”的人才培养目标明确，是高校实现立德树人任务的必然要求，以人的思想政治素质和全面发展为高校人才培养目标。大学生首先是一个爱国者、辩证唯物主义者、道德品质高尚的人，然后才是具有科学、专业知识的人。其次“三全”代表高校思想政治工作开展的目标明确，即以制度化建设推动高校思想政治工作的高质量发展，包括党的领导核心地位和工作制度建设、统筹协同的育人机制建设、工作实施的创新体系建设、思想政治工作的保障和评估体系建设。第二，系统的层次性。“三全育人”体系的内涵包括三个层次：育人目标和方式的关系，全员、全程、全方位育人不同维度的育人方式，十大育人功能体系，三个层次各自构成有机统一的系统。“三全”与“育人”具有内在统一性。全员、全程、全方位的三个维度不是孤立存在的，而是有机完整、相互渗透、相互协同作用的整体。十大育人的构成要素是相互联系、密不可分又有所区别的整体。第三，系统的整体性。“三全育人”模式的立德树人育人目标，全员、全程、全方位的工作机制建设，十大育人功能是相互关联的整体，共同构成高校育人体系。全员、全程、全方位的育人方式和十大育人功能建设要以育人目标为核心，育人功能要体现全员、全程和全方位的基本原则和理念。全员、全程和全方位育人和十大育人建设的功能目标是协调高校系统的各构成要素，达到整体大于部分之和的效果，整合资源发挥协同育人效应。高校“三全育人”教育工作是目标明确、具有层次性和整体性特征的系统。

三、“三全育人”工作整体推进的现实挑战

高校系统是开放的，因可随时接受外界的信息而处于不断变化之中，“三全育人”工作机制解决的是如何提升思想政治教育实效性这一突出问题。对

育人体系建设工程的进行分析，系统分析的逻辑维度是先要界定问题，明确高校思想政治教育成就、存在问题和面临的挑战。党的十八大以来，以习近平同志为核心的党中央高度重视思政课建设，作出一系列重大决策部署，各地区各部门和各级各类学校采取有力措施认真贯彻落实，大学生思想政治教育工作整体性推进的效果明显。然而，在全球化发展大背景和国内社会价值多元化趋势下，高校思想政治教育工作也面临诸多挑战。

（一）人员要素缺位和尚未形成合力所导致的思想政治教育工作的孤岛困境

高校作为社会系统中的构成部分和青年群体集中的场所，是意识形态导向教育鲜明的场所。党和政府对高校思想政治教育工作高度重视，不断开展政策和理论创新，但是在实际教育工作过程中，还存在教育的形式主义和方式单一等现象。大学教育虽在一定程度是通识教育，但本质上还是各院系发展各自的专业。各个专业学科的思想政治教育资源并没有得到充分挖掘。全员育人主体职责认识不清，育人教育和工作方式存在形式主义的问题。

高校思想政治教育存在“孤岛”困境，主要由马克思主义学院教师负责，与各专业教学关联性弱。专业课教师或因为思想政治教育的专业知识和能力不足，或因为专业教学任务繁重，对自身的思想政治教育职责是“口头上重视，现实中忽视”。部分专业教师，甚至是高校教育行政部门的认识不到位，把思想政治教育看作是马克思主义学院教师的工作，他们只需对学生的专业课成绩或相关的管理工作负责，从而忽视了自身理应承担的育人职责。学校场域犹如社会的缩影，形形色色的老师都有，有些老师日益精进、持续学习，但最令人担心的是，有少数教师仍存有“以不变应万变”心态，漠视整个社会急剧变迁、科技高度发展和国家对思想政治教育的高度重视的现状，不愿改变和不愿创新。

（二）对教学过程育人的忽视或育人主体能力不足导致思想教育教学目标与效果的鸿沟

社会因科技与经济的不断发展，任何普遍化、中心化和合法化的价值遭到质疑和挑战，诉诸价值多元化和差异性。在社会快速变迁及多元文化价值影响下，产生了许多社会新兴问题，如个人社会价值扭曲，对社会的冷漠与自私等。原因之一是学校重视知识学习，却忽略学习过程中良好观念、行为的培养。

教育的立足点与出发点是“人”。从教育本质而言，思想政治教育应当使受教育者自愿把育人知识和价值内化为个人的意识，外在的强制性说教很难对学生个体意识产生影响，学生行为只能表现为被动地、表面地接受和服从。“灌输式教学”一直是我国高校开展思想政治教育最常用的教学方法，育人方式单一并缺乏情感，导致教育目标与学生认知、教学效果的鸿沟。

信息时代，受教育者的知识结构多元化，获取知识的途径不断多样化，自我学习意识不断觉醒，外部环境的变化、受教育者和教育内容的深刻变化使我国育人工作持续面临新的问题与挑战。以知识灌输为主、轻视能力培养，以知识传递为主、轻视思考空间的给予，单纯理论灌输和空洞说教下，学生很难将思想政治教育要求和道德行为规范内化成自觉意识，甚至容易产生抵触情绪和逆反心理。思想政治教育和德育工作重知识传授，轻政治素养和道德判断能力的培养，不能满足新时代党和国家对高校育人的任务要求。

教学形态的改变过程需要漫长的时间。虽然已有部分教师采用培养学生学科与思维能力为中心的教学，学校以教师为中心的教学取向没有多大幅度改变，主要原因是学校教育大环境没有改变，学校气氛与机能结构改变幅度不大，仍采用专业、教学时数、教学科目等传统的固定日常组织。教师教学活动仍关在自己的课堂里与他人分离，用教科书或授课资料决定学生的学习成绩，即使经历多次教育改革，教师在教学的光谱中仍多数偏向“教师中心”取向，偶尔虽有些小组讨论成安排学生做探究的教学，但基本上仍然是以传递内容为主的教学，而非启发性或学生主动探究思考的教学。这些传统的教学形态，仍旧牢牢地萦绕在教师的教学思考中，成为牢不可破或无法挑战的教学信念。

育人方式中缺乏必要的情感教育，应关注学生的情感体验及品格发展。只有情感才能使道德教育抵达心灵、培育精神。一些教师在教学中不懂得也不善于使用情感教育；思想政治教育课程的班级容量过大，客观上也不利于师生之间情感关系的建立。现行的思想政治教育带有明显的唯理性倾向和说教倾向，缺少内化的感性体验，更忽视学生内在情绪调节教育。学生对老师敬畏而疏远，师生间的交流与沟通很少，课上隔着讲台，课下难以见面。因此，做好思想政治教育工作必须深化以人为本的理念，重视情感交流对学生人格的培育。

（三）育人资源和渠道利用形式单一导致思想政治教育方式的割裂

大学生具有双重角色，从个体发展历程而言属于青年期，从社会属性而言属于大学生群体。个体发展的青年阶段是更加成熟的时期，发展身份被认同，渴望并获得社会责任，积极参与社团活动和各种社会实践。对于大学生群体而言，学习是其主要角色行为。广义的学习包括课内和课外时间和空间的学习。目前的思想政治教育方式存在割裂现象，主要以传统的课堂传授知识为主，对课外时间和空间的利用不足，尤其对新媒体方式的使用不充分。

新媒体使“全程育人”面临挑战和机遇。网络信息资源开阔学生眼界，丰富知识结构，但一些大学生过分依赖网络，对网络上各种恶俗、暴力、不良信息等没有分辨意识和能力，对于网络中西方媒体意识形态渗透缺乏抵御能力。互联网和新媒体是双刃剑，它为育人提供更大空间，是思想政治教育工作重视和借种的渠道，同时也要注意让学生具备分辨负面信息的能力。

大学教育的主要目的之一是为社会培育有用之才。一个理想的大学生除品学兼优之外，应具备爱国之志、独立人格、强健体魄及团队合作精神等。因此，对于高校思想政治教育工作的重要性、面临的挑战及工作中存在的薄弱环节应高度重视，客观认识我国高校思想政治教育缺乏实效性这一突出问题。面对新形势、新任务和新挑战，有的学校对思政课重要性认识不到位，课堂教学效果差强人意，教师培养工作存在短板，体制机制不够完善，评估和支持体系没有引起足够重视，各类课程同思政课建设的协同效应有待增强。高校的思想政治教育工作要立足于世界百年未有之大变局、党和国家事业发展的全局，要有坚持和发展中国特色社会主义、实现中华民族伟大复兴的高度，唯有此，才能增强高校开展思想政治教育的信心，全面提高思想政治教育的能力和效果。

（四）高校组织协同育人的主要问题

高校思想政治教育的实施逻辑主要是行政导向、各学院独立实施和项目导向。现阶段各高校组织协同育人的主要问题有：各级行政管理部门高度重视，但政策落实到教育实践中被大打折扣；各学院单独开展课程思政改革，发展不均衡、持续发展动力和能力不足；从国家到高校设立各级项目推动思想政策教育理论研究和实践探索，但重视论文发表和著作出版，研究成果欠缺实践性、应用性和普遍性，无法对育人实践形成足够支撑。造成这种局面的根本原因在于垂直和松散状态的组织结构对思想政治工作的导向性和统筹性不足，缺乏组织机制和政策创新。高校面临重新思考传统组织结构框架变革和优化问题，应促进协同合作行为，改变高等教育组织“孤岛”运行状态。

组织文化是影响高校组织行为的价值和认知因素。高校推进课程思政工作，常以领导层和行政管理层为主体提出教育推进方案，忽略课程实施主体和其他组织成员的意见，导致教育政策与实施的落差。高校内部各组织成员由于受到专业限制和分工的影响，只关注自身的工作内容，形成局限一隅的思考模式，组织功能分化导致的本位主义现象难以满足“三全育人”综合改革需求。在高度组织化的高校系统内，主体的行为习惯体现制度逻辑的力量，组织生态优化不仅是强化现存的制度逻辑，更要建立有利于教育政策推行的一套规范和价值观。

第二节 “三全育人”教育目标的系统论

习近平总书记在全国高校思想政治工作会议上强调：“坚持把立德树人作为中心环节，把思想政治工作贯穿教育教学全过程，实现全程育人、全方位育人。”“三全育人”是政治文化取向的高等教育工作管理体系和教学体系。以“立德树人”为根本任务的“三全育人”是具有中国特色，与中国经济、政治和社会发展相适应的理念，以中国特色社会主义思想政治教育为核心内涵，遵循道德教育的一般规律，使之兼具理想与可行性。高校“三全育人”

是广泛意义上的思想政治教育，不论是学生品德塑造的德育教育、全面发展的“五育”教育，还是学生的知识教育，都是在中国特色社会主义理论体系这一引领性价值下开展。

一、教育系统的德育功能

教育的目标是培育年轻一代世界观、人生观和价值观。教育系统运作和变化是时间、空间和方式的问题，涉及教育主客体及相互关系、动态变化的教育内容、教育内容在教育主客体之间有效传递的教育途径。高等教育系统是社会系统的子系统，育人价值取向要基于社会经济、技术融合，更要基于政治文化取向。高等教育的政治文化取向与社会经济和技术融合取向不是割裂的，而是相互联系的，并具有人才培养的主导性作用。“三全育人”教育就是政治教育价值观引导下的人才观、质量观、教学观和管理观。

价值观念是在人们对各种事务所持有的观点或看法的基础上所形成的价值信念，不仅是个体的一种行为规范，也是一种社会评估的力量，它属于个体自身的一种内在精神力量，是一种人的自觉与自律。价值观念比其他观念更应占有核心位置，因为价值观念是个体决策的动机和目的所在，使个体行为相对一致的朝向某一个目标或带有一定倾向性。社会转型在客观上也直接导致道德价值转型。现代社会的社会分工创造了一种新形态的文化秩序，其特征是分化、专业，价值多元，以个人作为社会关系的主要来源。[①] 社会转型的过程中，由于经济体制和社会结构的变革，人们生活方式的改变，必然引起人们道德价值观念的多元化。道德价值观的多元化乃至道德价值取向的多元化并没有否定、排斥社会可以或者应该拥有共同的道德价值观念，也就是社会发展所提倡与需要的核心道德价值观念。道德和价值观教育是各国教育界关注的焦点之一。1989 年联合国教科文组织召开“面向 21 世纪研讨会”，指出：“道德、伦理、价值观是 20 世纪人类面临的首要挑战。”美国超过 30 个州大力地推动品格教育，英国从 2002 年开始把公民教育放到中学实施，澳

① Lise Ann Tole. Durkheim on religion and moral community in modernity[J]. Sociological Inquiry, 1993(1):1-29.

大利亚和日本也重视公民教育、公民的道德情操和创造力培育，并将之视为决定国家未来命运的教育议题。

德育是高校系统的功能，是高校系统对于整个社会系统、社会系统内部其他的经济、政治和文化等系统的价值。教育一词本身就蕴涵着认知和价值。教育的目的不仅体现在学习者具体学到了哪些知识，更重要的是在学习过程中培养了怎样的思想观、价值观和道德观。教育在当代社会或经济体系中所担负的功能不可否认，但仅有技能和熟练的知识是不够的，必须有知识体系和概念基础，要符合认知性和道德性规范，理解知识原则，感悟知识所体现的社会价值和道德规则。教育过程不是手段和目的关系，教育传达的是有价值的知识，而价值的某些内容会因不同地域文化、不同时期有所差异。培育价值是与知识、信念和技术相融合的，必然涉及知识的转换，通过对知识的分析体会其所蕴含的价值教育。学校教育中，价值观和道德的培育仍然要依赖于有形的教学，依赖于认知主导的教育模式，不能靠说教和讲述，需要与具体的道德情境结合起来，才能体现其规范和引导作用。

每个社会都创造属于它自身的道德，因此，道德必须因应社会的基本需求，与社会集体意识一致。每个国家道德教育名称也有所差异，有品格教育、品德教育、道德教育、公民教育等。道德教育的标准和内涵因各国社会文化背景的不同而有所差异，也存在共性。在德育所面临的挑战、人才所应具备的基本品格和德育教育的基本模式上，中国“三全育人”教育理念与其他国家的德育教育有着一定的共通性。品德、品格与道德所代表的意义大致相同，这些教育方法也比较相近，都是通过有组织的教育过程而形成正确的态度、价值和习惯，期望学生成为具有道德教养和符合社会规范的人。

“三全育人”教育目标具有整体性，主要指全面性、联系性和宏观性。全面性体现在“三全育人”整体框架下多侧面、多角度、多层次的德育内涵。联系性是把“三全育人”模式和工作机制作为一个普遍联系和相互作用的统一整体，各要素并非孤立存在。宏观性是整体性研究的最高层面，注重综合方式、全局机制的考察，更注重道德教育发展共同价值等宏观理念。整体性作为全局的思维方式和分析框架，在“三全育人”工作机制中贯彻落实，既有理论指导意义，也是分析方法。“三全育人”教育结构的功能发挥依赖于整体性工作方法和整体性思维。

二、育人目标的国家发展需求

“三全育人”的根本任务指向是育人，围绕“培养什么样的人”这一教育工作的根本任务和问题开展，它是一种新的育人理念和育人机制，关注学生全面发展，将思想政治教育工作贯穿教育教学全过程，创新高校人才培养模式。立德树人是高校立身之本。新时代高校做好立德树人的教育工作，要紧跟国家发展的需求，了解大学生这一群体的特殊特性，“树立育人为本、德育优先、能力为重、全面发展的育人观”①。办好中国特色社会主义高校，必须坚持以马克思主义为指导，坚持不懈地传播马克思主义科学理论，抓好马克思理论教育，为学生一生成长奠定科学的思想基础。要坚持培育和弘扬社会主义核心价值观，引导师生做社会主义核心价值观的坚定信仰者、积极传播者和模范践行者。坚持社会主义办学方向就是坚持以社会主义意识形态作为根本特征。我国教育事业的根本任务是立德树人，“这个根本任务要求教育为提高人民思想觉悟、道德水准、文明素养服务，为提高全社会文明程度服务，为理想信念教育、中国特色社会主义理论教育、民族精神和时代精神教育、爱国主义教育、集体主义教育、社会主义教育服务，为引导人们树立正确的历史观、民族观、国家观和文化观服务”②。

“三全育人”致力于推进思想政治教育工作的持续性和全面性，是党和国家致力于解决实际问题的教育模式，是回应新时代党和国家对德育教育新要求的教育理念，是弥补德育教育实效性不足以及其无法满足新时代发展需求的教育实践。2010—2020 年，“三全育人”教育综合改革向纵深方向推进。10 年间，我国坚持并完善以“立德树人”为核心的教育质量观，构建以社会主义核心价值观为引领的德育体系，将“思政课程”转向“课程思政”，提出

---

① 冯刚．改革开放 40 年高校思想政治教育编年史（1978—2018）[M]．北京：北京师范大学出版社，2019：461．

② 教育部课题组．深入学习习近平关于教育的重要论述 [M]．北京：人民出版社，2019：67．

新时代“德智体美劳”全面发展的教育计划。2014年教育部颁发《关于全面深化课程改革落实立德树人根本任务的意见》进一步强调了课程在人才培养、提升综合育人水平中的作用。2012年国务院办公厅颁布《关于进一步加强学校体育工作的若干意见》，2016年国务院办公厅颁布《关于强化学校体育促进学生身心健康全面发展的意见》，统筹考虑学生体质健康、“健康中国”以及人力资源强国。2015年国务院办公厅印发《关于全面加强和改进学校美育工作的意见》，2020年颁布《关于全面加强和改进新时代大中小学劳动教育的意见》《关于全面加强和改进新时代学校体育工作的意见》和《关于全面加强和改进新时代学校美育工作的意见》，形成新时代以“立德树人”为核心，“德智体美劳”五育并举的政策格局。

2016年的《关于加强和改进新形势下高校思想政治工作的意见》和2020年的《高等学校课程思政建设指导纲要》等文件规定了思想理论教育和价值引领的具体内涵，体现在理想信念教育、社会主义核心价值观教育和社会主义先进文化教育。居于首位的理想信念教育，主线是爱党、爱国、爱社会主义、爱人民、爱集体，内容供给包括习近平新时代中国特色社会主义理论体系、“四个自信”教育、马克思列宁主义、毛泽东思想教育。社会主义核心价值观教育从主体而言包括育人主体的教职员工和接受教育者，内涵丰富，包括世界观、人生观、价值观教育；国家意识、法治意识、社会责任意识教育；民族团结进步、国家安全、科学精神教育；以诚信建设为重点加强社会公德、职业道德、家庭美德、个人品德教育，提升师生道德素养。社会主义先进文化教育的内涵包括优秀传统文化、革命文化、社会主义先进文化，实施路径是以中华文化传承工程推动传统文化融入教育教学，以“四史”教育加强革命文化和社会主义先进文化教育，利用改革发展的成就、重大历史事件纪念活动、爱国主义教育基地、国家公祭仪式等组织开展主题教育，弘扬以爱国主义为核心的民族精神和以改革创新为核心的时代精神。

三、“三全育人”目标体系的层级结构

2018年习近平总书记在北京大学师生座谈会上强调：“把立德树人的成效

作为检验学校一切工作的根本标准，真正做到以文化人、以德育人，不断提高学生思想水平、政治觉悟、道德品质、文化素养，做到明大德、守公德、严私德。”[①] 立德树人的教育就是“旗帜鲜明加强思想政治教育、品德教育，加强社会主义核心价值观教育，引导学生自尊自信自立自强”[②]。“三全育人”的根本是育人之德，不限于道德、品德等私德，具有更广泛意义的大德和公德。

“三全育人”内涵是丰富的体系，是以中国特色德育观为基本教育内容，符合中国社会发展的文化脉络和当下及未来的社会需求。层次性是系统结构的基本特点，“三全育人”教育内涵体系结构具有鲜明的层次性，不仅明确教育内涵的各个构成要素，而且明确了各要素之间的相互关系和层级结构，即每一个教育内涵在“三全育人”教育系统中所处的位置构成一个层次清晰、功能明确的“三全育人”教育系统，反映政治需求、社会需求和人全面发展的需求。

（一）政治素养教育目标

习近平总书记在学校思想政治理论课教师座谈上强调，“思政课是落实立德树人根本任务的关键课程”[③]。“三全育人”理念下的教育体系变革就是要旗帜鲜明地讲政治，进行思想政治教育，培育学生政治素养。教育部门在制订“三全育人”相关教育方案时，主要内涵是政治价值、爱国情感和社会核心价值，核心要义是坚持和加强党的全面领导，坚持社会主义的办学方向，旗帜鲜明地办社会主义教育。教育就是政治，是政治的独特表现形式。从讲政治的高度做教育工作，关系到教育乃至国家的兴衰成败。

钱学森先生 1982 年在《红旗》杂志发表文章，讨论社会主义的人才系统工程，收录在《论系统工程》一书中。他认为人才系统是以社会主义基本原则为基础的，思想政治工作及培养、选拔、使用好人民之才是建立社会主义精神

---

① 习近平．在北京大学师生座谈会上的讲话 [N]．人民日报，2018-05-03（1）.

② 新华社．习近平在北京市八一学校考察时强调 全面贯彻党的教育方针 努力把我国基础教育越办越好 [N]．人民日报，2016-09-10（1）.

③ 新华社．习近平主持召开学校思想政治理论课教师座谈会强调 用新时代中国特色社会主义思想铸魂育人 贯彻党的教育方针落实立德树人根本任务 [N]．人民日报，2019-03-19（1）.

文明的工作，在人民中坚持思想政治工作是任何时候都十分重要的，“社会主义人才系统工程能解决社会主义前进中的大问题。社会主义人才系统工程本身的投资却比国家各项基本建设要小得多”①。教育部党组书记、教育部长陈宝生在 2021 年全国教育工作会议上关于加快建设高质量教育体系的讲话中，明确提出教育就是要“旗帜鲜明地讲政治”，“要增强政治意识，善于从政治上看问题，善于把握政治大局，不断提高政治判断力、政治领悟力、政治执行力。要坚持正确政治方向，在政治立场、政治方向、政治原则、政治道路上同党中央保持高度一致”。

思想政治教育的核心是习近平新时代中国特色社会主义指导思想和理想信念教育。《中国教育现代化 2035》中部署的面向教育现代化的战略任务中，把学习贯彻习近平新时代中国特色社会主义思想作为首要任务，并贯穿到教育改革发展全过程和教育现代化各领域、各环节。推动习近平新时代中国特色社会主义思想进教材、进课堂、进头脑，以习近平新时代中国特色社会主义思想加强高等学校思想政治教育。加强习近平新时代中国特色社会主义思想系统化、学理化、学科化研究阐释。

政治素养教育内涵是习近平新时代中国特色社会主义思想，马克思主义理论，党史、新中国史、改革开放史、社会主义发展史的“四史”，制度自信、道路自信、理论自信和文化自信的“四个自信”。爱国情感教育是蕴含在知识教育的情感升华中，更是把爱国情、强国志和报国行自觉融入中国特色社会主义事业和现代化强国建设及中华民族伟大复兴之中。

（二）以社会主义核心价值观培育为目标的品德修养教育

“三全育人”的品德教育内涵以社会主义核心价值观为引领。核心价值观就是一种“德”，是个人的“私德”，也是符合国家和社会需求的“大德”和“公德”。② 党的十九大报告中，习近平同志强调：“社会主义核心价值观是当代中国精神的集中体现，凝结着全体人民共同的价值追求。要以培养担当民

① 钱学森．论系统工程 [M]．长沙：湖南科学技术出版社，1982：285-294．

② 习近平．青年要自觉践行社会主义核心价值观——在北京大学师生座谈会上的讲话 [N]．人民日报，2014-05-05（1）．

族复兴大任的时代新人为着眼点，强化教育引导、实践养成、制度保障，……把社会主义核心价值观融入社会发展各方面，转化为人们的情感认同和行为习惯。”[①]“三全育人”的品德修养教育包括增长知识见识、培养奋斗精神、不断提高学生思想水平、政治觉悟、道德和文化素养。

品德教育也叫品格教育，是狭义的道德教育，是符合社会规范的基本道德素养的品德教育。品德教育的思想脉络，不管是中国传统或是西方社会都由来已久，不同的社会背景对品德所提出看法及说法有所差异。一般而言，品德教育是教导学生追求真、善、美的教育历程，是一项长期的道德教育过程，需要持续的教学、示范、学习与实践，目的在于内化个人的心性，培养个人良好的品格。品德教育在于教育学生，包括各项伦理议题、是非善恶、道德判断、公民应具有的素养。品德教育是让孩子学习一种具有社会共识及规范的良善行为及价值，产生欣赏、认同与行动的能力。

网络逐渐改变人们的生活方式与互动行为，也产生了新的伦理与道德课题。由信息科技形成的网络社会有着与传统社会迥异的人际互动与品德规范，因此传统品德教育有修正与调整的必要。教育工作者需要从信息社会脉络中探究新的伦理规范，致力于传统道德的现代转换，以赋予新的意涵。网络道德教育延伸了传统道德教育的范畴，关注网络社会中的道德教育议题，也就是依据网络社会应遵循的价值，培养网民应有的态度与行为，在网络社会中表现出良好的品德行为，并于网络社会中实践善的德行。网络道德教育的目的就是培育网民表现出良好品德的态度与行为，并实践良善的行为。数字时代的学生除了具备良好的信息使用技能，也应培养正确使用信息的态度、行为与责任，并展现伦理与道德的行为，营造出安全、规范的环境，以避免及遏止网络中所衍生的不当行为。网络品德教育重视学生在网络社会中具备品德价值，“包括明辨、诚实、尊重、负责、诚实、有礼、自制、自由、正义与公平”[②]。网络品德教育的课程要重视价值，行为准则是实践价值的具体指引。

① 习近平．决胜全面建成小康社会 夺取新时代中国特色社会主义伟大胜利——在中国共产党第十九次代表大会上的报告 [N]．人民日报，2017-10-28（1）．

② A J Milson, B W Chu. Character education for cyberspace: developing good netizens[J]. The Social Studies, 2002 (3):117-119.

（三）以人的全面发展为目标的综合素质教育

党的教育方针始终强调德智体美全面发展。1982年通过的《中华人民共和国宪法》第四十六条规定：“国家培养青年、少年、儿童在品德、智力、体质等方面全面发展。”1995年通过的《中华人民共和国教育法》第五条规定：“教育必须为社会主义现代化建设服务，必须与生产劳动相结合，培养德、智、体等方面全面发展的社会主义事业的建设者和接班人。”党的十六大报告、十七大报告都强调培养德智体美全面发展的社会主义建设者和接班人。在全国教育大会上，习近平总书记指出“培养德智体美劳全面发展的社会主义建设者和接班人”[①]，把“四育”提升至“五育”，突出劳动的价值和意义。习近平总书记提出的“德智体美劳”五育并举，丰富和创新发展了党的教育方针。基于人的获得感、幸福感和安全感的“五育”教育，树立健康第一的教育理念，全面强化学校体育工作，全面加强和改进学校美育，弘扬劳动精神，强化实践动手能力、合作能力、创新能力的培养。

党的十七大报告首次提出育人为本，德育优先。党的十九大报告将“立德树人”定位居于“全面发展”之上，这是以习近平同志为核心的党中央继承、丰富和发展党教育方针的集中体现，是党的教育理论创新的最新成果。“三全育人”育人观内涵体系构成是一个相互支持，具有内在一致性的整体；内涵构成体系是有层次的，以立德树人为根本实现人的全面发展；道德发展和人的全面发展是一种辩证关系。全面加强学校的德智体美劳育人工作，“坚持文化知识学习与思想品德修养培育的统一、理论学习与社会实践的统一、全面发展与个性发展的统一”[②]。基于为党育人和为国育人根本需求的思想政治教育具有主导地位，统领知识、能力教育，也是品德教育和“五育”教育的主要依据。

① 新华社．习近平在全国教育大会上强调 坚持中国特色社会主义教育发展道路 培养德智体美劳全面发展的社会主义建设者和接班人[N]．人民日报，2018-09-11（1）．

② 教育部课题组．深入学习习近平关于教育的重要论述[M]．北京：人民出版社，2019：22．

第三节 高校“三全育人”工作实践的整体性

“三全育人”不仅是教育理念，更是工作机制建设模式，是把立德树人内化到大学建设和管理各领域、各方面、各环节。“三全育人”的教育实践遵循德育教育的基本逻辑，这些教育实施方式是“三全育人”教育机制建设的基本原则和理念。道德教育是教导学生明辨是非对错，知善行善的历程。一个人的道德行为形成和发展，受到自身的内省和自我约束以及外在生存情境的影响。育人兼具认知、情感和行动层面，使学生理解核心价值，关心核心价值并将之付诸行动。实际做法是学生通过阅读、学习及效仿获得对“知”的了解；通过校园环境塑造发展维护核心价值之“情”；通过社会实践活动学习如何“行”。

一、育德与育才的统一

“育人为本，德育为先”是党的教育理念。高校全面贯彻党的教育方针和理念，遵循育人规律和学生成长的规律，坚持育德和育才合一。道德教育和知识技能教育在本质上是同一种教育。从广义而言，知即德，德即知。道德教育是教育的重要内容，但也饱受质疑。有人认为教育尤其是高等教育的德育功能缺乏实效性。道德教育对社会的影响具有有限性和间接性。道德是社会的主要维系力量。道德的社会性，不仅仅因为它整合着人与人之间的关系，而且因为它的根源、约束力和功能都与社会有关。道德在某种意义上而言是社会的工具，用来引导人以及社会中的团体。“道”是适用于所有人的行为规范或价值次序，而“德”则是指德行或德性。“道德”简单地定义就是人与人之间的适当关系，道德与社会规范有关，且与他人有关。所有的道德都包含人与人的关系。道德教育的初级层面是控制和抑制不良的社会道德的情绪，道德教育的高级层面是设定理想，针对自我和他人之间发展具有价值的情绪。

道德教育的困境，实则是现代教育的困境。道德教育是教育重要的一环，是教育最重要的目标和内容，道德教育不可能也不应该和整体教育分离。然而，道德教育只能针对个体的观念、情感、认知、意志、习惯及言行，予以引领、指导、协助和约束。在德育教育中，对于个体所处的政治、经济和社会的大环境，教育工作者很难产生直接作用和影响力，只能发挥间接作用，或对学生个体施加各种强化教育，使学生对不良的生存环境产生若干免疫力。品德通过教育或者学习的历程来陶冶，促使个体在与人交往时表现出一定符合社会规范的行为。由此可知，这种社会化过程可以使先天的身心特质与后天生活环境交互作用，形成一套比较稳定的内在心理特质，进而适应社会生活所需要的条件。

“三全育人”是知识探索、政治素养和人文关怀相结合的教育模式，强调联结关系的教育理念。联结关系的来源是教师，发生场所是课堂。价值观引领知识传授，在课程体系建设中所体现的首要方面是融入和融合，将价值观教育与知识教育相互隔离、孤立的现象变为相互联结的状态，主要体现为使学生感受到价值观与知识二者之间的联系；联结学生的政治素养和专业教学之间的关系；提升学生的思想道德水平及将之付诸实践的行动能力。社会主义核心价值取向的教育，赋予教师极大责任，要求教师抓住教育机会，将价值观教育融入课程之中，创造育人氛围。以主流价值为育人导向，实现知识传授、能力培养和理念信念、价值理念、道德观念教育的有机结合，以价值观教育引导知识传授和能力培养。

“三全育人”要实现教育教学方式的整合，主要体现为将知识传授的单向传递变为交流互动和整合模式。单向传递模式中学习者的行为是模仿性和重复性的，思考和分析信息的机会较少。交流学习是一种认知性互动，交流状态的教学模式有探究和问题解决过程，学习者被视为问题的解决者。整合模式把学习作为一个完整的整体，课程与学习者是相互关联的，不是分离的。“三全育人”教育内涵体系的平衡与和谐，需要学习内容和学习过程密切相关，联结知识与价值，活化知识，思考与理性的兼容并蓄，教学策略与育人目标紧密结合。

“三全育人”是借由学校教与学生学的过程，培养学生的道德认知、情感、意志与行为等。道德教育依赖学校运用综合性、激发性和有效性等教学方式，发展学生价值观教育。综合性取向的道德教育方法就是利用学校所有资源形成学生的道德发展机会，这包括潜在课程，如学校会议和程序性工作、教师言传身教、学习评估方式、学校环境建设、学校课程及课外活动等。教育主体运用综合性和有效性方法促进学生的价值培育，主动及全面地在学校各个层面进行规划并积极推动。教育管理部门以有效工作机制实现思政教学部门、党政管理部门、教育行政部门、专业教学部门的协同育人。“三全育人”机制建设以全局观整合资源、整合工作机制。

“三全育人”的本质是育人和育才统一于教育工作过程中。依照《高校思想政治工作质量提升工程实施纲要》，高校“三全育人”主要实施路径是“课程、科研、实践、文化、网络、心理、管理、服务、资助和组织”十大育人体系。有效价值观教育需要全方位的规划和实施。高校“三全育人共同体”是基于一致的德育信仰和价值认同，“以多方力量共聚、多重场域共存、多种资源共享、多元主体共在、多种方式共用为基本准则，在培育时代新人的社会实践活动中形成的具有高度自觉性、紧密性和融洽性的立体化育人有机体，其外显为共建共享、互联互通的教育平台，内表为全员参与、全程联动、全方位覆盖的行动组织”[①]。

二、基于学生认知和自省的教育过程

道德和价值观教育是复杂的，是认知、情感和行为的整体性推进，需要以道德的完整内涵实施教育，影响学生的外在行为和内在心理，尤其要重视受教育者的道德认知、感受、动机等道德心理层面的影响，这是道德教育的关键所在。

皮亚杰认为儿童发展认知程度会影响是非善恶的判断能力。道德认知发展有四个特征是：道德随着年龄和智力并行发展；人类思考方式随着年龄的增长而有质和量的变化；思考方式随着年龄增长而呈阶段性，各阶段有一定的顺序，不受外力影响而改变；每一阶段的思考表现，是以前所有阶段心智发展总和的结果。

① 赵耀，王建新．论新时代高校“三全育人共同体”的内涵与建构 [J]．中国矿业大学学报（社会科学版），2021（3）：11-24．

儿童的道德表现体现在对是非的判断，判断需要智能，而智能随着年龄的增长而变化，因此道德也与年龄和智力并行发展。认知发展存在无律、他律和自律三个阶段。无律阶段是前道德判断期，对于问题的思考都是以自我为中心，缺乏服从规则的意识，行为只是单一的感官动作反应而已，对道德毫无责任和规范。也没有道德意识可言。在他律阶段，个体逐渐意识到家庭、学校和社会的一些道德和风俗习惯的规范，认为应该忠实服从这些规则。在自律阶段，意识规则是人们相互间的协调创造的，个体不再盲目服从，渐渐能运用理性思考作出道德行为的分析和判断，对行为的判断建立在行为的意图或行为的后果上。

道德教育基于认知和观念形成。道德含有认知、形成观念、省思等内在的精神活动，主要的作用活动过程及相关要素是：吸收外来的信息；综合外在的各种信息，作出对情境的综合了解；原有的道德观念或善恶的价值系统开始发挥作用；将外在情境与既有的道德价值观念系统作出比较和衡量；在内外的互通互动中，或以既有价值体系直接判断外在情境而作出决定，并采取若干实际行动，或者对既有价值系统作若干修正、调整，改变原有的价值结构和关系及内涵以后，再对外在情境作出反应。德育认知教育的方式有表面知识、理解知识和新的认知。浅层的表面认知是指教师传授各种规范、伦理教诲和价值观，对学生形成的影响是短暂的。浅层的知识显然无法让学生真正认同并指导实践。浅层认知到深层认知是理解的过程，需要教师以加深、拓展学生对价值观和道德规范的认知为目标进行教学设计。道德的“新知”是相对于学生自身而言，并不是新的道德诉求，而是在道德教育过程中，学生获得一些信息，让学生觉察到某一事件的道德意义，发掘其已具有的不够清晰的道德意义或道德原则、道德情感，唤起学生对道德和价值观的感受，坚定对道德规范的认知和行为实践。教育认知理解为目标的教学依赖于教师具备多方的知识素养、丰富的阅历和敏锐的感知。教师唯有认识到德育涉及的理性、情感和习惯的复杂机制，才能避免道德说教。

道德的发展始于认知和观念形成，但最后学习的效果应该体现在整体“人格”层面。第一，注意观察和接纳外来信息本就包括了感觉、知觉和选择的过程在内，人不是对所有信息都会作出反应，对有的信息会视而不见，听而不闻；第二，对于已经选择和接纳的信息，会进一步认定其价值，认为接纳是值得的且是有意义的，接纳信息后，如果认为不值得，则不会进一步赋予价值和意义；第三，要把新接受的价值，纳入原有价值系统之中，相互参照、调整，原有价值系统可能会产生若干结构性改变，包括各个价值的关系以及价值优先顺序排列的改变；第四，个体纳入并重视这一新的价值，在言行上重复表现出来，使人无论在观念或行为上都与此价值产生越来越密切的关联，让该个体对这个新价值的认同程度越来越高；第五，此价值“人格化”，已经或正在成为该个体人格特质的一部分，价值与人格融为一体，密不可分，这是道德学习无可再超越的发展阶段，是道德价值学习的最高阶段。

德育教育实施是个体自觉和外部环境影响的结果。德育可以个别实施，也可以集体实施，最终教育还是要落实在每个学生身上，使他的内在和外在行为发生改善和改进。个人的改变源于自省自觉，也可源自同辈及社会的鼓励和良性互动。存在于个体内心深处的道德根性是一种“内在的”的“道德我”或“超我”，受到父母、家人、师长、社会习俗、法律等外在环境制约和影响而逐渐形成和发展而成，并非天生。个人的道德成长如果能与环境形成良性互动、良性循环，则个人与社会都可获益；反之，道德教育就徒劳无功。

三、精心设计的育人环境

学校是道德社会化的机构角色，“三全育人”是具有特定教育内容的价值观教育过程。社会环境的影响是无意识的、微妙的、全面的，如果任由环境影响的力量随机发生而未加控制，就无法把握良好的教育成效发生，随机的环境教育与设计的环境教育有很大差别。学校是一个经过设计的教学环境，学校应提供的环境需有别于社会环境。学校应平衡社会中的种种要素，创造一个同质而平衡的环境。学校所提供的教学环境除了有环境教育的影响力之外，还是一个经设计的教学环境和育人环境以促进育人效果。

（一）环境育人功能

高校良好的育人环境是达成教育目标的必要条件。高校育人依赖于环境塑造，环境本身也具有育人功能。环境是个体于所生存的空间中，所有能对其发生影响的一切因素，这些因素一般分为内环境与外环境两种。内环境指个体内在一切生理与心理的变化与功能，外环境则指个人所处的自然环境与社会环境。育人环境是物质的，也是精神的。20 世纪 80 年代后期，环境主要指物质层面的硬件条件，强调校园的净化、美化。20 世纪 90 年代前后拓展至精神层面，囊括学风、教风和校园文化等在内。苏联教育学家苏霍姆林斯基曾说过，学校的物质基础是对学生精神世界施加影响的手段。环境可以潜移默化地陶冶学生的情操，塑造学生美好心灵，培养学生优良品质。育人环境直接影响学生的思想意识、行为规范和生活方式，文明的校园环境有利于完善学生心理、生理结构，不仅使学生精神愉快，而且可以激发学生学习灵感。

关于教学环境的定义存在较大分歧。教学环境是一个经过设计能促进学习者发展的环境，包括物质的与心理的各种条件、力量及刺激。物质环境主要包括教学场所、教科用书和教材在内的教学内容、教学资源、学习和评估系统的教学辅助系统。心理环境方面包括道德教学中的教学气氛、师生与师师之间的互动。以教育的理念而言，教学场所应符合教育目标、教学方法和课程设计的需要。

一个好的教育环境具有导向功能，由于学校是安排和设计的教学与学习环境，通过环境来间接影响学生，使学生发展符合社会需求和期待。学校将来自不同地方、社会阶层与家庭背景的学生聚集在一起，使他们对学校、教师与同学产生认同感与归属感。良好的教学环境具有陶冶功能，净化学生们的心灵，使他们养成高尚的道德与行为习惯；良好的教学环境可以有效激励教师的工作热情与学生的学习动机，使教学工作顺利进行，提高学习成效；良好的教学环境对于师生的生理与心理健康具有正面影响。

道德教育是借由学校教与学的过程，培养学生在公私领域的道德认知、情感、意志与行为等。道德教育依赖学校运用综合性、激发性和有效性等教学取向，发展学生价值观教育。综合性取向的道德教育方法就是利用学校所有资源形成学生的道德发展机会，这包括潜在课程，如学校会议和程序性工作、教师言传身教、学生与教师和行政人员等的关系、学习评估方式、学校环境建设、学校课程及课外活动。

教育场域一词近年来为国内教育学研究所使用，是指在教育者、受教育者及其他教育参与者相互之间所形成的一种以知识生产、传承、传播和消费为依托，以人的发展、形成和提升为目标的关系网络。教育场域是具有包容性的概念，构成元素多样化决定自身内涵的丰富性，既是教育主体、客体、载体、过程等人和时空因素的有机统一，又包括影响和决定或改变教育效果的教育环境、氛围、心理、接受途径、模式等看似不可捉摸实则极其重要的内容。教室、学校和学校网络空间是高校的育人场域，也是伦理的社群。教师在培育和维持这些社群的道德和伦理环境中扮演重要角色。教师的身教不仅仅是传道授业，还有通过建立尊重、平等的师生关系使学生从中学习。教师实施的方式是身教、给予肯定和鼓励、塑造教室环境，以正向激励和期许的方式给予学生正向的价值观。

（二）教育环境的道德氛围和伦理

教育环境中的伦理和道德氛围、制度和文化对学生品格的影响是隐性的，非意识的，但却是稳定和强烈的。建立和维持合乎道德的育人环境需要持续努力。高校的育人环境是对学生行为和学业表现有一定标准要求的小型社会，道德气氛会影响高校育人环境。学校内，公平是学生在学校经验中感受最深的准则之一，任何团队包括高校作为育人的组织形式，公平是所要具备的基本原则。公平、公正和包容在学校中涵盖各种议题，是教室管理、校园管理每天都会遇到的问题，影响因素有个人的态度、教师的行为、课程设计和评估、校园及社会的主流文化。学校教育中最基本的问题应重点关注教育过程的本质，如怎样公平教导每一个学生，如何落实真正平等的教育机会，如何创造包容的群体，这些议题既是过程也是结果，需要育人建设和育人评估，在育人结构、态度和文化层面提升育人能力，塑造育人环境。育人系统需要的不仅仅是更好，而是更公平。

学校教育环境中要有关怀伦理。关怀是每位教师都应具有、学生也应加以学习、学校应该营造的气氛，使师生成为有能力爱人且可爱的人。关怀关系是道德实践的最终目的，其中包含着尊重、同理心、爱和责任。在这种关系中，关怀者是开放接纳、设身处地进行情感交流，被关怀者则是自由勇敢地实现自我，并且能够感受关怀。校园中适用的德育策略是身教、对话、实践和肯定。教育者不仅表达其对学生的期望，并且在师生相处时以身作则，表现出对学生的关怀。教师与学生之间的对话并非单向，而是有所交流和回馈，甚至针对某一主题有深入的交谈，不是辩论或者说服，而是理解和沟通。实践层面的德育是管理者积极建立学生与社会之间的正向关系，参与各种经验学习发展合作与关怀的情感。教师必须了解学生的个别情况，通过肯定与激发他的动机和潜能，使其言行表现得更好，同时老师也需要学生的肯定，才能促进师生良好的关系。

校园关系和尊重的伦理建设十分必要。校园伦理是学校组织中，所有成员应有的良好人际关系，包括教师之间，教师与管理、行政人员之间的关系，师生关系，管理者、行政人员与学生的关系。人与人之间的关系包括彼此互动、相互影响及相互依赖的关系。学校的道德教育中，良好的师生关系是在和谐、合作的关系之下，引导学生有意义的学习。

（三）校园环境为学生提供学习的榜样和经验

道德教育是一种内隐的学习，是经过长期模仿、观察和内化的结果，是人生持续不断的历程。在社会情境下个体行为受别人的影响而改变，个体对环境中的人、事物的认识和看法是学习的重要因素。观察学习是指个体以旁观者身份观察别人的行为表现，不必实际参与活动即可获得学习。模仿是个体观察学习某个人或团体行为并进行学习，学习活动所涉及的刺激反应都是社会性的，所以被称为社会学习，是个体习得社会行为的主要途径。从社会学理论谈学校的品德教育可以通过观察楷模学习而来，楷模可以是教师、员工，甚至是历史人物。所以，实施品德教学时，提供优质的校园文化，并借此模仿楷模的学习历程，配合设计合理的学习内容，对学生的品德培养事半功倍。

“三全育人”教育的实施需要榜样和经验。榜样是实施道德最显著有效的教育方法，鼓励教师和与学校员工成为学生学习典范，发挥潜移默化的效果。高校全体教职员工通过塑造正直的行为来表现其所拥有的道德，学生会效法他们信任的老师。因此，为了要评估教师如何作为学生的榜样，身为教育工作者需要思考的问题是：我作为老师或行政人员是否具有政治信仰、社会公德和良好的习惯，我是否能对学生产生影响并将这些道德因素应用到他们生活中。为了增进学生对道德生活中价值的了解，教师需要提供解释，说明正确的、好的价值是什么及为何重要，持续的解释道德规则是教师最重要的职责。

经验是最好的老师，学生要成为道德行动者，并不只是说说而已，更要付诸行动。让经验和行为成为有效的道德教化，需要引导，也需要借由榜样、解释和期望来支持。因而，学生成长的环境中，教师和学校要提供一些特殊的经验给学生，使他们能够帮助别人，认知社会，使抽象概念变得真实，让道德和价值成为可面对的和可接触的，学生才会思考将道德认知和道德行动联系起来的必要性。

（四）现实与虚拟育人环境的协同发展

当下的育人环境有现实的，也有虚拟的。虚拟教育环境依托于无形网络社会。网络社会日新月异的时代，网络以一种突破时空限制的方式无缝嵌入人们生活，改变着我们的学习、工作、社交模式，成为教育事业必须面对的基本环境之一，网络社会中的规则和海量信息都在潜移默化地影响大学生的思维方式、价值观念和行为习惯。网络的发展使现有教育环境的各种边界变得模糊，各种边界的区隔被打通，包括教育与非教育的边界、教育行为体之间的人际边界、教育时间和空间的边界等。互联网在打破现实教育环境藩篱和分野的同时，网络形成自主、独立的虚拟教育场景。社会的人才需求由专业型向复合型转变，学生学习知识的需求增强，网络空间上逐渐形成了客观存在的新教育环境。在网络化的社会中，网络以技术优势拓展了学习知识的途径，通过校园网络论坛、网络教学平台、线上兴趣小组、个人社交账号等促成新关系网络形成。区别于现实教育环境，虚拟育人环境的主体更多元化，学习途径更多样化。同时，虚拟对现实育人环境的渗透和作用日渐显著。

在育人过程中，现实和虚拟育人环境需要统筹的原因是二者具有逻辑上的统一性，将两者统筹起来有利于实现相互激励。无论是现实环境中的学校场域，还是虚拟环境中的网络场域，想要发挥育人作用，都要遵循信息、认知与观念、价值和行为的链条。每一种教育环境中信息的阐释、分享和传播都是基础性工作。在育人工作中以信息阐释、传递和分享等为基础的工作体系建立及相互配合，是探索高校育人工作体系建设创新路径的切入点。

教育活动的展开依赖育人环境。现实和虚拟育人环境使个体与个体、个体与群体之间所发生的文化传导统归于一种边界无限开放，且属性相对独立，为实践创新和理论探索提供新思考，综合统筹现实与网络两个教育场景，发挥各自优势，实现工作协同，创建能触动学生思维，引发深层情感共鸣的环境。通过知、情、意、行的相互转化，引导学生的思想和行为与教育目标达成一致。现实与虚拟的紧密结合使教育主体和教育对象的互动更加频繁，并趋向多元化和生活化，推动求实、思辨、积极等观念的养成，从而促进教育效果的提升。

第四节　协同创新的教师文化重塑

大学除了因外部的政治、经济及人口的影响而采取相应策略之外，反映内部构成要素联系性的组织文化也对大学的策略管理具有关键性的影响。要改变一般的教学活动，需要通过各种策略的运用，以改变教师在教学中的思考历程，进而修正教学模式。从文化的观点而言，只有文化的根本改变才能有效促进教育实践的革新，但是文化无法在真空中运作，只能通过特定的群体或组织，结合适当情境才能达成。因此，建构一个良好的组织情境实现教师文化转型是“三全育人”综合改革推进的重要策略。教育改革实施的成功依赖于增进教师的教学效能，从而提升教育质量。各种教育改革之所以没有取得预期结果，原因固然复杂，但不可否认的原因是对与教育改革相适应的教师文化重塑的忽视。任何教育政策都应重视教师育人能力提升和教师文化塑造。教师个人主义、缺乏支持系统与缺少整体性的规划等现象阻碍了教师推行“三全育人”理念的能力提升。教师文化塑造的作用具有广泛性，有助于塑造高校育人系统内部各构成要素之间相对稳定、良性互动的组织秩序。

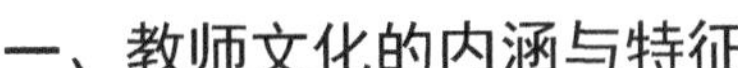

一、教师文化的内涵与特征

教师文化虽然抽象但却时刻影响着每一位教师的行为，尤其对教师的教学存在或隐或显、或正或负的作用，而这些作用所产生的影响取决于当下的教师文化性质。教师文化在支持教育改革以提高教育质量层面扮演举足轻重的角色。革新与重建的教师文化有助于深层次教育改革的推动，也有助于教师专业成长和教学革新，是高校持续推进“三全育人”的基础。

（一）教师文化内涵

教师文化虽具有相对稳定性，但却不是固定不变的现象。教师文化是不断变动的，常因不同因素的影响而产生不同的演进态势。众多的影响因素中，教育改革政策的影响最为深远。虽然教育改革政策是教师文化改变的重大影响因素，可是在推动教育改革政策的过程中，却常常忽略对原有教师文化的冲击及其所产生的失调和对改革所产生的反作用力，使教育改革最后常流于形式，出现上有政策下有对策的结果。教育改革忽视新教师文化的塑造，改革效果就难以达成目标。实际上，教育革新落实与否及落实的程度，很大程度取决于原有教师文化所提供的改革生态基础。如果没有既有教师文化转变的深层次支持，确实很难达成改革的目标。因为任何层次的教育改革，最终必须依靠广大教师群体的实践，而其落实则依赖于原有教师文化的革新。在教育改革过程中需要更加重视教师文化的存在与价值，而不能仅仅针对制度或组织结构的改变。①

大学教师承担着文化传承、知识传递与创造的任务，因而形成独特的群体文化。教师文化的定义相当多元，在不同领域中出现不同的意涵阐释。从文化研究领域而言，教师文化被视为整体社会文化的一部分，也是职业文化之一。教师文化是教师职业群体在长期教学工作中形成的，有别于其他职业群体的独特价值观念、行为方式、知识技能及语言等，如特定的理念、职业

① A Hargreaves. Cultures of teaching and educational change[M]//B J Biddle, T L Good，I F Goodson. International handbook of teachers and teaching. NY: Springer, 1997:1297-1319.

伦理道德、角色认同、价值取向和情绪反映等。大学教师文化主要由三个要素组成：包含内隐的信念和价值观，外显的行为模式，以及教师间的沟通、互动、模仿及学习互动过程。教师文化塑造受学校结构、教师言传身教、教师的职前专业训练及教师的特质等因素影响。

从“三全育人”的思想政治教育革新的角度而言，思政课程与课程思政的政策创新引发高校整体课程育人范式的转换，同时也改变了教师角色。教师由传统专业熟练者转变为反思实践者，教师文化从适应型到反思创新型转变。反思创新的教师文化源于对思想政治知识内涵、思想政治教育方法等进行持续学习并与其他领域教师的协同合作。教师文化在课程改革过程中发挥潜在并重要的作用，只有教师文化的成功转变，深层次的课程改革才有成功的可能。从教师专业发展领域而言，教师个人专业知识与技巧的发展固然重要，但整个教师育人生态环境的发展更应受到重视。“三全育人”的教育革新下，以价值观教育目标为核心、以协同合作的工作方式为主的教师生态文化，是支持与孕育良好教师专业发展、培育学生思想政治素养的基石。

（二）教师文化的特征及影响因素

高校教师文化特征中，既有群体性特征，也表现出极强的个体性特征。教师文化被视为与教师工作性质密切相关的教师群体所特有的职业文化，是特定教师群体在共同的学校教育环境中一起工作，所形成和发展的共享信念、独特职业价值、思想意识、态度倾向、习惯、行为方式、人际间互动关系的形态和制度等。教师文化作为一种群体符号性规则，对教师的意识和行为发挥制约作用，形成对教师群体的意义网络。在教育革新中，只有冲破这种隐形意义网络的禁锢，才能使教师产生真正的革新行动。“三全育人”教育模式推动的高校思想政治教育改革，强调教师群体自身的反思与实践，并通过教师专业授课与思政元素的结合，突破教师原有的教学实践。大学教师讲求学术自由、自主，较少进行交流与合作，常独立解决教学和研究中所遇到的问题。即便大学倡导合作教学政策，教师也很少与其他同事合作。大部分教师偏好独立工作，主要原因是想保有专业自主决定教学实践的权利，教师比较偏好“个人主义”[①]。高校教师个人主义与政策实施并不是完全对立和矛盾的，虽然教师很少与相关专业的同事交流，学校在制定新政策时也不会征询教师意见，但教师对学校的政策制度遵循度和执行度较高，即便教师有不同的看法。然而，教师被迫遵守和主动配合所产生的政策执行过程及政策效果是不同的。

高校教师文化作为一个整体，具有一定统一性和稳定性，但多样性也是高校教师文化的特征。大学教师往往有自己的人格特质、独特的信念、价值观、人文素养及行为模式，加上具有敏锐的观察力、学习力及勇于创新的特质，而形成教师文化的多样性。教师并非同质，所以教师文化也非同质，而是受到教师的特性、系统层次及环境影响，而呈现流动、多元和差异的特征。[②] 被视为文化系统的教师文化具有多样性的特质。系统自外而内，可区分为物质、制度和精神等三个不同的层面，物质层次是具体的，体现于教师的行为；制度层面包括教师集体的规范或制度等；精神层面是抽象文化，包括思想信念、价值体系与知识理念等。教师文化是一个多面向的复合概念。文化形式是成员之间的关系或联结的特有模式，如竞争甚至对抗、孤立或隔离、分享与合作等。当教师之间有不同的关系时，教师文化内容便可能产生改变，教师之间关系和教师文化内容是教师文化的重要构成部分。对抗、孤立或合作的不同形式会显现出不同合作程度的教师文化。有学者指出，教师之间的合作形式具有多样性，从个人主义、巴尔干化、协调、人为的共治到流动的马赛克[③]，显示出教师从独立工作到与教师合作的动态变化，也显示出教师文化的多样性特质。

专业性和学术性是教师文化特征表现形式。大学教师比中小学教师专业分工更精细，其价值观念与行为模式也深受其专业影响。[④] 大学教师总是在特

---

① C Hongboontri, N Keawkhong. School culture: teachers' beliefs, behaviors, and instruction practice[J]. Australian Journal of Teacher Education, 2014 (5):66-88.

② J Sachs, R Smith. Constructing teacher culture[J]. British Journal of Sociology of Education, 1988(4):423-436.

③ J Snyder, A Hargreaves. Changing teachers, changing times: teachers' work and culture in the postmodern age[M]. NY: Teachers College Press, 1994.

④ 张文雪．试论大学教师文化建设 [J]．清华大学教育研究，2006（6）：26-29.

定的学科领域中从事教学与研究工作，具有很强的学科专业性，又有高度的自主性，可以决定教什么及如何教。① 恰恰因为分科教学及教师的自主性，教师文化具有封闭性及保守性，教师彼此之间较少相互沟通、交流与合作，专业成长及教学问题常靠教师自己单独处理。教师群体因为不同的学科、学历、年龄、职称等背景而形成不同的价值观与行为方式，可能在讨论教学问题时产生分歧、差异甚至冲突。

教师文化受社会、教育管理部门、大学及教师等因素影响。社会因素包括全球化、人才需求、经济、尊师重道的社会文化传统等。全球化使大学竞争更为激烈及面临更多挑战，大学必须转型或调整策略，从而影响大学教师在教学和研究等工作上的价值认定与行为模式。教育管理部门对大学教育质量的要求及相关政策、经费补助与管理方式影响大学政策与走向。在教育管理部门的“双一流”大学建设和思想政治教育工作创新政策的要求下，大学通过制定绩效评估及教师评估等政策会影响教师的价值观与行为。大学的政策、策略、文化、物质环境、管理模式、领导者及学校性质等对教师文化有较直接的影响。管理模式的不同可能出现依赖、抗拒或独立自主的教师文化。教师是形成教师文化的基本要素，因为教师的不同背景，可能形成教师文化的多样性。教师自身因素对教师文化的影响，包括教师过去的求学经验、培训经验、专业背景、个人特质、价值观、专业发展与教学经验等。

二、教师文化对教学效果的影响

文化被认为是影响人类生活工作等不同面向的重要因素，包括思考、知觉、态度、承诺和行为，而教师文化对教师教学实践的影响也发挥着相似的功能。

（一）教师文化与自我教学效能的关系

在不同的教师文化影响下，教师会设定不同的自我教学目标与教学投入，

① 顾德光．我国大学教师文化建设的审视与批判 [J]．现代远距离教育，2009（2）：42-45.

因而会影响学生的学习成果。这一结果也会反过来形成教师对教学的直接感受，进而发展出不同的教师教学自我效能感。教师对影响学生学习信念有积极认知，进而有更积极的教学投入，并引发学生学习成就提升。教师的教学自我信念会影响教师对教学目标的设定与达到教学水平的期望，进而努力投入以提升教学效能。教学自我信念愈正向的教师，会展现愈高的教学热忱，呈现更好的教学计划，也更愿意尝试新的教学策略与方法，来满足学生的需要。反之亦然。教师认为学生是教学活动主体的信念，以学生为主体的理念，因而改变以教师为主的讲授方式，就会采取更多注重学生体验与操作活动的教学模式。

教师文化是变动的，在外在政策因素的推动下，会从传统保守向革新开放的类型转变。当教师群体在较为封闭的社会情境中，容易固守过去的成功经验而形成保守主义的教师文化，尤其是资深教师因多年经验的强化，受此文化的影响尤为明显。开放的社会情境中出现教育改革的要求时，教师会面临重新检视甚至改变过去成功经验的压力。“三全育人”理念对教师而言是具有变革性质的教育经验。保守倾向的教师文化反而成为教师抗拒改变的力量来源。教师在教育革新要求与保守倾向的教师文化之间产生冲突，也将引发其对教学自我效能感的疑虑，对于教育变革要求的教学效果产生消极影响。唯有开放的、合作的教师文化才能应对“三全育人”的教育模式变革需求。

（二）教师文化对教师教学行为的影响

教师文化中的潜在学习影响教师的思维与习惯，也无形中决定教师的教学行为。教师有效的教学行为对教育成果的影响程度远高于学生背景差异、班级规模大小等其他因素，而教师文化则在潜移默化中塑造教师的教学行为。当教师文化从封闭疏离转变为开放协作时，便会出现更多的教师协同教学行为与学生合作学习的表现。

教师群体长期在彼此隔离的教室空间工作，每一位教师都是独当一面的权威者与自主工作者，这样的工作与生活环境，逐渐使教师群体形成孤立并自主的教师文化。这种教师文化下，教师因此而拥有高度的自主性，同时也承担高度的责任。高度教学自主和专业自主的教师具有明显的专业意识，希望贯彻其专业教学思路而免受干扰，也不喜欢干涉其他同事的教学。教师自主性文化的消极影响是教师的自我中心主义和孤立主义，教师在工作上习惯于单打独斗，缺乏与其他教师交流合作的意识，也缺乏与同辈教师的相互理解与协同合作的行动。教师工作、学习或专业发展被视为一种教师个体的行为，是孤立而非群体化的行动，忽略组织与社群的各种力量，也难以兼顾教师个人和学校组织的共同发展。教师个人主义如果走向极端，甚至会滋生出彼此恶性竞争、相互猜忌与贬损。个人主义和孤立的教师文化不利于教师之间的善意互动、合作与相互支持。

教师文化形成不同的教师教学信念，在潜移默化中塑造不同的教师教学行为。在“三全育人”教育变革下，唯有教师对教学行为进行反思，相关行政机关通过机制创设促使教师参与教育变革的行动，才能突破孤立的教师文化。在孤立教师文化脉络下，教师之间缺乏协同合作与促进学生的互动学习能力，而合作教师文化的发展将有助于突破教育主体缺乏互动的困境。

三、协同创新的教师文化塑造

“三全育人”背景下的教师文化特征是协同合作，是反思创新、生长导向与协同合作，与教师教学自我效能相互促进。在这样的教师文化影响之下，教师会通过实际教学体验、案例及讨论等活动，对自我教学信念进行反思与了解，从而改变自己的教师角色、教师职责定位。教师在参与“三全育人”新课程理念推动的教学方案中，重新反思自我在课程发展过程的角色，从而改变自己原有课程忠实执行者的角色，转为课程设计者与发展者角色。在教师反思教学过程中，改变过去被动适应角色，转为反思探究实践者的角色。在教师反思自身的教学价值观中，改变传递知识的教学目标，转变为价值观引导知识和能力培育，以引导受教育者价值观学习为教学目标。在教师反思对学生知识和能力培育目标时，改变专业知识与思想政治教育知识分离的认知，实施教育融合的理念。在教师反思教学知识时，改变固定的、专业的和封闭的知识观，转为建构的、融合的、开放的知识观。在教师反思学习气氛时，改变封闭学习气氛，转变为开放的学习气氛。在教师反思学生学习成果上，改变纸笔评估结果的一元化判断，转变为多元评估结果的教学观点和实践。“三全育人”教师文化所改变的教师教学信念与自我角色实践，也将通过经验的回馈与反思过程，持续修正教师教学信念，从教师、制度和校园环境三个层面突破障碍因素，促进新型教师文化的发展（见表 3-1）。

表 3-1 影响教师育人文化发展的不利因素和途径

层面	不利因素	条件和途径
教师因素	1. 教师育人职责未能与个人心理、社会与教学实践的需求相联结 2. 教师文化的个人特性和自主性 3. 教师更倾向于保留或观望态度 4. 教师时间压力和科研压力 5. 教育学知识学习的兴趣和不足	1. 教师文化的自我生长和发展需求 2. 教师育人能力的成长动力 3. 具备反思的意识 4. 教师知识结构的自主更新
制度因素	1. 教师育人目标、职责和定位不明 2. 缺乏具体有效规划 3. 教师育人支持制度的不足	1. 建立教师思想政治教育职责和规则 2. 积极的行政支持体系 3. 教师思想政治教育教学效果评估制度
环境因素	1. 教师间协作不足，欠缺专业沟通对话 2. 缺乏支持系统 3. 教师角色系统中的人际互动关系弱	1. 组织思想政治教育的教师组织 2. 建立合作、分享和对话机制 3. 建立教师之间、师生之间的良性循环

教师教学行为是教师在长期的职业生涯中，对职业价值及实践经验学习的表现。教师在保守型的文化之下，其教学行为具有专业技术性与个人特征，而表现出对行为改变的抗拒。教师的教学行为是影响学生学习成就的核心要素，教师文化隐形控制下的教师教学行为，与学生学习表现呈现明显的正相关。换言之，有什么样的教师文化就会产生什么样的教师教学行为。不过，当教学行为的结果未达预期，或遭遇教育改革的外在压力时，会激发教师内在反思，从而形成一种自发的教学革新行动，因而转型既有的教师文化。近年来，教师积极探索教学革新，探索课程思政的教学改革行为越来越多，然而，此种课程改革理念是否能持续、全面而有效地落实到课堂教学行为，关键在于教师文化是否改变。

以过程和多元化的学生学习效果评估突破保守型教师文化，打造新型教师文化。学生的学习成效涉及学生学习表现的评估，这是重要的教学效能指标，也是教师教学行为是否有效的判断依据。因此，学生学习成效需要从教学的历程与结果来加以客观检视。在评估学生学习成效时，如果只考虑当下实时性结果的满足，可能造成更加保守的教师教学行为。教师的教学行为对学生有效学习是否有影响或者影响程度如何，不应是短期或主观的臆测，而是以客观的、长期的、过程的教学评估为基础。因此，善用学生学习成效的评估有助于教师改变教学行为，也会促进保守型教师文化的转型，进而持续支持教师对有效教学行为的尝试。学生学习结果与教育改革也激发教师对教学的反思，促使教师尝试教学革新的可能，既有的教师文化也将因此而有转型的机会。

“三全育人”教师文化是协同、合作的，强调平等沟通、分享知识与经验，共同参与教学行动的设计和执行。协同合作教学包含教师建立互信关系、教师相互观摩学习以及发展共识。教师间的合作是协同教学有效实施的关键，而落实教师间的合作与提升团队的功能，教师的理念与沟通是一个十分重要的因素。由于隔离的教室空间所形成孤立与个人主义的教师文化，不仅使教师与教师之间很少互动，也造成教师孤立或保守形态的讲授教学。学校行政部门需要建设非正式合作机制，提升教师互动质量从而推动新型教师文化形成。非正式合作指基于相同理念、兴趣或任务需求的教师，弹性且机动地成立各种校内跨领域团队或专业组织，通过各种团队的合作完成任务。教师以相似的理念为基础自发组成的教学团队是教师之间最佳的合作形态。教师团队容易展现出平等、尊重、专业与乐于分享等特性，有助于推动教学的实施。[①] 合作教师文化可以消除教师的孤立状态，有助于组成具有组织弹性、人员开放流动及共享知识和技能的教师专业合作团队，这种组织的创设不但能使教师快速因应高校“三全育人”变革，也能有效满足学生的学习需求。

① C Boucher, A Smyth, M Johnstone. Creating collaborative spaces: the pleasures and perils of doing multi-disciplinary, multi-partner qualitative research[J]. Journal of Higher Education Policy and Management, 2004(3):419-428.

第四章 高校“三全育人”教育体系的评估

“三全育人”的教育理念是落实强化高校思想政治教育，协同推进高校“立德树人”任务的主要路径。“三全育人”教育模式兼顾高校思想政治教育优势强化和全员参与、全面协同的思想政治教育体系建设，构建高校全域的思想政治教育生态，建立跨专业、跨工作部门和跨课程类别的协同型管理，服务和工作生态。“三全育人”全方位协同工作机制建设，主要包含协同规划机制、跨部门统筹协调机制、教育发展评估机制。工作体系的评估是宏观层面对学校育人体系的机制建设评估，具有整体性。“三全育人”工作机制评估是推动高等教育质量评估方式的新变革，是富有建设性的，以改进为中心的评估体系。

第一节 “三全育人”教育评估的创新发展

“三全育人”就是要打破思想政治教育的孤岛状态，形成思政课程与课程思政协同育人的教育格局，是对现有高校思想政治教育模式的变革和创新发展，更需要教育评估这一指挥棒。坚持立德树人，发展素质教育，必须建立各方协调的共同育人观，树立育人为本的教师职业观、教育政绩观和教育评价观。[①] 国家教育政策把思想政治教育列入“双一流”评估，对高校思想政治教育产生若干引导与推动作用。“三全育人”教育模式评估是复杂的系统工程，要不断改进方式方法，而且要以科学发展观为引领，践行价值观教育评估工作。评估指标体系是整个教育评估活动的核心问题，也是政策性和科学

① 教育部课题组．深入学习习近平关于教育的重要论述 [M]．北京：人民出版社，2019：55-59．

性较强且具有挑战性的难点问题。

一、思想政治教育评估现状

广义上的“三全育人”教育评估是对思想政治教育、社会主义核心价值观为主的品德修养教育和“五育”协同发展的“大德育”育人效果的评估。狭义的“三全育人”教育评估主要指对思想政治教育这一具有主导性和引领性教育目标的评估。虽然思想政治教育如何评估一直存在争论，但进行必要评估却没有歧义，对实施评估是为了确保教学质量这一判断也达成共识。现有思想政治教育评估主要体现为外部评估和结果评估，缺少内部和过程评估。学校更应该将思想政治教育自我评估指标视为改善机制，在评估的过程与结果中，提升思想政治教育水平与深度，塑造优质的校园文化。

早在1987年，有学者提出学生思想政治教育评估这一概念，并从评估模式、指标体系、数据收集三方面进行理论探讨。[①]20世纪90年代以来，思想政治教育评估理论进入发展期。然而，现有思想政治教育评估理论研究依然集中于对评估重要性和必要性的讨论，主要集中在对教育效果的评估，关于评估的原则和范围以及相应标准的讨论较少，缺乏对评估指标体系的深入建构，科学评估模型的系统构建，评估范围的重新确立，更科学、便于操作的量化评估方式还不够成熟。[②]关于思想政治教育评估指标体系的界定，有学者认为其是有机的整体，[③]是反映教育现象本质属性的因素和可测量、可操作的指标集合。[④]

在教育评估实践层面，目前针对大学生思想政治教育比较权威和系统的评估是中宣部、教育部2012年颁发的《全国大学生思想政治教育工作测评体

① 北京市高教局及北京航空学院等院校教育科学研究机构（合编）. 教育评估理论与实践 [M]. 北京：北京航空学院出版社，1987：106-111.

② 孙梦云，杨国辉，曹又华. 思想政治教育评估的研究状况分析 [J]. 湖南师范大学社会科学学报，2006（1）：59-63.

③ 陈秉公. 思想政治教育学原理 [M]. 北京：高等教育出版社，2006：327-339.

④ 江乐园. 浅析高校院系学生思想政治教育评估指标体系构建中的问题 [J]. 中国电力教育，2008（19）：173-174.

系（试行）》。这一测评体系对高校思想政治教育工作列出了6个一级指标，20个二级指标。一级指标包括组织领导、队伍建设、思想政治理论课、课堂外思想政治教育、条件保障、育人环境。组织领导包括工作定位和思路、领导体制与工作机制，其中工作思路的测评标准主要指是否有“三全育人”的明确思路。队伍建设包括党政和共青团干部、思政理论课与哲学社会科学教师、辅导员和班主任教师。课堂外的思政教育包括社会主义核心价值观教育、实践育人、校园文化建设、网络思政、心理健康、就业创业教育、党团组织建设8个二级指标。条件保障包括教育设施建设、经费投入和科学研究。育人环境包括校园安全环境及家庭、社会参与。

数据采集方法主要是材料审核和实地考察两种，测评结果以A、B、C、D，对应优秀、良好、合格、不合格描述测评结果。整个评估的构成要素涵盖教育环境、教育管理者、教师、受教育者和教育内容等，构建全面综合的学校思想政治教育评估体系，推动高校思想政治教育建设和评估的组织化和标准化。然而，为了使评估更具可操作性，量化的指标设计往往不可避免地重视硬件指标，经费投入、师资力量、教育活动基地等是思想政治教育评估的共性指标，是宏观层面的思想政治工作评估，缺少微观层面的课堂认知教学和教学方式的课程评估，缺乏高校育人体系构成要素之前的关系评估。

思想政治教育评估指标体系产生在20世纪90年代初，经历30余年的发展，一个科学和完整的理论体系构建任务依然任重而道远。现在思想政治教育评估指标体系设计原则混杂，造成评估效果不能真实反映教育目标和教育过程。思想政治教育评估缺乏整体的创新性。“三全育人”是“十四五”时期高校教育持续推动的重大问题，对于全员、全程、全方位教育过程实施和教育机制评估的需求更迫切。现有思想政治教育评估主要是结果导向的育人评估，评估方式和范畴相对比较单一，这与“三全育人”教育评估方式的多样性和范畴的广泛性需求之间存在较大差距。

二、新时代“三全育人”评估的创新性

高校坚持立德树人，就是要建立育人为本的教育评价观。教育评估是

“育人为本”的指挥棒。随着《关于加强和改进新形势下高校思想政治工作的意见》《深化新时代教育评价改革总体方案》等一系列文件陆续出台，高校“立德树人”教育评估的标准、原则、方向和思路逐渐清晰。评估是高校思想政治教育制度化的根本保障，系统性、整体性和协同性的高校思想政治教育改革依赖于分层和多维的教育评估。

（一）教育评估的政策需求

“三全育人”的教育评估中，坚持和强化党对教育评估工作的全面领导，其政策依据是党对教育事业的全面领导。高校是党领导下的高校，是中国特色社会主义的高校。习近平总书记系统阐述加强党对教育工作领导的一系列重大问题，科学回答了培养什么人、怎样培养人以及为谁培养人这个根本问题。高校是重要的教育阵地，也是重要的思想文化阵地，强化思想引领与价值塑造是掌握党对高校工作领导权的核心抓手。[①]2018年，中央成立了教育工作领导小组，统一领导，强化教育重大理论和实践问题的统筹。

“三全育人”教育评估是以立德树人作为根本任务和价值取向的。培养什么人是教育首要回答的问题，如何培育人是教育机制建设要解决的问题，培养得怎么样是教育评估所解答的问题，而这三方面不是割裂存在的，是相互联系和统一的整体。“三全育人”教育评估价值是培育什么人这一教育目标，评估的育人结果和育人过程，以育人评估带动教育工作体系建设的持续推进和完善。教育评估的价值基础是教育如何更好为人民服务、为党治国理政服务、为巩固和发展中国特色社会主义制度服务、为改革开放和社会主义现代化建设服务。

国家政策文件中强化思想政治教育评估的地位，提出评估的科学化、多元化和分层次的评估需求。《中国教育现代化2035年》中明确提出要建立“全过程、全方位人才培养质量反馈监控体系”。《关于加快构建高校思想政治工作体系的意见》《高等学校课程思政建设指导纲要》《深化新时达教育评价改革总体方案》文件中强调：把高校党建、思想政治工作、课程思政建设成效

① 教育部课题组．深入学习习近平关于教育的重要论述[M]．北京：人民出版社，2019：37.

作为‘双一流’建设监测与成效评估、学科专业质量评估、本科教学评估、一流专业和一流课程建设评估的重要内容，要健全高校思想政治工作评估体系，研究制定内容全面、指标合理、方法科学的评估体系，推动高校思想政治工作制度化，充分发挥教育评估的指挥棒作用，坚持问题导向、科学有效强化过程评估，坚持统筹兼顾、分类设计，增强改革的系统性、整体性和协同性，建立多元多层、科学有效的高校思政工作科学测评和指标体系，完善过程评估和结果评估相结合的实施机制。

高校“立德树人”的育人评估体现在各个方面，突出评估的个性化和多元多层的特点。个性化方面重视高校分类评估，确立各级各类学校评估标准；引导不同类型高校依据学科定位、办学特色和水平进行评估。评估分层主要体现在学校管理人员、本科教育教学评估、教师和学生四个层次。本科教育教学评估层面重视思想政治教育。教师评估层面，把师德师风作为第一标准。统筹兼顾教书育人、科研教学，推动师德师风建设常态化、长效化。学生层面的德育评估工作基于全程育人，根据学生不同阶段身心特点科学设计差异性要求，培育学生的政治素养、社会主义核心价值观教育和实现全面发展。

（二）“三全育人”教育评估创新发展的特征

1.“三全育人”教育评估注重育人过程

课程思政具有鲜明政治性，是育人价值取向非常鲜明的教育教学活动，其育人成效必须进行教育评估。[①]为得知学生的学习成效，最直接的方式是运用各种评估方式来测验。“三全育人”教育评估是对思想政治教育活动的“工作—成效”或“历程”作系统化分析，目的在于判断教学活动是否达到目标，是否需要调整改进，以作为下次或下一阶段的实施参考，让思想政治教育达到最佳的效果。对于高校而言，受所在区域因素、自身条件、学校属性及办学特色等因素影响，使“三全育人”工作机制建设各有特色。“三全育人”评估在理论发展、评估模式、评估指标构建方面要有所创新，但其也是一个不断循环的动态过程，只有在不断的反馈和循环中，才能促进指标体系的不断

① 鄢显俊．论高校“课程思政”的“思政元素”、实践误区及教育评估 [J]．思想教育研究，2020（2）：88-92．

完善，真正发挥评估的效用。

2.“三全育人”教育评估的多元和多层次性

相比于现有思想政治教育评估，“三全育人”教育评估更需要创新性、融合性和多层次的评估。现有思想政治教育评估指标体系中指标参数过于庞杂，试图把思想教育及其活动过程的构成要素都囊括在一个评估指标体系之内，重视必要性和重要性评估，轻视实证性和量化评估。“三全育人”教育方法的多样性、教育环境的复杂性和教育时间的灵活性和教育范畴的全局性，需要多元多层次的评估内容及指标体系构建。思想教育表现形式较为复杂，是显性效果和隐性效果，又表现为直接和间接效果，还有近期和远期效果，这些特征造成了思想政治教育评估指标体系的庞杂性，基于对课堂和教师高度关注的“三全育人”教育需求，发展多层次的教育评估是必要的。

3.“三全育人”教育评估方式的多元化

虽然传统的笔试评估方式可以测出学生记住多少品格道德知识，但却无法了解学生是否真正将知识内化成为价值观并付诸实践，偏重纸笔式测验的思想政治教育评估导致学生误以为道德只是认知、背诵。思想政治教育的评估跟课程设计一样，都要包含认知、情意及实践等层面，因而评估设计需要使用多元的评估方式，利用不同评估的特色，评定学生的学习成果，相对于单一取向评估方式，丰富与多元的评估方式可以更好达到评估的效果。

“实践评估”是利用各种劳动服务、各项学校竞赛表演，让学生实际操作，从中了解学生学习成果。“档案评估”是让学生在校园活动中，将活动的成果如照片、活动学习、其他作品等具体记录搜集起来。学校可综合运用“自我评估及学生互评”，让学生可以对自己评估，给自己打分数，培育自我反省、自我回馈和自我负责的能力。让同学之间互相评估则是通过互相回馈，让学生了解别人眼中的自己，进而自我提升。不管采用何种方式评估，目的都是为使学习更有成效。因此，老师应该使用更多元的评估方式，真正了解学生学习及需要，也让学生更能了解自己。

三、“三位一体”的体系评估

“三全育人”是一种新教育模式，是高校育人机制的变革，是要将思想政治教育真正落实在教育现场的政策创新。“三全育人”是要构建思想政治教育大格局，这是教育发展、评估的基本内涵和指向。评估是有效思想政治教育的原则之一。

高校“三全育人”系统的评估对象十分广泛，宏观层面包括高校结构要素、工作布局、专业设置，以及人才配置的优化、协调等；中观层面包括大学管理、结构、反馈、评估等各项工作的最优决策和相互协调；微观层面包括教师知识结构、课程教学与评估。丰富的评估内容需要构建多元多层的评估体系，囊括政策规划和实施、课程、校园氛围、学校组织文化、实践课程等内容，并借鉴公共政策评估、管理过程评估、育人过程评估等各种不同的评估形式。

“三全育人”教育评估体系就是要针对宏观教育体系建设和微观层面的育人过程实施评估，构建一个相互独立并相互联系的评估整体，即以工作体系建设为主体，以“工作方案—课程—教师”为三个层次的“三位一体”评估。系统评估的基本特征是协同性和层次性。在宏观层面是高校围绕“三全育人”教育理念构建工作机制体系的评估；在微观层面主要体现在“三全育人”具体实施政策的方案评估、课堂主渠道的课程评估、育人主体的教师评估。宏观和微观层面的评估体现全员、全程和全方位育人机制，“一体”体现育人价值建设的整体协同性，“三位”是以多主体和分类评估体现育人过程的全程性和全面性。

“三全育人”评估侧重学校教育实施整体成效，包括学校思想政治教育气氛、教职员是否为教育模范与教导者，以及学生认知、情感、行动的具体表现等。“三全教育”评估体现学校教育管理协同性、教学管理有效性和学校组织文化建设。思想政治教育需要有意地、主动地及全面地在学校各层面（包括正式课程与非正式课程）加以规划与推动，而非被动地等待机会教育。教育行政主管机关需要规定具体的“三全育人”德育教育内涵和方式，加强思想政治教育学习，成立思想政治教育资源中心；包括校长、行政人员、教师以及学生社团在内的人员和组织建立反省与评估机制。大学推进“三全育人”教育需要建立资源整合的模式，制定整合发展的策略，建立系统性的机制建设，塑造和谐的组织文化。学校通过建立教育协调机制构建伙伴关系、建构和谐关怀的校园环境、开放便利的资源网络，使学生产生归属与认同感，有助于学生将核心价值内化并付诸行动。

思想政治教育需要配合有意义与挑战性的学术课程，以多元教学方法（如合作学习、问题解决、经验学习等）促进道德思考，对教师教学能力有更高的要求。教师加强思想政治教育的教学能力，善用资源，采用多元的课程评估方式。在教与学的历程中，教学内容一直是教师、学生与家长共同关心的焦点。但从整体教学来看，评估也占有不可缺的地位。通过多面向而信息丰富的教学评估，给予教学活动最适当且有意义的回馈，以利于发展更好的教学模式。因此，一个优质的教学评估应具有的特质包括：与教学目标结合、以评估设计来激发学习者的学习动机、协助学生专注投入学习、能够完成具有挑战性的任务，注重过程评估，毕竟思想政治教育成效不只是学习的结果，也是学习的过程。

教师队伍建设是教育的基础性工作和教育发展的第一资源。习近平总书记对教师队伍建设提出“四有好老师”“四个引路人”和“四个相统一”等一系列要求。教师是人类灵魂的工程师，是人类文明的传承者，承载着传播知识、思想和真理，塑造灵魂、生命和新人的时代重任。“教师工作是塑造灵魂、塑造生命、塑造人的工作。”① 鼓励“教师要做学生锤炼品格的引路人、做学生学习知识的引路人、做学生创新思维的引路人、做学生奉献祖国的引路人”②。习近平总书记的讲话为教师培养和专业成长指明方向。

“三全育人”教育模式评估是评估学生的思想观念、情感的变化，具有内生性、潜在性、动态性和模糊性等特点，需要采取教育政策、教育要素、教育阶段等分类方式实施过程性和发展性评估，以要素构成部分的分析、评估

① 习近平．做党和人民满意的好老师——同北京师范大学师生代表座谈时的讲话 [N]．人民日报，2014-09-10（1）．

② 新华社．习近平在北京市八一学校考察时强调 全面贯彻落实党的教育方针 努力把我国基础教育越办越好 [N]．人民日报，2016-09-10（1）．

和改进带动整体育人效果的提升。科学的价值观教育评估指标体系的构建应坚持方向性、重点性、可行性和可操作性原则。[①]对于学校实施思想政治教育的成效，多半缺乏科学性验证，思想政治教育的成效评估难以做到如实验设计般精确。如何精确评估其成效确实充满挑战，因为道德的特性是难以用数据量化的，所以评估时很难从数据表示成效，教育评估的结果也具有相对性。

第二节　高校“三全育人”协同育人体系建设

“三全育人”教育理念是破解教育改革推进过程中种种难题的有效办法，需要构建有效的教育工作机制体系。然而，长期以来，高校思政教育与其他课程协同育人的格局还未形成，主要原因是全课程育人理念还不是被教师普遍认同和实践的教育理念，教师没有从国家意识形态战略高度认识价值引领和知识传授之间的关系；在高校课程设置层面，没有建设协同育人的课程体系；在教师队伍建设和课堂育人主渠道层面，没有统筹处理好育才和育人的关系。高校“三全育人”教育规划、政策、项目和措施在实践领域与政策目标还存在较大差距。

一、“三全育人”教育体系的优化

高校“立德树人”的教育功能依赖于高校系统结构的合理和优化。教育系统变革是政策导向问题，也是人们思想观念转变的问题，是提高人们对教育变革迫切性的认识问题。高校全员、全程和全方位育人生态系统中各要素之间呈现复杂的网络化特征，良好运转依赖于各要素间的协同发展、内生成长。一个完善、健康有序和良性循环的教育生态系统是高校“三全育人”教育工作成功的基石，只有将生态观点、整体性思维贯穿于高校育人的全过程，形成育人网络和可持续发展的育人生态，全员、全程和全方位育人格局才能

① 李春宏．大学生价值观教育评估的意义和体系构建 [J]．教育评论，2015（10）：68-71.

真正形成。高校“三全育人”教育生态的构建是一种理性和应然的状态，也是教育发展的目标和教育评估的标准。

系统优化的动力来自内部构成要素以及各系统之间的协同和竞争。系统优化的核心是整体性，意味着并非某个部分的优化，而是系统作为一个整体的优化，即作为系统的整体获得更好的组织结构和组织功能。从整体与部门或系统与要素的关系而言，系统优化有三种基本情况：局部子系统效益都很好，组合起来的整体系统也最优；局部子系统的效益好，但整体系统并非最优；从局部看并非最好，但全局看确是好的。[①] 协同使系统具有整体性和稳定性，协同导致优化，与竞争和孤立所反映的事物、系统或要素保持的个体性状态和趋势正好相反。协同作为系统一个基本关系，反映的是过程的关系。[②] 系统科学实践把实现系统的优化作为追求的目标，从优化设计到优化计划、优化管理，最终实现优化发展。

学校本身是一个社会系统，是由来自社会群体生活的学生、教师和行政人员组成的复杂组织。全员、全程和全方位育人的教育格局是改变高校思想政治教育中专职教师负责的现实，转变思想政治教育碎片化现象和各自为政的状态，建立具有整体性的思想政治教育生态系统，实现高校思想政治教育工作整体性、生态式推进，创新探索思想政治教育的运行逻辑和发展规律，强调构成高校育人生态系统中的各要素及其支持机制的互动与协调。高校“三全育人”的思想政治教育是复杂的系统工程，并非各个育人主体、课程和教师等各要素的简单机械组合叠加，而是立足育人整体目标，基于内在逻辑的各个要素相互作用的有机整体。

二、协同育人体系建设的构成要素

“三全育人”格局下思想政治教育生态的构成要素及教育创新策略中，建立发挥协同整合作用的工作机制是关键，全员育人是把育人队伍建设放入各个部门之中；全方位育人要求思想理论课的育人效果并入高校课程体系建

① 邹珊刚，黄麒雏，李继宗．系统科学 [M]．上海：上海人民出版社，1987：283-284.
② 魏宏森，曾国屏．系统论 系统科学哲学 [M]．北京：清华大学出版社，1995：317.

设；广义的校园育人环境中整合课堂外的思想政治教育；突出育人主体教师角色，强调可持续发展的育人能力。

（一）加强党对高校育人工作的全面领导的制度体系建设

党在高校育人工作制度体系中居于核心领导地位，发挥组织育人的关键角色，不同级别的党委、党政联席会议机制和党员发挥主体作用。高校“三全育人”工作是把党的领导贯穿育人的各方面各环节，发挥党对育人工作的全面领导，党委承担主体责任，完善工作制度，发挥集中力量办大事的制度优势，营造良好的育人生态。“十大育人”体系中的组织育人，主要包括党组织建设和群团组织建设，各级党组织承担育人保障功能，负有管党治党、办学治校、育人育才的主体责任，校党委统一领导，分党委和党支部协同配合在育人过程中定方向、控大局、作决策、抓落实。加强党政联动，党委领导和行政部门配合，包括宣传部、组织部、教务处、科技处、学工部、校级团委、各学院，马克思主义学院等机构积极参与，建立协同联动制度体系。高校调动马克思主义学院政治理论课教师、辅导员、党政干部和共青团干部等教育骨干力量，使高校思想政治教育工作有效协同。

高校“三全育人”的运行机制中，党的全面领导和核心地位体现在决策、执行、保障、评估和激励机制的各个环节。在决策机制层面，高校把党委和校长办公会议、“三全育人”工作委员会等机制作为重大事项决策机构，突出党的领导的核心地位和作用，党政合力推动重大决策、重要人事任免、重点项目和大规模资金运作等事项开展，实现党集体领导下的科学、民主决策。在执行机制层面，结合党政领导所拥有的执行权，行政组织、教师和学生的参事和议事权，建立科学有效的执行机制，使教育政策能够有效落实。“三全育人”运行过程中的保障机制主要有人力、物力、财力和制度，思想政治教师队伍建设居于首位，提升教师政治理论知识和素养，提高育人的教育水平。评估机制加强对各个工作环节的评估，明确职责，增强相关人员的政策执行力，同时以评估促提升、促发展。激励机制中包括物质和精神激励，树立典型和先进示范，在待遇、职称评定和晋升方面向较大贡献的人员倾斜，调动育人主体的积极主动性和创造性。

（二）学校行政机关层面治理协同工作机制

教育系统中，教育行政机关是政策制定者，但真正落实政策的组织是学校。在学校中所实施的行政称为学校行政。学校行政是教育行政的一部分，两者的管理内容大致相同，差别在于教育行政机关大多是政策性决定，影响全国或地区，而学校行政所做的大多属于执行工作，其影响仅限于学校内部。学校行政是学校依据教育原理原则及有关法令规定，运用有效益和有效率的方法，对于学校组织相关的人、事、物、财等要素，进行系统化管理，促进教育进步，进而达成学校教育目标。学校行政工作必须秉承教育目标和依法行政的精神，将行政管理的理论运用在学校组织中，具有一定专业性，利用各种管理技术和方法，推动各项任务，使行政运作更加理性和系统化。

学校行政不是片段活动的组合，而是动态连续且相互合作的过程。从管理学观点，学校行政范围有管理什么、怎么管理、谁来管理和为何管理；从任务观点，学校行政有校长领导、行政管理、课程与教学、学生与学习事务、校园营造；从历程观点，学校行政事务有规划、决策、组织、沟通、领导、评估。学校行政是达成教育目标的必要手段之一，为师生提供最佳的教学与学习环境，学校行政部门效率和效能的发挥影响教学效果的发挥。学校行政人员同样发挥道德楷模角色，要确切认知身为行政人员所需要的素养，并力行实践。学校无法因应时代和社会情境的变化，主要原因是学校组织机制相对僵化，缺乏动态和生态的系统观念，失去适应性。从沟通角度看学校行政，常态是自上而下沟通，正式沟通多于非正式沟通。“三全育人”需要调整高校行政组织的管理方向，学校行政人员与教师建立伙伴关系，使教与学方面有意义又有效率，工作机制建设的基本原则是行政、课程、教学和评估的整合。

高校在宏观层面和具体工作层面创设工作推进机制、执行机制、支持保障和服务沟通机制、评估机制和激励评估机制，为思想政治教育提供全方位支持是高校“三全育人”工作机制建设的保障性环节。在高校育人工作机制建设层面，建立不同级别、不同功能的协调工作机制，使思想政治教育从政策规划进入具体实施。学校要建立多层次的指导和服务协调机构，可以是非正式的，具有灵活性的工作机制，搭建从政策方案规划、培训、协调等构成的全方位支撑平台，为高校全员、全程和全方位育人提供可持续发展的保障。

在顶层设计层面，设立育人方案的指导性和整合性工作机制——思想政治工作领导小组，负责全校的育人方案和育人规划制订，将思想政治工作与教学科研、社会服务和国际交流等学校各项工作协同协作，互联互通。相关行政部门建立协调或推进小组，实现观念沟通、人员协同和资源整合。教务机构是“三全育人”教育教学的主要负责机构，在课程发展、课程评估和教师成长方面有主要职责，建立课程沟通机制、教学科研、教师服务和激励机制。在示范工程方面，教务处牵头成立名师工作室，扶持、激励、专业课程中融入“课程思政”典范并进行推广。在功能性合作层面，基于信息的传递、阐释和共享，教务处可以成立课程运作协调小组、课程发展专业咨询小组、教师成长教学群，以“十大育人”体系的不同功能为主题举办一系列工作坊，增进教师思想政治教育的“育人力”，推动教师成为思想政治教育的实践者与示范者，落实教师作为榜样的言教和身教。信息部创建“三全育人”教学资源和传播网络，开创思想政治教育网络论坛，从社会主义核心价值，从传统文化和现代文化当中寻求文化价值，对发生在校园内部的好人好事进行宣传，达到育人的最佳效果。开设“三全育人”教育方案的专门网站以利于信息整合、公开和宣传。在学校行政机关中的科研部门成立思想政治教育研究中心，为教师从事相关研究提供支持和服务。在学院层次，以项目方式推动思想政治教育与专业教育的结合，并推选出优秀的示范项目作为经验和理念的推广。同时发挥学校党建部门和学院学工部门的育人职能，建立行政部门、教师、党建部门和学工部门合作性的资源整合平台，提供教育教学资源，建立优秀人物和事件的宣传和传播平台，提供多元化的信息资源，支持全员、全程和全方位育人。

“三全育人”工作机制的建立是学校推行育人工作的顶层设计和工作协同育人制度，是发挥全校人力和资源的协同育人效果的工作途径。协同工作机制建立有助于高校育人全员形成一种相互信任及互惠的伙伴关系。学校教职员工所有成员都能承担思想政治教育的责任，这一责任完成的保障措施是在校园内创建学习型组织和思想政治教育协同小组，提高全员的政治素养，并用这种价值观来教导和引导学生。

（三）课程体系建设和全课程育人格局

习近平总书记强调：“思想政治理论课要坚持在改进中加强，提升思想政治教育亲和力和针对性，满足学生成长发展需求和期待，其他各门课程都要守好一段渠、种好责任田，使各类课程与思想政治理论课同向同行，形成协同效应。”[①] 全课程、全员育人工作机制建设的框架和思路是从国家意识形态高度出发，确立思想政治课在育人中的核心课程地位，充分发挥其他所有课程的育人价值，构建思想政治理论课、综合素养课、专业课程“三位一体”的高校思想政治教育课程体系。[②] 课程体系是一个具有特定功能、特定结构的开放性知识组合系统。“三全育人”的课程体系不同于以学院为单位的专业课程体系，它是全校层面的思想政治教育育人体系，总体表现为思政课程和课程思政。“三全育人”理念下的课程体系建设就是改变现有高校思想政治教育和专业教育“两张皮”现象，实现全课程、全方位育人，使社会主义核心价值观融入教书育人全过程。

高校全课程育人格局包括显性教育和隐性教育所体现的课程。体现显性教育的课程是高校思想政治理论课，是培养学生政治素养和社会主义核心价值观的主导及核心课程，在高校全课程育人中发挥价值引领作用，也是高校课程体系建设的主力军。高校推进思想政治教育课程建设措施，要确立思政课的主导地位，将之作为学校重点发展的课程建设和重点学科建设，并在教改科研项目中开设专项课题。思政课要体现全程育人，在大学四年阶段教学内容、情感和能力培养方面实现有效衔接，通过开设选修课强化育人效果。思政课要与其他课程协同育人，教师在教改项目和课程发展层面要协同合作，教师之间在知识结构及育人方式层面要强化沟通。

隐性育人方式的课程包括以通识教育课、公共基础课和选修课为主的综合素养课程与专业教育课以及实践课。综合素养课发挥浸润作用，在综合素养培育过程中牢铸理想信念。综合素养课建设重点是制定体现价值育人标准的课

① 新华社．习近平在全国高校思想政治工作会议上强调 把思想政治工作贯穿教育教学全过程 开创我国高等教育事业发展新局面 [N]．人民日报，2016-12-09（1）．

② 高德毅，宗爱东．从思政课程到课程思政：从战略高度构建高校思想政治教育课程体系 [J]．中国高等教育，2017（1）：43-46．

程大纲，形成总体教学实施方案并编制具体教学指南。哲学社会科学类的专业课程深化社会主义意识形态教育，自然科学类课程拓展思想政治教育内涵和领域，注重科学思维和职业素养培育，建设重点是形成总体实施方案，在专业课程体系中增设紧扣时代发展，与学校办学优势相结合的品牌课程，“上大课、讲大势、传大道”，把社会主义核心价值观教育渗透到多种形式的课堂教学中。各专业依据自身学科特点和思想政治教育政策需求，在专业教育中融入思政元素。同时在专业课程体系内设置与思想政治教育相关的课程，如学科发展与中国改革开放史、新中国建设史结合开设新的课程，降低专业教育和价值观教育之间的壁垒，拓展思路，为学生提供思想价值教育的学习资源。高校思想政治教育更应广泛吸取综合素养课程和专业教育课程中的思想元素，以专业课程知识为载体，是提升思想政治理论教育实效性和说服力的有效途径。[①]

课程体系建设的基本原则是“价值观教育与专业相结合、教研融合”。专业教育是思想政治教育的载体和支撑，脱离专业教育的思想政治教育就变成无本之木、无源之水，只能停留在说教和宣传层面。课程体系建设的基本理念是课程整合、课程融合与协同效应。如果希望成功地实施整合课程和融合课程，需要给予必要的支持，提供有用的资源或适当的培训，并针对每一门课程都要编制具体教学指南，积极开展教学效果评估。高校建设全课程育人的工作格局，真正建设以课堂教学主渠道的全员、全程和全方位立体化的育人格局。

（四）教师队伍建设

习近平总书记要求，教育者要先受教育，让教师更好担当起学生健康成长指导者和引路人的责任。“把教师队伍建设作为基础工作。”[②]不同学科或学习领域可能运用的思想政治教育方法及内容以及在该科扮演的角色比重会有所差异。因而，教师对于思想政治教育专业技能的提升更为重要。教师是全员育人的关键主体，教师队伍建设成效直接关系“三全育人”成败。从教师

① 高德毅，宗爱东．课程思政：有效发挥课堂育人主渠道作用的必然选择 [J]．思想理论教育导刊，2017（1）：31-34．

② 习近平．习近平在全国教育大会上强调 坚持中国特色社会主义教育发展道路 培养德智体美劳全面发展的社会主义建设者和接班人 [N]．人民日报，2018-09-11（1）．

自身的特质而言，高校教师应从国家意识形态的战略高度，具有较强的政治素养和道德风范，不断提升自身思想政治水平，持续学习，善于把思政因素融入本专业教育，有效运用各种教育方式，发挥“身教”和为人师表作用，在教学实践中拥有主动承担育人职责的态度和能力。

“三全育人”格局的教师队伍建设主要有四项任务：教学资源整合、师资团队组建、教师能力提升和教师之间合作关系塑造。教学资源整合可以通过网络方式，整合相关教学资料，增进思想政治教育专业知识和教育学知识。师资团队组建是由多元组合的教学团队实施思想政治教育，教学团队包括学校行政领导、思政课教师、专业教师，形成跨专业、跨学科的教师团队。教师思想政治教育能力关乎学生价值观教育的吸收和转化。

（五）校园育人环境

高校良好的育人环境是达成教育目标的必要条件。“坚持不懈促进高校和谐稳定，培育理性平和的健康心态，加强人文关怀和心理疏导，把高校建设成为安定团结的模范之地。要坚持不懈培育优良校风和学风，使高校发展做到治理有方、管理到位、风清气正。”[①] 高校育人依赖于环境塑造，环境本身也具有育人功能。环境是个体所生存的空间中，所有能对其发生影响的一切因素，这些因素一般分为内环境与外环境两种：内环境指个体内在一切生理与心理的变化与功能，而外环境则指个人所处的自然环境与社会环境。

育人环境是物质的，也是精神的。学校须营造良好的环境促使老师和学生良好地互动以利于教学。这个环境不仅是安全环境、基础社会条件，更多是以组织文化建设所体现的校园德育软环境，发挥“境教”的功能，即营造政治价值导向、社会主义核心价值观导向和公平关怀的校园文化。校园文化是高校思想政治教育工作的内生动力，强化以教师文化、组织文化和校园精神文化建设为主的环境育人，形成浓郁的思想政治教育文化氛围。高校组织文化建设是在情感层面实施思想政治教育，包括学校环境的软硬件布置、校园气氛与文化的营造以及师生关系等，都可产生思想政治教育的正负面效用。

---

① 新华社 . 习近平在全国高校思想政治工作会议上强调 把思想政治工作贯穿教育教学全过程 开创我国高等教育事业发展新局面 [N]. 人民日报，2016-12-09（1）.

高校育人环境的氛围和文化环境对学生素养形成发挥潜移默化的作用，而相关的社团、校园思想政治教育宣传、学术研讨类活动在学生政治素养培育和品德塑造方面发挥重要角色。学校发展融入核心价值的生活教育、体育、文艺、社团活动等，并通过媒体与网络进行传播。学校是一个充满人际关系网络的地方，其关系的品质影响师生的学习、感受与经验。

三、“三全育人”教育生态

“三全育人”的教育生态是在一定时间和空间范围内，以“立德树人”为根本任务，以价值观教育引领知识传授为基本教育原则，接受思想政治教育的大学生与影响育人教育发展的各要素之间，通过信息沟通、制度激励、育人方式融合和育人效果的辐射带动等方式而形成相互依存和相互影响的育人整体。高校育人系统内的调控和制约因素是综合的，多种因素相互作用。如同生态系统一样，大学思想政治教育生态是由精神文化、课程体系、师资队伍、支持性、保障性和服务性的组织机构为主体构成的要素相互依存，促进和制约的整体，通过各要素之间的张力达到思想政治教育生态系统的平衡，形成要素良性互动、结构优化和具有一定稳定秩序的育人生态。

（一）教育生态运行

高校育人生态具有互动性和开放性，系统内部诸要素之间打破藩篱，增进互动与交流，是一种开放状态（见图 4-1）。

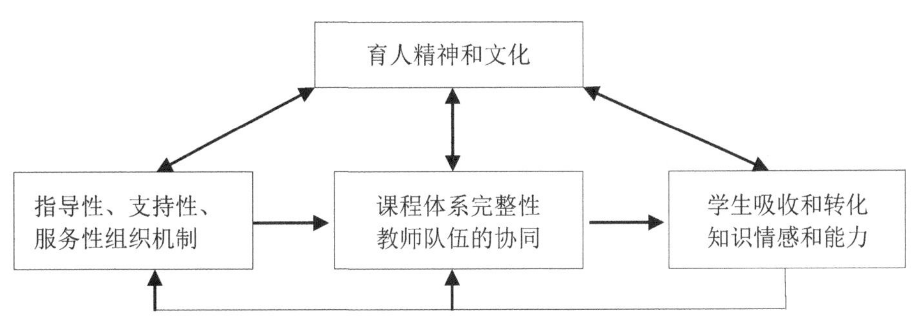

图 4-1　“三全育人”教育生态运行图

指导性、支持性和服务性的组织机构是育人知识融合，信息交流的制度建设；促进育人课程体系建设、教师之间合作与协同关系；学生通过知识的吸收和转化，增进理论知识，培育态度和情感，提升实践能力。学生的价值观和思想认知的变化通过评估反馈给高校育人工作机制，修改教育指导方案，完善和升级服务、支撑工作机制，进一步促进课程体系完整性和育人协同性，提升教师能力和教师之间的合作关系，进而形成良性循环。整个校园育人环境的文化精神要素同机制建设、课程体系、师资队伍、学生构成互动生成关系。课程体系和师资力量是思想政治教育最基本要素，是主导性和基础性力量，也是思想政治教育融合所引发的教育能量来源。通过相关课程的学习和实践，学生获得价值观和思想教育的理论知识、情感和能力。学生是价值观、思想和规范教育的对象，以认知心理和自身经验等个体因素吸收和转化外在环境和教师所进行的思想政治教育，变为自身的价值认知和思想观念，具备在日常生活实践和未来进入社会指导行为的政治素养和品德。高校文化建设、机制建设、课程体系构建、师资队伍建设及各个要素之间的相互关系是高校“三全育人”教育评估的主要要素。

（二）以信息网络为主的教育生态链条

信息化社会中，人们接触的信息量急剧增加，信息更新的周期和频率加快。信息社会使高等教育教学环境和教学过程面临着全新的革命，教育手段和方式、教育观念和教学模式都面临变革。教师的学习和学生的学习都是一个自觉过程，也是一个外在因素影响下不断发展的过程。终身学习能力的培育是高等教育应有的教学目标，也是教师队伍建设的价值体现。面对信息社会的变化，大学要与缺少基本信息文化技能的学生打交道，还要培养掌握信息技能并且能适应信息社会变化需求的毕业生。大学教师一方面固守自身的专业知识，同时又要持续接受各种新专业知识信息和新教育教学信息。教师和学生都要有终身学习的意识和兴趣，变被动信息接收者为积极信息处理者，通过主动自觉地探求知识的过程养成创造性和终身学习的习惯，通过解决问题学会了信息的选择和判断，同时不断更新陈旧的知识结构和信息储备，培育终身学习素养。信息化时代的素质型人才观在内涵上更广泛，特别突出信息能力和创新能力以及相关的合作精神和适应能力。具有合理的知识结构和信息素养是信息社会经济发展对人才提出的要求。学习不再是被动接受信息刺激的过程，而是主动建构知识意义的过程，是对信息的采集、加工和处理的过程，需要学习者根据自己的知识背景，对外部信息进行主动选择、加工和处理，从而获得知识的意义。①

新时代对于高等学校的育人使命提出新要求，催生了高校范围的教育变革，“三全育人”是教育变革的要求和工作体系建设理念，是一种全新的育人形态。育人的工作机制建设和教育生态打造是教育变革的核心内容。“三全育人”教育生态的链条是“信息—认知—价值—行为”，信息的阐释、传播、共享都是基础性工作，由此开展学习和教育的过程，才能真正影响人的观念和认知，进而促进价值取向的生成，外化为受教育者的行为方式。教育生态为高校思想政治教育创新的启示是抓住“信息—认知—价值—行为”的育人链条，整合各种资源，合理调整各构成要素之间的相互关系，不断更新知识认知，创新工作方法，丰富育人手段，开拓育人渠道，形成相互协同整合的良性循环。高校育人工作中，以信息阐释、传播和共享为基础的工作机制建设，以及高校系统内各个构成要素的协同配合是保障育人效果、探索高校育人工作实践新路径的切入点。

“三全育人”中决定育人效果的是信息，包括信息供给、阐释和传递等。高校的教育行政部门的主要职责在育人过程中，进行信息活动和使用信息。有效进行信息活动可以最大限度减少盲目性和不确定性。在工作体系中，通过各种手段获取信息，了解基本和关键信息需求，明确什么是必要和关键信息，做到准确性、及时性和相关性。在高校的现实育人空间主要包括作为育人主体的教师和作为育人主渠道的课堂，育人主体和主渠道能共享思想政治信息，并且利用这种共享的信息、认知实现育人行动的同步化和协同化。高校教育行政部门向教师提供的信息内容主要包括思想政治教育的最新理论动态、价值观教育方式和模式、教学科研一体化的空间。教师能力提升及校园内成长性和教师文化的协同性直接影响课堂的教学效果。教育评估是获得教

① 付瑞红，王爱冬．信息化时代高等教育理念及课程模式的探索 [J]．教学研究，2013（3）：8-10.

育信息最直接有效的方式，高校教育行政部门利用评估所获得的教育信息进一步拟定工作方案，为配置资源和确定教育目标先后顺序提供依据。教师通过课程评估掌握育人的阶段和效果，及时为教师课程设计提供依据。“三全育人”的教育使命要依赖于信息网络，保证高校各个育人空间交换信息，共享信息，提高相互协同能力和整体育人效能。信息网络建设很大程度上决定着一个高校的育人水平和能力。

“三全育人”分别从主体、空间、时间层面对育人实践行为的部分领域或环节加以统筹，“三全育人”教育生态的特征是整合与协同，基于现实育人场域各个构成要素的整合，把握特殊人际互动形式的“信息—认知—价值—行为”链条，将信息有效传播、观念和认知的有效影响、价值的有效塑造、行为的有效引导，作为一个连续的、系统的和立体的育人目标。从传播学角度，教育活动的本质是信息的传播，是人与人之间、人与外部环境之间，通过有意义的符号进行信息传递、信息接受或信息反馈等活动。个体在接受信息的基础上进行信息的自我消化，进而影响认知和观念的生成、价值塑造和行为倾向。在高校教育生态中，接受信息的主体不仅仅是学生，还有以教育行政部门工作人员和教师为主体的全员，通过工作机制建设和教师文化塑造更新教师的知识构成，提升教师的思想政治素养和认知水平，升华为价值认同，付诸育人实践之中。高校“三全育人”工作机制建设的基本思路是“信息—认知—价值—行为”的育人链条，分析不同主体的角色定位和相互关联，包括育人主体教师和育人主渠道课堂，在学校这个现实育人场域中形成教育合力，创新思想政治教育的方式方法。

第三节 “三全育人”体系评估

“三全育人”综合创新改革关键在于育人工作体制的调整和优化，建构高校思想政治教育工作体系，即党委统一领导、党政齐抓共管、各部门和各学院各司其职、全校师生共同参与的工作格局。

一、体系建设和评估的关系

高校“立德树人”教育进入全面推进和创新发展阶段，带动高校治理机制和育人体系变革，“三全育人”是这一趋势下主导性教育理念和工作机制建设。新形势下高校思想政治工作的加强和改进要坚持“三全育人”，价值观教育引领知识教育并贯穿教育教学的全过程和各环节，依赖于教师队伍“主力军”、课程建设“主战场”、课堂教学“主渠道”，让全员承担好育人责任，各类课程与思政课程同向同行实现全程育人，以建立完善全员、全程、全方位育人体制机制为关键，全面提升高校思想政治工作质量。

“三全育人”教育评估是中国特色的以“立德树人”为根本价值取向的高等教育质量评估。高等教育质量是多重范畴，是众多维度的集合。1998 年联合国教科文组织在第一次世界高等教育大会公报《面向二十一世纪高等教育宣言：观念与行动》中提出：高等教育质量包括高等教育的全部功能和活动，各种教学与学术计划、研究与学术成就、教学人员、学生、校舍、设备、设施、社区服务和学术环境等。高等教育质量不仅仅取决于政府或学校等单个利益相关方行为，还取决于教师、学生与社会各界的共同参与。“三全育人”就是把思想政治教育融入高等教育质量建设的各个环节，并依赖于各方的参与。

“三全育人”工作体系建设与教育评估是一体两面，相互促进，具有共性特征。教育评估价值诉求就是以系统方法寻求高等教育最佳的育人质量，工作体系包含创新的概念、有效的运作程序和成功的策略。第一，工作体系建设和教育评估具有的基本特性是系统性，各个部分之间有相互关联性和整体性。第二，价值化。工作体系建设和评估的目标是提升育人实效。第三，具有可执行性。强调育人政策、评估的相互关系及其在各个环节的重要作用。“三全育人”教育实施原则具有明确教学目标，必要的资源及配合，在设计符合社会、家庭及个人需求的完整且全面的课程后，塑造良好的学校环境，利用各种教学方式将思想政治教育丰富内涵融合到各个教学课程中，使每一位学生都能有效学习并发展出良好的政治素养，利用多元评估方式，有效实施思想政治教育。第四，具有持续性和过程性。在新任务和新目标下，工作机制建设和评估也应调整，从教学目标、课程形态、教学方式、教学资源到教学评估等都需要完善的课程计划。思想政治教育非一日之功，而是一个持续不断的过程。第五，具有变革性。“三全育人”是一场高校在制度建设、工作流程和运作模式上的变革，也是高校内部各个构成要素结构和关系调整的过程。

二、体系建设和评估的核心是课程体系重建

“三全育人”教育格局就是要实现高校课程体系的重建，要解决教育理论与教学实践之间的落差、课程政策和课程实施之间的落差。在课程改革的过程当中，一直都存在理论与实践、政策和实施之间的落差。课程政策往往在执行过程中遭遇学校教师抗拒，或者是在教育系统各个层级传达之间被变形，使改革没有带来实质变革。对于教育改革而言，说可能要比做容易。课程发展的层级观很能说明课程落差所产生的必然性和原因。古德莱德将课程分为理念课程，即最初学者、专家所建议设想的课程；正式课程，即指国家和教育行政单位规定、规划和认可的课程计划和课程标准以及教材，再转化为地方教育部门或学校教师的认知课程，课堂上实际的运作课程，最后成为学生实际的经验课程。[①] 这一连串的发展过程，涉及不同层级的课程行动者，并非一个层级所能独立完成，而是通过中央政府、地方政府、学校、学者、教师和学生个人各层级所构成的课程与教学系统的整体实践。这些层级的每一个环节是课程理论和课程政策的转化过程，经过层层连接和转化的课程必然与最初设计是不同的。

学校教育被视为国家一项极其重要的公共政策。课程作为学校教育内涵中重要的一环，课程政策是教育政策、公共政策的次领域，课程本身就是教育政策的一种形式。课程治理是课程领域的一项重要议题，也是存在于课程实践中的一个重要现象。课程治理所关注的层面是政府层级对课程政策的规定与学校层面的政策推行。课程治理的基本定义是政府和学校通过各种课程政策机制设计与实践策略推行课程改革、制定课程政策、落实课程目标的全

① 施良方．课程理论——课程的基础、原理与问题 [M]．北京：教育科学出版社，1996：9．

部过程。①

课程治理是指政府为达成课程目标及意图，对课程所施加行为的全部过程。课程治理是一个动态和整体的概念，涵盖从课程目标的形成到课程内容的选择、组织、实施与评估的全部过程。课程政策与一般公共政策不同之处在于，前者的落实必须靠学校和老师，后者的执行者是行政人员。因此，课程政策的执行，除了要考虑中央和地方层面的执行，更要关注学校和教师层面的执行，毕竟政策能否落实以及最后在教学现场实践的状况，最为关键的影响因素之一是教师，教师应该成为课程治理的伙伴关系，而不只是消极的政策命令的接受者。

影响高校“三全育人”教育效果的因素是：管理者和教师的重视程度及对思想政治教育的认识；管理者和教师的政治素养、品德及各种言行示范；学校教育目标是否以思想政治教育培育为主线；全体员工思想政治教育知识和技能水平；思想政治教育实施内容与方法，是否订立合适的课程及实施细则，并且是否有切实执行、评估的措施；学生之间的互动和沟通关系程度；学校配合思想政治教育提供的相关自然环境、人工环境、软硬基础设施。总之，高校思想政治教育效果依赖于思想政治理论课程教学，其他课程的融入程度，教师“身教”与学校的“境教”等综合因素。

三、“三全育人”教育体系评估方法和指标

“三全育人”工作机制建设是不断反思、评估并持续改进的过程。持续育人能力体现在相关的评估制度建设，学校建立定期反思评估与改善机制，促进思想政治教育的持续推进，不断提升效能。“三全育人”教育体系评估主体是多元的，有来自外部，也有内部不同主体的评估。宏观层面的学校内部评估机制对育人效果达成是最有针对性和执行力的。“三全育人”机制是开放的。但对于学校个体而言，学校就是小社会，育人机制在某种程度上具有一定封闭性。教育评估就是将教育标准在过程和结果上加以落实，首尾发力，

① R F Elmore, S H Fuhrman. The governance of curriculum[M]. Alexandria, VA: ASCD, 1994.

形成教育内涵发展的外在驱动性闭环。[①]

（一）评估模式的借鉴

“三全育人”对高校现有思想政治教育状况而言是一种具有改革特性的教育方案，持续强化和改进马克思主义学院为实施主体的思想政治教育，更新和变革其他主体的思想政治教育价值导向和教育方式，对教育目标、教学规划、教学结果和效果的评估都以不同以往的方式重新规划。CIPP 评估模式对“三全育人”教育评估具有借鉴意义，该模式认为教育评估是过程，旨在描述、取得和提供有用的数据，以供作判断，用于变革方案需求。CIPP 模式依据程度不同将教育方案的改变分为四种决定情境：平衡的决定，维持目前的教育系统，提供质量管理的标准与方法；增强的决定，持续小幅度的改革，以改进教育系统；更新的决定，提供大规模的改革方案，促进教育系统的更新；质变的决定，教育系统全面改变，重建理想的教育系统。

除了上述程度的不同外，教育方案的决定也有不同的层次：对教育目标作决定；对教学程序的设计作决定；对教学的活动与实施作决定；对教学结果做出反应的决定。对应于这四个层次不同的决定的需要，教育评估也要分四个层次进行，即背景评估、输入评估、过程评估、结果评估（见图 4-2）。背景评估：描述教育方案形成的各项背景因素与条件，以提供作为确立教育方案目标的依据。背景评估要解答的是为什么要有这个教育方案，需求何在，对象是谁，社会条件如何。输入评估是当背景评估确立教育方案目标之后，了解有哪些资源可运用，资源的条件是否足以达成上述目标，这些资源条件包括师资、教材、设备、程序、方法、环境，等等。输入评估要回答的问题是：师资、设备、经费是否足够，有哪些教学策略可运用，教师需要哪些训练，时间如何安排等。输入评估分析了可用的资源，投入这些资源后，过程评估检测这些资源是否被有效运用，课程实施过程中有哪些问题与困难。过程评估要回答的问题是：这些资源是否被充分且有效地使用，人员的互动关系如何，整个教育方案的程序如何进行，这个方案需要做哪些调整等。结果

① 肖昕，张天雪．优质教育更加丰富——《教育规划纲要》十年回眸与展望之四 [J]．中国教育学刊，2021（1）：19-22，84．

评估是检视教育方案的实施成果，解决教育方案的目标是否达到，学生和教师的收获、态度，这个方案有哪些可贵的经验等。

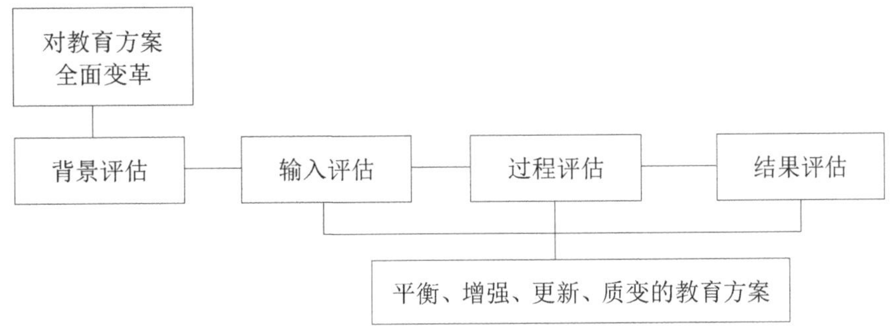

图 4-2 CIPP 评估模式概念图

（二）“三全育人”评估的系统方法与指标设计

用系统方法分析“三全育人”教育工作机制，把评估构成要素聚合在一起，从而实现对教育系统全貌的理解和整体评估（见图 4-3）。基于教育指标系统模式的评估指标构建要考虑教育的实际发展，输入领域以组织规划和教育资源配置为主；过程涉及教育系统的运作，包括主体课程作用发挥、融入课程、选修课、社会实践和校园文化生活；输出领域包括学生在知识积累、道德培育方面的效果及教师成长状况。教育过程层面构建三个层次的评估指标：教育主渠道课程评估；系列课程融入教育评估；高校教育文化氛围，包括制度保障、课程协调机制建设、校园教育活动实践。

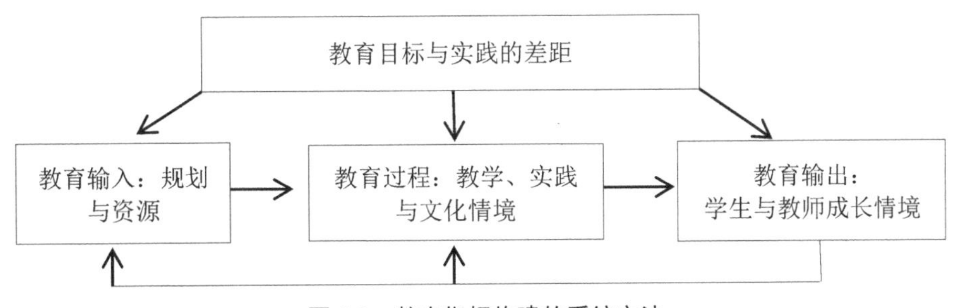

图 4-3 教育指标构建的系统方法

评估是动态和复杂的，个体能力和认知的评估不能同课程、教学方法及文化分开。[①]教育评估是基于学生的成就和发展，包括认知和非认知结果；影响教学、学习过程的可用资源及其实施场景（见表 4-1）。基于此原则，教育评估引入背景或场景概念，包括个体背景、教学场景、学习场景三个领域，其中教学场景主要指主渠道的教学场景及融入课程的教学场景；学习场景包括选修课课程体系、社会实践及校园文化活动；个体背景是个体的性格和态度，不是评估内容，却是影响教学、学习及个体目标达成的关键因素。

表 4-1　系统模式教育评估过程分析

评估	目标	教学场景	学习场景	教育个体
评估什么	政策规定的能力和认知标准	知识、能力、情感	兴趣、理解、实践	认同、动力、责任
学习过程中发生什么	目标的具体化和微观化	新知识、技能与个体特性联结	融入个体学习、实践及生活	对目标、价值的认同
谁评估	专家委员会	教育和学习者	教育和学习者	学习者
为什么评估	教育效果	改进教学方式	提高部门协调能力	强化自我认知

以系统方法构建评估指标，基本思路是基于现实又高于现实的理想“应然”状态，评估设计领先于实践，坚持评估与发展过程相联结的基本评估原则。输入层面包括组织规划和教育资源，过程阶段包括全课程育人格局和校园文化建设。输出层面包括学生思想政治素养提升、教师成长和教育的可持续发展（见表 4-2）。测评方式兼用材料审核、实地考察、访谈及调查问卷。

表 4-2　教育体系指标设计

	向度	具体指标	方式
输入	组织规划	1. 党领导核心工作制度建设完备程度 2. 顶层设计的机制建设：思想政治工作领导小组 3. 有具体实施规划方案与可执行的步骤 4. 全校课程体系的发展规划 5. 行政部门横向的育人协调合作机制	材料审核
	教育资源	1. 教师能力提升：教育知识构成和价值认知 2. 网络育人平台建设整合教育资源 3. 科研经费支持 4. 教改的专项课题扶持	材料审核

① R D Crick. Assessment in schools-dispositions[M]//Penelope Peterson, Eva Baker, Barry McGaw. International encyclopedia of education (3rd Edition), Oxford: Academic Press , 2010:186.

（续表）

<table>
<tr><td></td><td>向度</td><td>具体指标</td><td>方式</td></tr>
<tr><td rowspan="2">过程</td><td>全课程育人格局</td><td>1. 思政课作为学校重点课程和重点学科建设
2. 设立思想政治理论教育专项课题
3. 思政课教师开选修课比例
4. 教改项目中思政课与专业课教师合作
5. 马克思主义学院与其他学院教师的交流方式和频率
7. 学校针对各院系的思想政治教育融合制订总体方案
8. 课程大纲体现价值观引领知识教育目标和实施计划
9. 课程总结和考核环节渗透价值观育人成果
10. 实践课程有明确的价值观教育方案和实施计划</td><td>材料审核</td></tr>
<tr><td>校园文化建设</td><td>1. 政治价值导向的校园文化
2. 校园文化的社会主义核心价值观导向
3. 公平和关怀的校园文化</td><td>访谈调查</td></tr>
<tr><td rowspan="3">输出</td><td>学生素养提升</td><td>1. 政治素养提升（辨别力和判断力）
2. 思政认知能力（理解、分析、思辨等）有所提升
3. 情感面向（四个自信、爱国与诚信等）有所强化
4. 积极行为表现增多，并能表现知行合一</td><td>调查问卷</td></tr>
<tr><td>教师能力成长</td><td>1. 教师教学科研一体化情况
2. 教师获得课题资助情况
3. 教师参加各种竞赛情况</td><td>材料审核</td></tr>
<tr><td>促进教育可持续发展</td><td>1. 对于教育实施过程有评估机制，随时修正与调整策略
2. 学校有效使用评估数据
3. 教师、学生将所参与各类教育课程与活动，针对参与历程与结果汇集相关纪录，进行自我评估及与他人分享
4. 大学校园或研究机构的教育相关领域学者进行理论与实务的交流，深化校园思想政治教育</td><td>材料审核</td></tr>
</table>

第五章 “三全育人”教育系统的核心要素评估

2004年以来，中央先后出台关于进一步加强大学生思想政治教育工作和“三全育人”工作文件，各高校也探索育人课程改革。高校系统结构中的核心要素是管理部门、课程和教师，这三者也是“三全育人”工作机制建设的重心，是“三位一体”教育评估在微观层面的体现。

第一节 “三全育人”实施方案评估

基于完善统筹协调机制和工作实施创新体系建设要求，“三全育人”工作机制在学校行政层面的策略是形成多元分层次的育人方案。教育部发布的高校“三全育人”综合改革建设标准中，在组织领导一级指标下的工作思路和组织实施指标中，明确把制定“三全育人”综合改革建设方案列为三级指标，提出健全党政议事规则和决策程序。实现学校各部门常态协作和分工负责制，明确各部门的责任和思路。将思想政治教育工作纳入学校事业发展规划和人才培养方案中，制订专门的具有学校特色和统一的“三全育人”工作方案或计划，提出思想政治教育规划，明确各部门职责分工和实施步骤，以务实整合的教育计划推动教育改革。为了提升“三全育人”教育实效和政策效果，作为教育政策的育人方案评估能进一步探讨方案目的、执行与结果是否达到政策要求。方案评估目的在于提供方案实施情况和信息，作为教育方案持续推进和修正的依据。工作方案属于教育公共政策，从政策程序上包括方案制订、实施策略、教育内容、执行过程和执行绩效层面。

一、工作方案的整合模式

“三全育人”是引发高等教育育人机制变革的教育方案，是“十四五”规划期间重点实施的教育政策之一。每个高校有自身的特色与环境，顺利执行这一教育方案并达成预期效果，要制订具体的、结合学校特色的实施方案。真正的教育改革是在务实教育计划支持下开展的。各高校制订实施“三全育人”实施方案并进行方案评估是推进教育革新的一个环节。

高校教育系统中，教师的课程教学承担主要育人职责。高校教育系统实践是教师被行政和专业限制而存在相互隔离和孤立的状态。具有相对独立性的专业教师以知识传授为主要职责，忽视价值观培育。专业的隔离状态导致高校全员、全程育人工作格局难以形成。因此，有效发挥高校行政管理职能，以制定和评估整体工作方案的方式，从政策规划推动高校全员、全方位育人格局形成。工作方案制订的过程体现高校育人规划的整体性、科学性和全员参与。无论高校还是上级教育主管部门，以“三全育人”教育理念对教育方案进行系统评估，本身就是推动“三全育人”教育格局形成的关键措施。

政策的判断依赖于某些标准的评估，政策一般具有规范性价值，政策优劣的评估涉及价值判断，政策执行后的政策评估同样依赖于规范性价值。政策执行包含了基本条件及对于结果的假设，对于上级所制定的政策与规范，下级单位有义务全面配合且忠诚执行。上级主管机关负责计划拟定，在逐层传递给下一层级单位拟定详细计划或执行计划，是“自上而下”的执行模式。反之，“自下而上”政策执行模式是指计划由所属单位各自发展，送到上级机关汇总，强调政策制定与政策功能的互动性。

教育部层面的思想政治教育政策是自上而下的模式，到高校层次，制订详细的行动方案，则需要整合模式。整合模式认为政策执行是动态的过程，应该同时关注上下层级之间的互动，执行人员的行为会随着时间、政策种类、所属层级不同而有所差异。整合模式政策执行是一个协助组织规划、执行和改变政策的流程，是有效管理的概念。[①] 为了积极有效贯彻落实中央文件精神，

① K Verweire, V D B Lutgart. Integrated performance management: adding a new dimension[J]. Management Decision, 2003, 41(8):782-790.

地方政府尤其是高校要制订具体的、翔实的、整合性的工作方案。育人工作方案的核心工作是推进“学科思想政治教育”理念，每一门课程、每一位教师都承担育人作用和责任。学校根据各个学科的知识特点及其所蕴藏的思想政治教育资源，编制学科思想政治教育工作的实施意见，进一步修订课程大纲和课程计划，促进知识与技能、过程与方法、情感态度与价值观的统一，为所有课程实施思想政治育人提供理论支撑和操作建议。

有效思想政治教育的推进路径是以整体、科学和有序的方式融合到各学科和各阶段，各教育行政机关出台实施方案和实施意见，以教育政策的具体化方式执行中央政策文件，同时又以教育政策整合化方式指导全省、全市和全校教育工作实施。高校“三全育人”工作方案制订和实施的过程不仅包含自上而下的政策需求，也包括自下而上的沟通协调。因为育人工作的主渠道是课堂，育人主体是教师，教师不是高校育人工作方案被动的参与者和接受者，而是政策制订和实施的主动参与者。

二、教育方案评估的基本理念和目标

从公共政策角度，影响教育目标整体规范性价值的因素包括环境、过去的经验、专业规范及组织文化等。[①] 将育人价值放入政策执行的环境因素主要指基层人员对政策目标的清晰度，如果对政策目标缺乏共识，会无所适从。当政策执行的目标比较模糊或比较宏观时，有各自经验的基层人员原有的认知会影响对目标和任务的判断，也影响执行政策的意愿。基层人员尤其是教师对于教育政策的推行，一方面，其原有经验是一种抗拒性力量，另一方面可以结合既有经验去探索新经验影响课程实施成效。“三全育人”政策中，学校管理人员、行政人员和教师都是属于与政策相关的基层人员，教育政策的有效推行依赖于他们对“三全育人”和思想政治教育工作规划的整体目标有清晰和整体的认识，根据自身所在的学校和专业进行适应性调整，有效衔接政策目标，积极探索新的育人经验，而不是故步自封。高校育人系统结构的

① J Q Wilson. Bureaucracy: what government agencies do and why they do it[M]. New York, NY: Basic, 2000.

核心要素都适时适当变革和调整，形成互动关系更紧密的组织文化，教师进一步提升自身的思想政治教育理论水平和育人能力。

从教育政策评估视角，教育方案评估是全面探究一个教育方案的原理、发展、运作、结果以及实际操作中所面临的困难。教育问题从来不是孤立存在的，是在整体学校脉络及学习环境中发生，即课程不是独立存在和独立实施的，课程的实施与其情境产生互动。采用多元的资料搜集方法，主要方式是对相关人员如学生、教师、行政人员及其他相关人士的访谈，问卷和背景资料的文件分析等。评估者将这些数据整合起来以对教育方案的问题、议题及其他显著的特性作说明。评估目的在于探究一项教育方案如何运作，在不同的学校情境中会如何影响这个教育方案的实施与效果，教育方案有什么优缺点，评估者从教师、学生的角度来认识和讨论这项教育方案在教育革新上的特点及所产生的相关效应。评估的焦点是教学系统和学习环境，教学系统就是课程，学习环境是指教师与学生之间共同相处于其中的社会心理环境和物质环境。教师与学生之间的互动是评估的重心，是整个教育方案的灵魂所在。

从教育行政方案制订过程而言，一项政策方案从颁布到落实，通常需要历经几个不同阶段：刚开始是模板阶段，之后的成形方案常以小规模方式实施；而想顺利推动方案，进一步建构合宜的方案内容，一般会提供可让方案成功的配套条件，这是超越现实阶段；到了原型阶段，开始以正式政策实施时所拥有的条件运作，作为后续阶段的准备；最后是运作方案阶段，则进入定型方案，对方案将作持续性的政策推动。[①] 每一阶段的方案，都须进行系统性的评估，以提供下一阶段方案发展与推动的依据。高校“三全育人”教育方案内容还在持续发展中，此时若能针对方案进行影响评估，就可厘清方案造成参与者改变的程度，有助于决策者确认方案是否达到规划的目标以及了解哪些是有效的方案活动，评估结果不仅可作为后续方案发展的重要依据，还能提升公共方案资源利用的绩效。公共政策评估中，有方案过程评估和影响评估，常用来检测短期或长期源自方案介入所产生的改变，是一种排除干扰因素的净影响。影响评估关注的不是有关方案执行的过程评估，而是方案

① L J Cronbach, S R Ambron, S M Dornbusch, et al. Toward reform of program evaluation[M]. San Francisco, CA: Jossey Bass, 1980.

介入对于成果的影响。影响评估对于“三全育人”工作方案评估而言是一种高阶形式评估，需要系统观、整体视角和长期育人跟踪评估。“三全育人”需要经过多年实施，投入大量的时间、人力、物力，通过方案评估的方式了解执行情况作为方案延续或者改善的依据。

三、教育方案评估设计

任何一个组织所能使用的资源是有限的，尤其是行政机关。因此，如何将有限的资源作最佳的利用成为现代政府的一项重要课题，而方案评估是协助有效分配资源，了解方案实施成效的一项重要工具。教育方案评估是以科学的方法和技术，通过对相关资料的收集和分析，进行价值判断，让教育方案顺利执行，达到教育方案目标的历程。方案执行的前中后都应进行评估，各个阶段有不同的功能。教育方案执行前，评估在于了解教育方案需求；执行期间是了解教育方案执行的情形；终结阶段的评估则是了解教育方案执行效果和问题。方案评估不仅包括实施效果评估，还有方案策略、方案制订和实施过程，是教育行政计划执行的整合型评估模式（见表 5-1)。

方案实施策略在目标、方法、组织和应对层面明确规定“三全育人”相关工作机制职责。目标策略体现前瞻性、价值性、阶段性和具体性。前瞻性是为了给学生能带走的政治素养和能力，价值性指“三全育人”思想政治教育的价值是爱国主义，阶段性是方案中应体现逻辑和认知阶段的规划，有具体执行手段或方法。方法策略体现融合性、整合性与创新性，所有课程融合“三全育人”思想政治教育的内容和路径，根据教育内容整合课程体系，落实课程发展与善用评估为学校提供新措施。组织策略层面体现一致性和制度化，实施方案和实施过程具有更广泛的代表性，包括行政管理人员、教师和学生代表；课程发展组织运作依照思想政治工作领导小组的计划执行，建立共识的制度。应对策略体现有效性和发展性，要能解决所发生的问题，并能持续落实；发现并持续实施对整体计划有利的措施，持续推进“三全育人”教育模式创新发展。

方案制订过程有政策决策、方案程序、行政措施配合。方案制订的程序

表 5-1 整合模式教育方案评估指标

阶段	评估向度	评估指标
方案策略	目标策略	前瞻性：培养学生走向社会所具备的政治素养和能力 价值性：共同价值是爱国的民族精神 阶段性：体现认知阶段的规划，有具体执行手段或方法
	方法策略	融合性：所有课程融合思想政治教育的内容和路径 整合性：整合课程体系 创新性：落实课程发展与善用评估为学校提供新思路
	组织策略	一致性：方案和实施过程具有更广泛的代表性 制度化：建立相关工作机制、服务机制和教师能力提升机制
	应对策略	有效性：要能解决所发生的问题，并能持续落实 发展性：持续实施对整体计划有利的措施，推进教育模式创新发展
方案制订	决策过程	目标明确：使学生具备社会主义理论和价值观的认知、情感和能力 科学性：基于数据分析以支持其可行性 全员参与：政策宣传和沟通工作获得全体成员认同
	方案制订程序	目标：相关工作机制定期发挥整合功能 科学性：程序化，拟定包含具体实施步骤的工作流程图 全员参与：分层的机制建设、总体工作推进委员会和各领域运作小组
	行政配合措施	全员参与：各处室、各专业代表参与规划和执行 运作核心化：由教务处统筹运作，计划汇总和规划执行 服务组织化：推动咨询小组、教师成长教学群等服务工作组织
方案执行	行政协调	沟通程度：发挥工作机制职能，定期沟通工作理念和教学实践 标准化程度：依照相关文件和学校方案统一要求和执行流程 认同程度：行政与教学人员协商，强化价值认同，共同参与育人工作
	督导考核	经常性：督导人员经常检查教育推进工作，落实课程发展目标 回馈性：把督导结果回馈给教师，有效运用专业评估结果 发展性：强化行政服务，经常协助解决问题并发展有效执行措施
方案执行	专业支持	有组织：建立的工作机制相互提供支援和服务 专业性：成员具有理论和政治素养，并发挥专业支持功能 配合程度：教师与专业支持服务组织之间相互认同并沟通协商
执行绩效	量的绩效	工作数量、参与人数和经费使用情况
	质的绩效	差异显著程度：方案实施前后对学生素养和行为影响差异 参与者满意程度：教职员工和学生对方案执行过程和结果是否满意
	成果绩效	个体差异性：学生对思想政治教育丰富内涵认知的差异性 总体性：思想政治教育这一本质育人目标在不同阶段的达成程度 实效性：学生接受的育人教育效果的可持续性
	潜在绩效	机制建设、育人环境、学生和教师心理及校园组织文化影响

目标是各种工作机制如何发挥整合功能。方案制订过程的总体原则是目标明确、决策科学、制度化建设和全员参与决策。政策决策过程要充分体现方案制订的明确目标是如何使学生具备能带得走的思想政治教育认知、情感和能

力。决策的科学性体现在决策是基于数据如校园环境和条件的优劣分析以支持其可行性。科学性源自程序化，拟定“三全育人”工作流程图，包含具体实施步骤。全员参与决策指学校要落实国家教育方针政策并进行沟通，获得全体教职员工的认同。全员参与体现在分层级的工作机制建设，顶层设计层面成立并健全思想政治工作领导小组，具体工作层面设立各学习领域课程运作小组。相关的行政措施配合方面同样体现目标性、科学性和全员性。配合措施的目标性体现于运作机制核心化，由教务处统筹运作，计划汇总和规划执行。科学性体现于组织化服务机制建设，推动课程发展专业咨询小组、教师成长教学群等计划工作组实现服务组织化。全员参与体现在各处室、各专业代表参与规划和执行。

方案执行过程层面，包含行政协调、督导考核和专业支持。行政协调指标是沟通程度、标准化程度和认同支持程度。沟通程度是充分发挥思想政治工作领导小组和其他制度的功能，定期协商，深入沟通工作理念和教学实践。标准化程度是依照国家、教育部相关文件和学校制定的方案，统一要求，执行流程具有一致性和统一性。认同程度是指行政人员与教学人员的协商，强化价值认同，共同参与“三全育人”工作。督导考核体现经常性、回馈性和发展性。督导人员经常检查教育推进工作，把督导结果回馈给教师，有效运用专业评估的结果，使教师更好地发挥教学效果，落实课程发展目标。督导考核体现发展性，强化行政服务、落实课程发展和运用专业评估，协助解决问题并发展有效执行措施。专业支持层面体现为有组织、专业性和配合程度，围绕“三全育人”建立的工作机制相互提供支援和服务，成员具有理论和思想政治素养，并发挥专业支持功能，教师与专业支持服务组织之间相互认同并经常沟通协商。

从执行绩效层面，要考查量、质的绩效、现有和潜在成果的绩效。量是工作数量、参与人数和经费使用情况。质的绩效考查差异显著程度，方案实施前和实施后对学生思想政治素养和行为表现差异达到的显著水平。质层面的绩效还要考查参与者满意程度，包括教职员工和学生对方案执行的过程和结果是否满意。成果绩效体现个体差异性、总体性和实效性。个体差异性是基于“三全育人”丰富内涵，学生对其认知的差异性；总体性是指思想政治教育这一本质内涵育人目标的达成；实效性是指学生在学校所接受的“三全育人”教育效果的可持续性，即能带得走的思想政治素养。潜在绩效是运用课程评估了解教师和学生对工作机制、教学环境改善和发展所产生的影响，了解师生态度观念是否改变，高校“三全育人”教育是否对整个社会文化发展产生长远影响。

“三全育人”工作机制促进方案评估是整合导向的评估模式，含方案规划制订、方案策略、方案执行过程和方案执行绩效几个方面，具有高质量教育发展评估和引导教育发展方向的积极意义。

第二节 “三全育人”教育系统的课程评估

“三全育人”教育政策一方面突出了政府和教育部的教育决策权，另一方面也强调学校本位的课程发展和课程管理。无论是思政课程，还是课程思政，学校负责课程发展和课程评估。高校推动课程评估是带动全员教师主动参与“三全育人”教育的有效方式。课程思政改革的意义不仅表现为增设新课程，也不单纯局限为教学方式的转变，而是代表一场课程理念与实践的深层次变革。

高校教师凭借着对专业教学、思想政治教学和对教育现场的充分理解，是课程的最佳发展者和评估者。对于“三全育人”所引发的高校育人课程模式变革，有的教师被动回应，有的教师消极观望，有的教师从课程改革中体会教书育人精神，将之实践于课堂之中。教师通过反思的历程掌握课程发展需求和方向，评估是教师的基本技能。课程评估是了解信息和改进课程的重要机制。但是长期以来教师在课程评估中始终是“旁观者”角色，传统的评估范畴充满了监视、考核和比较的色彩。教师是被评估者、被迫整理资料，处于一种被动地位。评估没有帮助教师进行反省，解决课程的问题。评估系统中教师是客体，而非主体，主客二分的思维无法形成全员和全方位育人的情境。过程模式课程发展是实践性和反思性的，课程发展与评估整合为一，教师在发展课程的同时以行动研究方式对自身教学行动进行评估。

一、课程评估的模式

“三全育人”教育模式中，课程发展是事关教育成败的关键，通过不断地评估、反思和改进，使课程与国家的教育政策或社会的需求相符合。课程评估是学校进行课程发展的重要一环。

评估的目的和意义在于改进课程。课程评估可以被视为教育教学的表现、成就与特定目标的符合程度，也是对教育教学过程的衡量和检验，针对课程的优缺点或价值加以评估。评估是为搜集和提供资料信息，让决策人员从事有效的决策。评估是一项具有意识形态因素的活动，不仅要检查课程效率和课程管理问题，同时要理解课程本身和课程评估所涉及的价值意义。课程评估就是对学校所实施的教学课程作出衡量和选择，作评估和判断，去思考所实施的课程方案的“好”或“不好”。看似简单的“好”或“不好”的评估结果却牵涉价值判断和复杂的理念关系。不同的价值观点与理念，对于课程本身及评估的“好”或“不好”有不同的看法。如果认为课程是目标或学科，评估就是对目标和学科的评估，如果把课程理解为计划，就是包含课程目标、设计和实施的评估。课程评估的范畴包括课程发展的整个过程和结果，评估的项目包含可测量和不可测量的部分。

（一）目标模式课程评估

泰勒认为课程评估即是对课程目标进行一连串的评估。在课程科学化的理念下，泰勒对课程设计所提出的目标模式成为课程发展的经典理念。以目标为中心的课程发展模式中，目标具有指导作用，也是教学成果检视的依据。[①] 课程发展的基本流程是确定达成的教育目的和课程目标，学校提供何种学习经验和课程内容，如何以课程活动方式有效组织，通过课程评估确认教育目标是否达成。课程目标陈述要具体，并以行为目标的方式呈现。教学方案是否适当主要的依据是对学生行为改变是否有所贡献。课程发展与课程目标是分离的，发展课程在先，课程评估在后，实施主体也不同。

① 泰勒．课程与教学的基本原理 [M]．施良方，译．北京：人民教育出版社，1994：38．

布鲁姆等人将教育目标作出分类，包含认知、技能和情意等三个领域，建构了教育目标分类系统。在目标模式课程发展的引导下，课程评估解决课程是否能达到预定的目的，而所谓达到目的就是指学生是否能够完成教学前预设的行为目标。课程评估就是对学生实施行为目标的成就测验。课程评估基本模式是首先以行为目标的形式具体阐述课程目标，其次根据具体行为目标发展课程有效参照指标，然后进行评估寻求行为改变的信息和证据，最终说明课程目标是否达成。在目标模式的架构下，课程的好坏，甚至教师的教学成效，完全取决于学生的成就测验的成败。

（二）过程模式课程评估

教育目的是把价值和标准界定在过程之中而不是过程之外的结果。学者们不断对目标模式课程评估进行反思和探索，课程评估的视野角度逐渐扩展，从目标获得、不受目标限制、作专业判断，进而认为课程评估其实是为教育方案作决策。评估就是收集学生行为改变信息，并利用这些信息作教育决策。过程模式的课程评估强调所有利害相关人的参与，在信息的交流中达成共识，打破以前强调科学、客观、专家取向的评估传统，更多贴近教育现场。教育教学管理者和督导者试图通过结果评估加强对课堂教学的监督，教师主体性和积极性的发展空间被压缩。课程教学的过程评估强化了课程教学中教师作为研究者导向，在一定程度上有利于课程发展、教师主体性发挥。

过程模式的课程评估是在目标模式课程评估的批判和发展基础上提出的。目标对于课程发展确有其重要性，但过度强调课程目标的评估有违教育本质，也不能真实反映教育实况。课程目标在教学实践过程及教师成长层面都不应是课程发展和评估中的唯一标准。在目标层次，教学中有可测量、可审视的行为目标，还存在不容易评估的行为目标，行为目标阐述的准确性受到学科及知识的性质所限制，学生社会规范、价值观念和个人思想体系建立则不适用使用课程发展的目标模式。在教学互动方面，以目标为重心的教学活动和流程，其他情感与行为的互动与交流则会被轻视或忽视，课程建构从方法到目标的逻辑忽视了师生互动及学生学习的心理过程。教学效果评估方面，学生行为改变的目标之外，还有态度和情感变化，行为目标与学生实际的学习成果之间难以形成密切的关联性。目标模式的课程教学，教师按照预设的教学目标安排教学内容，缺少自我教学反省，没有研究和自我成长的动力。教师对自身教学实践采取研究的态度，是即时性和探索性的。[①]

过程模式的课程评估相比目标模式更复杂，因为没有一套典型的模式可供参考，只是概念。而且强调，在不同的教学情境中，课程教学活动过程是不同的概念。史丁豪斯对学校教学与知识之间的关系进行了界定，将学校的教育功能分为四种，其中技能和记忆知识的学习比较适合采用目标模式，至于学生社会规范、价值观念以及个人思想的建立，则不适合使用目标模式来发展课程和教学（表 5-2）。[②] 因为协助学生社会规范、价值和思想的建立的学习议题往往是没有标准答案的，没有标准答案议题的教学不应该在教学之前就为学生建立学习的最终目标，课程也不应该是一套既定的知识，而是通过符合一定的教学规则的方式激发和启发学生，使学生在课堂的讨论中进行学习。教师的角色不是知识的权威，而是学生思想的激发和引导者。

表 5-2　教学与知识关系表

教育程序	教育项目	能力展现	适用模式
训练	技能	表现	目标模式
教导	知识	记忆	目标模式
启发	规范和价值	行动	目标模式不适用
导入	思想体系	判断和批判	目标模式不适用

过程性评估不是只重视过程不关注结果的评估，也不仅是对微观学习过程的评估，而是对课程实施意义层面的学习动机、过程和效果的“三位一体”评估。[③] 评估的性质和功能有了新的含义，确认学生学习效果和成绩，监测和改进学习的途径，评估还是学校教育的一项目标。过程评估理念的新意之处在于学生经历评估的过程就是教育过程。过程性评估“采取目标与过程并重的价值取向，对学习的动机、过程、效果以及与学习密切相关的非智力因素

① 吴刚平．校本课程开发的思想基础 [J]．外国教育研究，2000（6）：7-11．

② Lawrence Stenhouse. An introduction to curriculum research and development[M]. London: Heinemann Educational Books Ltd., 1975.

③ 黄甫全．课程与教学论 [M]．北京：高等教育出版社，2002．

进行全面评估，具有全面性、及时性、灵活性和可持续性”①。

“三全育人”教育的核心是以价值观教育引领知识传授，是价值、规范和思想体系的教育项目，教育方式以启发与导入为主，只有依赖于过程模式的课程评估才能更有效地衡量教育过程和教育效果。“三全育人”过程评价的归宿不是评判，而在于解决问题，实现育人效果、教学目标的最优化和教学效果的实效性。过程模式的课程事实上是把课程作为一种沟通对话、启发和激发的过程。学生与学生对话、学生与教师所提供的学习资料对话、学生与教师对话、学生与自己对话，在这种对话的过程中，知识被学生以其生活经验加以重新建构，学习被视为一种学生自己主动生产知识的过程，而不是被动地对所学知识再复制。过程模式评估重视教学的过程，强调教师如何安排教学主题和活动。学习的成果不以预先设定的外在有效指标来衡量，而是一种学生心智能力的展现。教学不是一种控制、管理或是教学目标所决定的，教学重视的是过程而不再只是学习的结果。

二、教师的主体地位和评估方法

在过程模式中，课程发展与课程评估是整合为一的概念。教师不但是课程的发展者、教学者，也是自己课程的评估者。

（一）教师的主体性地位

教师自我发展和学生成长依赖于教师在教育实践中的研究性活动。我国教育改革中一直重视研究型和专家型教师的培养。教师通过行动研究的方式对自己所发展的课程作评估与反思。教师成为课程评估的主体，有助于教师提高专业水平、学生全面发展，有效提高课程评估质量，促进课程改进与发展。②

课程发展的过程模式是自我反思式探究，是课程实践者对课程实践进行的批判性和系统性审视。课程研究的知名学者施瓦布发起和引导一系列研究过程

① 黄凌飚．关于过程性评价的思考 [J]．课程·教材·教法，2004（10）：15-19.

② 张瑞，刘志军．教师：不可或缺的课程评价主体 [J]．课程·教材·教法，2008（8）：11-16.

的概念。[①] 教师是课程评估者的理念就是主张教师能够通过课程评估的探索和反思历程，找出自身的定位和教学的盲点，是一个自我探索、反思、改进和回馈的过程。“教师即研究者”是教师以思考者、探究者和反思者角色看待教育教学中的一切现象和事实。反思是起点，问题求证是本质，教育意义的实现是旨趣所在。[②] 教师的评估主体地位意味着以促进学生学习为宗旨，承认教师对课程的基本原则和要求进行基本调适，为了广泛的学生利益作出重大调整或寻找替代性方案，这种调适和调整要基于对学生和课程方案深入理解后的决策。[③]

教师作为研究者与评估者，有教学知识与能力成长的需求，教师需将教学方案放在课程进程中对其价值和效果作出判断、反思和改进。社会一味关心教育改革成效的时候，却忽略了教师在改革中扮演的角色，教师是极其重要且稳定的力量。“三全育人”教育格局是建立以教师专业成长和政治素养提升为核心的课程发展与课程评估机制，强调以教师反思和行动为基础，通过教师作为研究者从事课程发展，教师作为课程评估者从事课程改进两条主线，与教师专业和政治素养成长形成互动（见图 5-1）。教师在教育变革中长期、自发地投入，从被动参与者转化为积极主动实施者，“三全育人”教育才能更接近真实的教育场景。

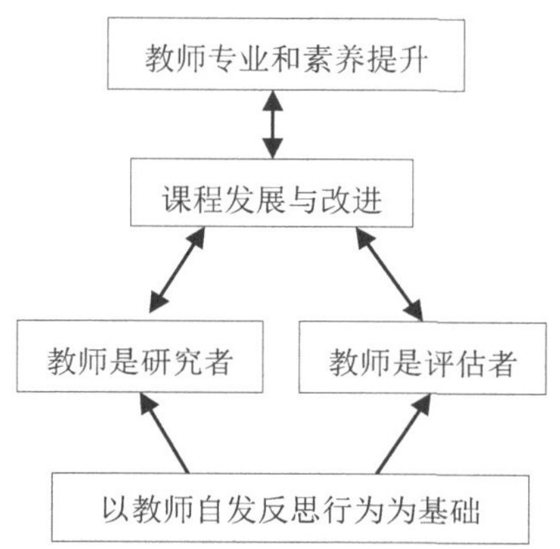

图 5-1　以教师成长为核心的课程发展和评估机制

① 阿瑞亚·莱维．教育大百科全书：课程 [M]．丛立新，赵静，译．重庆：西南师范大学出版社，2011：114.

② 李润洲，张良才．论“教师即研究者”[J]．教育研究，2004（12）：60-64.

③ 夏雪梅．教师课程实施程度的评估：一种整合架构 [J]．教育发展研究，2009（22）：19-24.

（二）教师从事课程发展和评估的原则和方法

传统的课程发展与评估者在不同时间段由不同主体进行。过程模式把课程发展的割裂关系变为整合关系，实施主体相同且同时进行。课程发展与评估的整合是由评估的定位及功能决定的，评估的目的不仅是考评和比较，更是协助教师了解并改进课程。课程评估是以情境和问题为中心的研究取向，协助教师搜集信息、了解问题、研究策略、改进问题，评估的真正受益者是老师和学生。课程评估是不断循环、互动的进程，并不是仅在课程结束时进行，在教师的真实教学生活中，评估随时发生。教学过程中，教师以行动研究的方式，随时检视与反省，调整教学策略。过程模式课程发展的理念与实践中，教师如何经由反思掌握课程发展方向是方法性问题。

1. 课堂教学活动是学生成长的过程

课堂教学活动不仅是为达成教学目标开展的机械性过程，而是一个有价值和意义的活动，重在议题的选择、教学活动的适当安排。课程是将一系列概念加以安排和设计成为具有某种形式并呈现出逻辑性的互动过程。学生在教学活动过程中所获得的，如对课程的态度及认知的内容非常广泛，远比强迫记忆的知识更能达到学习目标。“课程不再只是特定知识体系的载体，是师生共同探索新知的发展过程，具有开放性和灵活性。”[①]

课程是对话的过程，关注与学生个体经验相关性的学习。知识是被学生以生活经验加以重新建构。学习不是对原有的、设定好的知识结构的强迫适应和吸收，而是主动生成知识及认知的过程。教师的课程教学内容选择要依据学生已有知识结构提供真实生活情境，符合认知心理学的规律促进学生接受新认知或改变原有认知。教师提供开放、非形式化的学习环境，重视发现与探究的教学方法，采取包容尊重的态度，鼓励学生自由探索和主动学习。学生成长的课堂内，教师是教学组织者和引导者，协助学生探索、理解和分析课程知识。学生成长的结果不是仅仅获取已经存在的知识技能，而是具备分析、推理及理解能力，是心智能力的提升。

课程评估不是以学生的学习成就为思考的起点，评估的任务是使教师更

① 应俊峰．研究型课程 [M]．天津：天津教育出版社，2001：3．

多地了解课程方案选择和实施过程，评估内容是教育方案实施相关的所有潜在因素，是对课程的说明，解释课程的意义、程序、活动的实际情况及学生对课程的感知。课程评估能反映真实课程实践，关注评估方法的有效性和适当性。[①]课程方案没有对错优劣，重点在于适用性，能为学生提供多少成长空间。每一个教学场景都是独一无二的，用于其中的课程方案具有特殊性，在不同的教育情境中会有课程发展及评估者预期之外的结果。

2. 课程设计与评估的整合

课程是一连串的活动及经验，使个体可以发展出适合的能力。课程设计的良莠，会影响教育成效，更会影响个体能力培养。“三全育人”教育课程设计从多方面考虑，可以是各学科的授课知识，也可是生活的事物经验。课程设计会影响“三全育人”教育实施成效。课程设计并不是随心所欲，善用课程设计传统理论特色，兼顾认知、情感、技能及行动层面，考虑不同层面关键因素，才能发展出具有特色的课程。

不同专业领域教师可以开展协同教学，共同设计一系列相关的思想政治教育教学课程，让学生能在不同学科学习中系统地学习，并能建立良好政治素养及行为。教师也可运用主题教学，实施一连串教学设计活动，使学生达到教学设计的目标。教师的研究及课程设计主动性在课堂教学之中都能体现出来。教师授课目标以国家对课程规定为依据，但教师在目标具体化阐释方面拥有主动性。教师授课以统一教材为学习资料，但教师是学习资料的传播者，也能发展、设计和诠释学习资料。教师对课堂教学进行系统有目的的探究，是教师与研究者、教学与研究的统一。[②]教师了解学生对知识掌握的现状，以各种学习领域的能力指标结合学生学习心理，依据学习内容安排适当的教学方式。

① 张俊列．中国课程评价研究 40 年：历程、主题与展望 [J]．课程 · 教材 · 教法，2018（10）：59-66.

② 阳利平．对“教师即研究者”命题的探析 [J]．教育发展研究，2017（10）：5-8.

三、课程评估的过程和路径

（一）课程评估运作的互动过程

课程评估是一个不断循环和互动的过程。课程评估并不是只在课程结束时才进行，在课程发展的每个阶段进行评估的反思与改进。教师是改变及改进学习的关键行为体。评估是教师收集各种信息的系统化过程，用以帮助教师修正教学活动。课程发展过程是不断与评估互动和循环的过程，是教师了解和改进课程的过程。

课程评估的综合性原则是指评估的内容能够涵盖各种不同种类的学习内容。布鲁姆将学习内容分为认知、情感和技能三大类，认知领域包括知识理解、应用、分析、综合以及评估。情感领域包括接受、反应、评估、组织以及品格。技能领域则包括模仿、操作、精确、连接和自然化。学生学习不同类别的知识应对生活和社会的不同需求和挑战，教师的职责就是要提供给学生学习各种能力的机会，以增进学生适应社会生活的能力。教学评估的过程应该能够涵盖这些不同的学习层面，才能有助于教育目标的达成。

课程评估的全程性原则就是掌握学生全程的学习状况。通过形成性评估协助教师获得教学过程中连续性的回馈，随时了解学生的学习状况，适时调整教学策略，同时也可以提供学生建设性的回馈，一方面可以强化自身良好的学习机制，另一方面可以反思学习的缺失。形成性评估对于教师和学生所提供的回馈可以有效地引导教学或学习活动，进一步提升教学品质。总结性评估是评估学生是否具有最基本的先备知识，以利于后续的学习，同时也评估学生在未来学习情境中的学习成就和潜能。对整个学习历程而言，总结性评估与形成性评估密不可分。

教师作为课程评估者，思考的主要内容和评估遵循的主要原则体现在目标、课程及教学过程中的行为。确定课程需求，在开始特定的评估前，知道寻找的问题是什么，含糊或混淆的调查评估是没有意义的。教师知道评估的目的是教学设计的基础。对课程的思考是确定教学的主要内容和先后顺序，安排适当的教学方式。通过评估了解学生掌握知识的现状，确定教学内容与学生之间的关联性，确定优先顺序并安排适当的教学活动。教师要尝试突破既有的习惯与思考方式，对于教学过程的所有要素进行思考，对学生学习内容、方式和过程进行反思。

（二）课程评估的路径

“三全育人”教育格局中，较大的范畴课程评估是学校课程发展层次或者课程体系的评估，较小范畴的是教师以学生课堂学习为核心的研究式课程评估。课程评估难以构建统一的评估指标，只有课程评估的思路和评估步骤，因为无论是全校的课程体系建设评估，还是微观层面的课堂评估，都有学校和课程的特殊性，在教学方式方面各有特色。

学校整体课程发展评估基于课程发展阶段实施，有课程筹划、设计、实施和成果评估四个阶段。评估对课程发展提供一个反思、回馈和改进的机制，所以在课程发展过程中，每一个阶段都评估，并不是在成果阶段进行。至于每一个阶段课程评估经过哪些程序才能掌握评估的精神并改进课程这一问题，首先了解现实的情况；其次对所发现的问题找到可能的原因；然后进一步确认问题的本质和优缺点；最后依据问题的本质制定改进策略，并对原有的做法或者课程方案作出修正，确定下一个课程发展阶段的措施。

筹划阶段主要评估全校的总体课程规划、组织制度创设与成员参与运作机制、教师成长。课程设计阶段主要评估课程设计组织的运作，课程方案的目标，教学材料、教学方法和设计。课程实施阶段主要评估目标是准备教学，思考之前的课程目标、教学方法、教学设计、教学资源利用是否得当；信息收集和研讨；回馈与修正。实施成果阶段主要评估学生学习成效，教师成长，满意程度，评估结果的分享与回馈。课程的定义有多宽，课程评估的范围就有多宽。学习活动、学习材料或者是教育改革方案的评估，可以支持教育人员更加了解教育工作中的学习环境，而整个学习环境就是课程评估的范围，学习环境包括学校课堂、学习资料、媒体使用的方法和管理。

较小范畴的课堂评估是教师以学生学习为核心，以研究方式进行的课程评估。教师作为研究者和评估者，工作重点是掌握学生目前的学习状况、找出问题、针对问题研究课程和教学的对策，并且付诸实施。评估的步骤包括

事实的发现、确定问题原因、实施和发展课程的教学过程、课程实施后对课程方案品质的反思。（见表 5-3）

表 5-3 过程模式课程评估过程

步骤	目标	过程	材料	结果
发现问题	学生已有知识与观念	使用各种评估并整理信息	测试、学生之前表现	确定讲授问题的范围
确定原因	对学生现有认知的解释与思考	分析并发展课程	对测试和学生表现的深度分析	解释问题作为课程发展依据
教学实施过程	选择教学目标、教学方式	师生互动教学过程	教学中的学生表现和需求	学生的表现和结果
反馈和成长性评估	确认课程与教学方式是否有效	修正评估系统	目的与目标的衡量	改进方案品质，持续搜集信息

教室环境内的学习本身就是充满灵活性的，教师在课程设计和进行教学时，考虑不同程度学生需求，学习活动评估的设计也要考虑这些要素，而过程模式的课程评估提供了这样的支持。评估的问题一方面是学生对于教师的看法，关于教师是否能解释学习活动中所发生的事，以及教师扮演的是否是学生期望的角色；另一方面评估问题的设计集中在教师如何解释和如何使用学习材料以及教师是否使用启发的、学生感兴趣的、对学生有帮助的方式授课，更重要的是教师是否具备应对不同学习风格和能力的学生设计适合他们的教学活动以及实施教学的能力。

课程评估是一个复杂的课题。教师先具备课程评估的基本的能力，同时了解课程评估在学术研究和实践层面所取得的进展，这些前期的研究成果和实践的进展无论对于学校的教师还是学校的管理人员而言都是重要的资源，可作为从事课程发展的基本参考，尤其是在课程筹划、课程设计、课程实施时知道注意哪些方面。这些前期的研究成果和教学实践可以作为全校层次或教师层面课程发展和评估的参考。在全校范围内，先从部分课程开始逐步推广到全体教师的课程，建立一批示范课程，选用课程方案，从筹划、设计、实施到成果四个阶段逐步开展评估，并把这些示范课程的经验和实践进行推广。教务行政机关可以适当安排课程评估教师成长工作坊，建立提升教师课程评估的知识和技能，了解课程评估的实质做法。从事课程改革的教师群体，在课程改革的实践过程中，有更大的意愿去了解以价值观教育引领知识传授课程的本质问题和未来方向，而且在课程发展与评估的过程中不断提供更优质的教育，促进教师自身成长，这是“三全育人”教育体系取得成效的根本保障。

第三节 “三全育人”教育系统的教师能力评估

教师居于教育改革的关键地位，是教育改革、学校进步的动能，也是课程变革的推手。教师能力建设是“三全育人”的基础性工作，“三全育人”教育改革与教学创新的关键是强化教师的思想政治素质，加强师德师风建设，教师提升育人信念、态度、知识和能力。教师政治素质过硬、业务能力精湛、育人水平高超。师德师风作为评估教师队伍素质的第一标准。教师是“三全育人”课程改革的主体，唯有教师具有足够的德育教育能力和态度，才能有效实施并创新高校立德树人的改革措施。社会主义高质量人才的培养依赖于一大批拥有丰厚专业基础和精湛政治理论知识的优秀教师。

一、教师教学能力需求

习近平总书记提出好老师的四条标准：有理想信念、有道德情操、有扎实学识、有仁爱之心。教师能力是多维综合性概念，是认知、态度、价值、情感和动机等的综合体现。教师的教学行为被视为是一种专业，而教师能力就是教师在从事教学的过程中，为了达到有效教学所应具备的知识、能力与态度等，其中包含在教学情境脉络中，为面对各种复杂性任务而激发个体认知、技能与情意的各种行动。

学界对教学能力从不同维度有多种解读。基础性能力包括学科知识运用能力、教学设计能力和教学实施能力；发展性能力包括教学反思与评价能力、教学学术能力。[①] 教学能力是在各种教学情境中满足有效教学所需要

① 黄元国，陈雪营．大学教师教学能力：内涵、困境与实践路线 [J]．当代教育论坛，2019（6）：49-54.

的个性、知识、技能和态度的综合能力。① 教学能力包括能力构成、组织水平和教学领域。能力构成是知识技能和态度，包括计划、教学评估和专业评估技能、专业知识和专业职责。② 组织水平包括宏观领导力、中观协调力和微观教学能力。教学领域包括开发、组织、执行和评估。教师的教学能力，一方面是指不断更新的知识和调整知识的结构并且提升自己教学和研究水平的能力，另一方面是指研究教学规律，寻求最佳教学方法的能力。③ 一般认为教学能力是指教师所具有的各种技能，如讲授和拓展课程、教学方法与教学效果的组织，指导学生学习和实践能力，也是教师的专业能力。④

价值观引领知识传授的高等教育变革下，对教师教学能力提出新要求。教师队伍建设和评估以教师思想政治素质为首要能力。教师是推动思想政治教育的舵手，在成功的思想政治教育中，扮演的是道德美德的示范者、思想政治教育的主导者和道德思考的促进者角色。教师具有实施思想政治教育能力的特殊性，也具有一般意义的知识、能力与态度。教师的基础性能力包括教师政治素养和新时代中国特色社会主义理论的丰富内涵、把价值观教育融入专业知识教育的教学设计和实施能力；发展性能力体现在以价值观为引领的教学评估及开展思想政治教育教学研究的学术能力。教师自身的道德修养能发挥言传身教功能。“身教”是“三全育人”教育重要的教学方式之一。想要教育出具有政治辨别力、具有自尊自重、勇敢善良等良好品德的学生，教师先提升自身的政治素养、品德要求，了解自己的行为与学生的行为有何关联，教师本身即是学生直接而快速的仿效对象。

师德师风是教师从事教书育人的核心能力和教师评估的第一标准。师德是教师评估的首要和关键标准，具有一票否决意义。2020 年《深化新时代教育评价改革总体方案》中，在教师教书育人使命的评价中，把师德师风作为第一评

① Dineke E H Tigelaar, Diana H J M Dolmans, Ineke H A P Wolfhagen, et al. The development and validation a framework for teaching competencies in higher education[J]. Higher Education, 2004 (2):253-268.

② Philip A Streifer, Edward F Iwanicki. The validation of beginning teacher competencies in Connecticut[J]. Journal of Personnel Evaluation in Education, 1987(1): 33-55.

③ 潘懋元．高等学校教学原理与方法 [M]．北京：人民教育出版社，1996：190.

④ 顾明远．教育大词典（第一卷）[M]．上海：上海教育出版社，1990：180.

价标准，强化对教师思想政治素质考查。国家对思想政治教育教师提出要求，这一要求同样适用于全体高校教师。只有全体高校教师以思想政治理论教师的政治素养标准要求自己，才能在思政课程实施中取得实效。2019 年习近平在思想政治理论课教师座谈会上指出：“办好思想政治理论课关键在教师，关键在发挥教师的积极性、主动性、创造性。”“思想政治理论课教师，要给学生心灵埋下真善美的种子，引导学生扣好人生第一粒扣子。思想政治理论课教师，政治要强、情怀要深、思维要新、视野要广、自律要严、人格要正。”2020 年教育部颁发《新时代高等学校思想政治理论课教师队伍建设规定》，强调高校思政教师的政治素养、道德素养、专业素养和表率作用。

二、教师的教学知识构成和转化

教师需要广泛的知识来引导日常工作，如教学技能知识、课程内容知识、学生需求与兴趣的知识等。20 世纪 80 年代，美国教育研究会主席斯坦福大学教授舒尔曼依据专家教师和新教师的比较研究，将教学知识种类分为 7 项：内容知识、一般教学知识、课程知识、教学内容知识、学习者及其特征的知识、教育脉络的知识、教育目标和价值的知识及其哲学和历史背景。① 教师知识包含环境、学习者、学科内容、一般教学和自我知识五个范畴。环境知识是教师对于教学环境的信念，包括教室、与其他教师和行政人员的关系等；学习者的知识是对于学生身心发展历程、学习背景、学习动机和态度的理解；学科内容知识有关教师所任学科的知识；一般教学知识是有关教学如何组织、如何与学生互动等知识，包含学习观、教学的组织和教学评估等知识；自我知识是指与教师个人价值观、信念和目的等相关的知识。教师知识构成之间不是孤立的，而是相互关联，教师的态度和信念受到很多内在和外在因素影响，如对于思想政治教育理论知识的了解、融入教学方式的能力等。

教学知识代表一种和教学任务相关的知识，因此并不是一成不变的，具有变动性、反思性和直观性等特征。变动性是指教学知识是有一定价值、有

① Lee S Shulman. Knowledge and teaching: foundations of the new reform[J]. Harvard Educational Review, 1987 (1):1-22.

目的、有方向的，并不是空洞，在特殊具体的经验中形成。教师知识是可变的，不是僵化、固定不变的。反思是指教师对他的知识、价值和行为的过程与结果加以回顾，分析和辨别，是一种自发的反思历程。直观的教学知识意味着知识的应用必须依赖于现有的信息，不能脱离一定的情境结构，只有提供教学者理解和概念化的新情境方式，才能够被学习者所接受。

（一）教师知识构成

高校思想政治教育工作格局需要一个以教师知识为导向的理论架构，探讨教师对于思政教育教学的参与、实施及评估工作。教师学科教学知识是关于教师如何将自己掌握的学科内容以学生易理解的方式加工、转化给学生的知识。[①]“三全育人”教育格局下的高校教师知识结构以专业知识、教学知识和思想政治教育知识三者为主体，还包括教学专业知识、思想政治教育教学知识、思想政治教育 + 专业知识、思想政治教育 + 专业教学知识（见图 5-2）。思想政治教育内容知识、教育理论知识、学生认知心理特征、课程教学知识是教师主要知识构成。教师专业知识的来源可通过四个途径：在专业领域上的学术研究、教材、正式的教育学术研究、教学实务的智慧。教师教育教学知识的原则是教学科研一体化，理论与实践的统一。

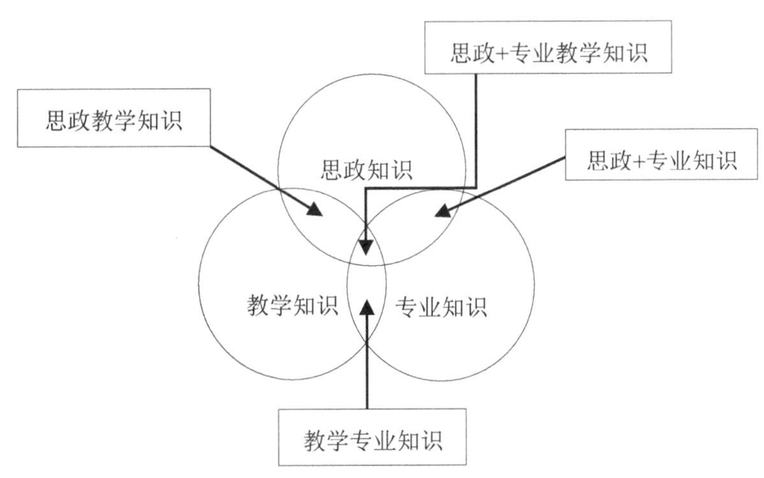

图 5-2 “三全育人”格局下教师知识结构

① 杨彩霞. 教师学科教学知识：本质、特征与结构 [J]. 教育科学，2006（2）：60-63.

1. 思政与专业知识的融合

思想政治教育与专业教育融合的基本知识是中国特色社会主义理论的最新进展、习近平思想不断丰富的内涵、国家教育方针、立德树人的教育政策、社会主义核心价值观等。教师还要知道如何获得思想政治教育的最新信息，不断更新知识，提升自身的思想政治教育理论水平。思政＋专业知识是思想政治教育融入专业教育内容所体现的政治素养和价值观，能够辨析思想政治教育与专业知识相衔接的部分，在学科专业知识中能找到体现思想政治教育所需求的重要概念，思想政治价值观教育是否有对应的专业学科知识，相衔接和相关联的知识被辨识后，能在课堂教学中展示出来。

2. 思政教学知识的融合

教育理论知识包括教育的一般知识、信念与技巧，包括教育专业课程知识（教育史、教育概论、教育哲学、心理学、社会学等）、学习者的知识和信念、课程管理的知识与技巧、教育目标与价值的知识等。课程思政的教学知识包含价值观教育与知识传授融合的教学原则策略、教学计划和教学实施的知识。课程思政教学过程中，要提升专业课教师的课程思政意识、教师的德育意识和德育能力，助力课程思政教学内容设计的精准定位。[①] 思想政治教学知识和学科教学知识相互区别、相互联系、相互渗透。思想政治教学知识是根据学生学习进度，适度调整思想政治教育融入的教学内容，指导如何寻求思想政治教育教学内容增进教学效益，知道价值观教育的教学策略，也包括教师自我知识中的对培育社会主义人才，坚持社会主义办学方向的价值观和信念。

思想政治教育以学生为学习主体，了解有关学生身心与人格发展特性，特别是学生认知能力的发展以及该如何激发学生学习动机。课程教学知识是为进行特定课程内容教学而具备的知识，如解释特定课程概念的知识、教学策略与技巧的知识、学生先备知识、理解力、改进学生错误认知的知识等。思政＋专业教学知识是知道如何将专业内容、教学方法和思想政治教育内容融合在一起进行课堂教学，即在教学中采用何种方式把思政教育融入专业教

① 郑敬斌，李鑫．科学构建课程思政教学体系谫论 [J]．思想理论教育，2020（7）：65-69.

学中，潜移默化地发挥育人效果。发挥专业教师在思想政治教育工作格局的有效作用对教师态度、知识和能力提出新需求。

高校的教育目标不仅以知识学习为主，而且看重价值引领知识传授的启发，那么如何进一步改进教学方式，吸引学生的参与就显得十分关键。所以，一方面教师从学生日常生活中最常碰见的、微观的、切身相关的情境，引入相关的思想政治教育理念或者原则来激发他们解决思想困境的思辨能力。另一方面，教师搜集与复杂思想政治教育相关的一些议题，并对这些议题进行分类整理，寻找可以和学生们日常生活经验接轨对话的方式。价值观教育引领知识传授的教学，教学的重点在于培养跟价值观教育相关的能力，特别是认知能力和辨别能力，学生除了有理性能力外，还能判断什么事物具有价值，什么事应当做或者不应当做。教学过程中教师通过课程设计、课程管理使同学们在相互沟通和互动中发生转变。

（二）教师知识转化

任何一个教改活动都伴随着活动主体在精神上和认知上的革新。教师作为教育改革的主体，只有彻底认识教育症结，反思自身既有观念的局限性，才能有效参与教改。教师工作具有高度脉络化、个体特殊性及直觉经验的特征，改革的难度相应增加。教育改革对教师而言，不仅需要教师专业知识重构，也需要教师课程意识、教学信念和教学行为的更新，不只是单纯对教育理念的接纳与应用。如果教师无法对自身信念、价值及行为彻底觉知，难以积极投入课程与教学的更新，学校的课程也不会产生实质性的改变。

1. 教师课程意识的觉醒

教师课程意识决定“三全育人”教育模式推行的有效性。知识、价值和情感的融合是“三全育人”课程发展的重点，课程融合不仅是一种教学模式，更重要的是其中蕴含的种种价值和情感。如果教师不能领悟“三全育人”教育目标，没有不断更新的教育知识，而用过去的思考去理解价值观引领知识传授，只会将课程融合等同为价值观的植入教学和简单相加，不但无法发挥教育育人目标，还会造成更多的误解以及混乱。教师设身处地地觉知，并质疑、挑战自身一贯的做法，反思教育价值、信念和知识体系，才能敏锐感知教学现场潜在的问题及改革的需求。“三全育人”课程融合需求下，如果教师缺乏自我觉察和自我反思，不深入了解政治价值的深刻内涵和历史脉络、不掌握心理学和教育知识的更新，就无法理解课程融合的缘由，更不用说要求教师成为全员育人主体，也无法采取推动价值观引领知识传授的课程行动。

课程融合关注的焦点不在于融合的模式，而是融合的程度与层次问题，需要的不是一个课程执行者，而是课程设计者。如果只认为主题融入才是课程融合，为融合而融合，林立的主题将会形成另一种知识分化。所以，为了避免融合概念的混淆，或是造成知识概念切割的现象，教师主动反思其教育专业知识的结构和概念尤为重要。不论是政治理论知识、学科内容知识、一般教学知识、课程知识、学科教学知识或对学生的了解方面的知识都能够反映出教师是否以融合的课程观来实践其教学过程。

2. 教师教学信念的强化

教师在思想政治教育融入专业教学中扮演关键角色，并且教师对思想政治教育的信念和态度对于教师的行为和教育实施有更大的影响。教师教学信念会影响教师对于思政因素融入教学的表现和成效。教师本身的态度和信念会影响学生的学习，决定思政教育融入专业教育程度和效果。教师的信念和态度主要指对教师育人责任的强烈认知、对思想政治教育育人价值的认同、对于如何在教学中融入思想政治教育并能取得育人效果的认可。

教师对教育育人和立德树人教育根本任务的信念与价值认知是教师教学的内在动力。教师遵守教师职业和专业伦理与相关法律规范，遵守师德，以身作则，对教育负责尽职，具有敬业乐业的服务精神。教师的职责还表现在学习新知识和技能，持续提升教师素养和能力，提高教学品质，提升学生学习成效。教师的责任动机是教师参与“三全育人”教育的主要原因。教师有本职工作并承担专业教学，思想政治教育融入专业课程无形中为教师增加教学任务，也对教师如何以思政内容呈现和传递方式实现育人的教学能力提出挑战。教师教书育人责任感的强弱会影响教师将思政要素融入教学的表现。

教师对思想政治教育所体现的价值观及其育人价值的认可决定教师参与育人的方式和程度。教师是否积极参与到“三全育人”的教育进程或教师参与到何种程度，采取何种态度，是主动参与还是被动参与依赖于教师的信念。参与是行动者对目标投入的评估取向，其特性可以通过强度和方向予以表现。参与模式一般有疏离型、计利型和道德型。疏离型参与具有强烈的消极倾向，除非必要，否则不会参与其中。计利型参与是参与的中间地带，或积极或消极，但都不强烈，旨在获取利益，只要能够获得有价值的事务当作回馈，就会参与其中。道德型参与是高度投入地带，出于一种信仰或价值观的参与，参与是因为他们相信那是应该做的并且是正确的。唯有提升教师政治素养，教师才能主动参与到“三全育人”的教育体系中。

教师态度影响教学信念。教师态度和信念已被用于理解教学实践研究，教师信念是课堂中某些行为的指标，影响教学方式和行为。教学信念是教师对师生在教学过程中的信念，强调在教学历程中，教师对于教学内容、目标、工具与角色的认同，即教师对于在专业教学中融入思想政治教育没有畏难情绪，知道如何融入并乐于以价值观引领专业知识传授，对于思政课程的实施和效果具有成就感。教师对思政因素融入专业教学态度强弱扮演关键角色，会影响教师对思想政治教育相关知识的获取、将思政要素融入教学和课程内容中的表现。

3. 教师教育教学能力的提升

教师规划教学设计的教学专业能力包括课程规划、课程教学和课程评估能力。课程规划能力指教师应了解课程的组织与架构，兼顾横向整合与纵向连贯的思想政治教育融合的课程特色，编制课程计划，有效安排及运用教学时间，适时调整教学进度，考虑学生生活经验与情境，进行适当的设计与规划。课程教学能力是教师要了解学生生活经验，运用有效的教学方法和多元的教学策略去实施教学活动，并善用各种教学资源或媒体来进行教学，引发学生学习动机，提供学生适当的回馈，最终达成教学目标。教师课程评估能力是知晓如何设计出恰当的考题，以准确测试出学生的能力。教师需具备课程与教学评估的相关知识和技能，能了解教科书的选用与编排，以课程评估带动研究型课程模式，不断地反思与改进以提升教学质量。

教师具备评估相关的知识和能力，了解评估的目的、评估的条件和评估对学生所产生的影响，以及将这些相关知识应用于课堂实践的能力。教师的评估素养是指教师需要掌握与评估相关的知识技能、原则和对评估过程的了解。评估素养可以帮助教师有效地评估学生的成绩和学习效果。[①] 了解要评估什么，为什么要评估，如何评估所关注的知识、技能、情感、能力，评估中可能所面临的风险以及如何避免风险的发生，等等。评估素养包括对评估实践的正确理解和恰当运用，包括三个层面的内容：第一层级是关于评估实践中需要掌握的知识技巧和能力，如评估设计与开发、评估内容的选择以及评估指标的确定；第二个层级是对于评估过程的了解以及对于评估原则和概念的掌握，如对于评估信度和效度的了解；第三个层级是与评估有关的历史、社会和哲学的框架和理论。

4. 教师成长空间的塑造

教师在课程改革过程中承担一定压力，如教学时数多、教学任务重、学生人数多及教师进修渠道不足等实际问题。在倡导教师不断更新知识和提升能力的同时，不能忽略良好教学环境的提供、理性专业合作空间的塑造，这些是教育和学校行政部门的职责。协助教师在知后能行，实现真正的教师成长，需要教育行政部门以理性的对话空间发展合作关系。教师的专业课程在教学内容层面大多是独一无二的，然而全员育人的教育政策需求下，教师在专业教学知识建构过程中有着共同的育人责任，有着共性的价值观引领知识传授的教育教学方法，这就需要行政部门打破教师孤立进行课程教学的意识和现状，增加协同与互动的机会。教育行政部门的职责是创造空间和平台，使价值观引领知识传授的育人问题成为教师之间建设性对话的焦点和公共议题。

三、教师能力评估指标及提升路径

（一）教师能力评估指标

教师评估是提升教师能力的一项重要措施。教师是课程改革的主要执行者，教师思想政治教育能力评估指标体系建立，有助于提升教师能力和实现教师知识结构持续更新。教师评估目的是协助教师专业成长，增进教师专业

① Richard J Stiggins. Assessment literacy[J]. Phi Delta Kappan, 1991(7):534-539.

素养，提升教师教学质量及增进学生学习成果。教师评估不仅重要而且必要，如果不对教师的能力和专业发展进行评估，就缺乏确实的证据加以调整和改进，也可能造成投入过多的资源，却见不到具体的绩效。

教师能力评估过程主要有三步：确定目的、实施评估和评估结果运用。评估首先要设定目标，动态了解教师育人能力的现状和问题，了解评估中所需资源及评估预期目标达成需要哪些资料，然后决定评估指标和资料搜集的方式。资料搜集可采用教学档案、教师访谈及搜集学生教学反应等多种途径。实施阶段是搜集相关证据，了解符合目标的程度，并且作为后续修正和调整的参考。评估的功能在于改进，因而评估结果不是束之高阁，应对检查，更多是对结果进行分析，形成分析报告，以便于为改变现状作出进一步规划。一套翔实完整的教师思想政治教育能力指标体系，能引导教师行为表现符合“三全育人”教育政策发展方向，教师的专业发展若能和政治素养相结合，能激励教师自我成长与肯定自我价值。教师能力评估指标在组织保障层面包括思想政治素养培育和师德师风的塑造层面的制度保障，在教学能力层面主要体现教师知识、能力和态度层面的自我成长。（见表 5-4）

表 5-4 教师育人能力评估指标

向度	一级指标	二级指标
组织保障	思想政治素养	教师政治理论学习的机制是否健全 教师思想政治建设的管理制度是否完善
	师德师风	师德评估制度是否有效可行 师德建设机制是否常态有效
知识	思政教育知识	了解思政教育的基本理念和目标 了解思政教育内涵知识 了解思政与本专业相关的知识
	课程教学知识	了解思政教育课程的教学原理 了解思政教育未来的发展趋势 思政课程教学策略与技巧
能力	课程规划能力	根据思政教学目标，制订适当的教学计划 考虑学生的经验和需求，设计学习活动 能有效安排和运用教学时间
	课程教学能力	引起并维持学生注意力和兴趣 运用多元教学策略协助学生理解教学内容 善用各种教学资源和媒体，增进教学效果
	课程评估能力	依据教学目标选择合适的评估方式 依据评估结果提供回馈并调整教学

（续表）

向度	一级指标	二级指标
态度	育人责任	教师遵守师德，以身作则 具备敬业精神和省思能力 主动探索思政教育与专业教育的有效融合
	教师成长和研究创新	进行相关教学研究 积极参加思政课程相关进修活动 运用各种教学研究方式，改进和创新教学

（二）教师能力提升路径

在高校课程改革中，教育行政机构常要求教师配合相关政策实施价值引领知识传授课程，却不太重视教师在教学上是否具备足够的知识、能力与态度，对教师的思想政治素养的培育并没有形成正式的工作机制。“三全育人”的工作机制建设，不仅包括协同合作育人，还包括教师能力成长机制。高校健全教师的政治理论学习制度，完善教师思想政治管理体系，使教师的思想政治素养提升制度化和组织化。高校建立有效、科学、常态化的师德建设和师德评估的制度，真正确立师德师风在高校育人中的突出地位。

教育改革与课程的实施产生距离的原因之一是教师既有的知识、能力和态度已赶不上社会主义理论的不断丰富和创新。如果课程改革不将教师德育能力和教育学知识一起提升，会引起教师对新课程改革产生抗拒或形式主义。教师工作具有社会性，教师成长是受家庭、学校和社会多方面影响的进程，三者不是相互孤立的教育“孤岛”，而是彼此联系、相互补充的“环岛”。[①] 教师文化塑造和能力提升绝非一朝一夕所能获取，通过现场实务经验与在职进修成长慢慢培育而成，关键在于教师是否具备与时俱进自我提升思想政治教育能力的意识。

1. 教师成长的内在动力

教师不仅是专业知识的传授者，更是实施育人的主体，每一位教师都肩负育人职责。然而由于大学专业知识教育的强化和专业教育分离，虽然专业

① 教育部课题组．深入学习习近平关于教育的重要论述 [M]．北京：人民出版社，2019：132．

教师的育人功能的需求和认知在不断强化，但教育实践中专业教师的育人职责一直有待发挥。教师科研和教学压力大。教师在专业知识层面不断更新知识，但因各种外在和内在因素影响，教师对教育学、管理学和教育心理学方面的知识兴趣不足。

教师需要主动提升政治素养，将思想政治教育视为教育职责并融入教学中，成为学生楷模，并形成良好师生关系；不断丰富知识结构，寻求政治理论知识、专业知识与教学知识的融合。老师自身的知识结构直接影响教学水平和教学效果。教师具备与时俱进的政治理论知识是实现教书育人的基础，也是价值观引领知识传授的前提。同专业能力一样，具有思想政治教育能力的教师，除了不断更新自己的知识外，更要在教学实施过程中提升与思想政治教育教学相关的各项能力，并秉持思想政治教育价值和精神，实现自我导向与终身学习的成长，引导个人在认知、技能与态度上有所转化与更新，以提升育人效果和质量。只有专业知识、教学知识和政治理论知识的高效融合，才能使教师知识结构趋于完善。知识学习的过程也是学习者基于个体经验不断实现自我充实、自我完善和自我提升的过程。一方面教师可以通过各种理论学习，及时关注国家大事要闻；同时积极开展课程思政领域的相关教学科研工作，不断升华对政治理论知识的认识，保持对政治理论前沿问题的敏感性。另一方面，教师可以通过参加教学研讨会议，主持教学研究课题，及时总结教学改革经验，深入思考教学知识如何融入课堂教学，有效激发学生的学习动力。教师政治素养培育是政治理论知识和专业教学知识在课堂教学领域的运用过程，也是在学习实践中重新建构知识体系的过程。

2. 教学实践中的能力提升

思想政治教育目标是宏观层面的育人方向和价值引导，在具体教育实践层面，把宏观的教育目标与教育实践相结合。学校在制度层面建立具体详细的育人目标和指责，思想政治教育目标在课程的教学大纲和教学规划中有所体现，但最终要落实在课堂上。

教师提升管理课堂的能力，注重价值塑造和知识传授的融合。课堂教学是实施课程思政的主渠道。一堂好课应该是借助专业知识传授引领学生价值教育的课。大学生是知识学习、思维训练和品格塑造“三位一体”的教育。

大学教师不仅是知识的传道者、疑问的解惑者，更是精神传承者和价值观塑造者。大学教师对自己的政治素养和政治理论有更高的要求，不断充实和提升自己。教师具备精深的专业知识和政治理论知识之外，还应精心设计课程，引导学生思维，积极思考。教师的学科教学知识既是在实践中建构的，又是关于实践的，还是指向实践的。[①]教师发展思想政治教育导向的教学模式，通过不断的研究，重组与转化自己的育人知识与经验，从教学的行动研究中，反思与改进教学实务，通过实务经验的探索发展新的育人方法与策略。

3. 协同合作育人环境塑造

教师通过学习小组或协同教学团队，提升整合、融入与创新教学的能力。教师思想政治教育能力需要持续发展与学习，教师通过各种研习进修方式拓展育人的知识和技能，以适应国家育人需求、社会变迁与教育改革政策。学校行政部门提供相关的进修课程，鼓励教师参与学习，协助教师政治素养培育；建立思想政治教育教学知识管理机制与分享平台，建立高校“三全育人”课程教学资源网，协助教师将研究成果、教学资源、教学经验等资源共享，相互交流学习。教务部门成立教师成长教学群，实施协同教学；组织办理校内外观摩活动，促进交流、宣传与创新；组织教育经验和成果分享，交流教材教案与教学成效评估方法；鼓励和奖励致力提升思想政治教育能力和教育成效的教师，通过这些措施既提升教师育人能力，也塑造教师之间协同合作的关系。

学校向教师提供合作的资源与情境结构，以建立教师互动学习的机制，通过教师共同备课、说课、授课等活动，削弱教师的孤立和个人主义文化，使得教师在面对课程革新时，能从独自面对转变为共同备课与学习，不仅可以降低个人的工作压力，也可以让教师一起讨论与反思修正。根据教师需求和政策资源，支持教师成立各类型的教师团队，组成不同类型的教师专业学习组织。教师之间的互动有助于教师教学效能的提升，彼此呈现显著的正相关。[②]如果教师能将育人任务、学习导向和专业相联结，会改善孤立与个人主

① 朱德全，杨鸿．论教学知识 [J]．教育研究，2009（10）：74-79．

② M W McLaughlin, J E Talbert. Building school-based teacher learning communities: professional strategies to improve student achievement[M]. NY: Teachers College Press, 2006.

义的教师文化，最终通过各个教师团队的合力能够完成学校思想政治教育的整体目标。

教师在“三全育人”教育格局中不仅是育人主体，更是育人教育规划和实施的主动参与者，发挥教师的主体地位，建立教师与教育行政管理机关人员的伙伴关系，才能真正提升思想政治教育的育人效果。教师站在教育现场，面对教育改革的成败，往往无能为力。传统观念中，教师角色常被局限于完成课堂中的教学工作和教育政策的被动接受者，极少与教育政策的制定者和实施管理者进行沟通，教师的声音和意见被忽略，甚至消极地承受教改失败的指责。面对不断推陈出新的教育改革，许多教师常常无所适从。教师是教育现场的执行者，教师的意见尤为重要，在众多教育方案改革中，影响“三全育人”教育改革成败的关键在于整合教师的意见。

第三部分

“三全育人”视野下的国家安全教育与评估实践

国家安全教育纳入国民教育体系是《国家安全法》的法定要求。2020年，教育部发布的《大中小学国家安全教育指导纲要》中明确提出高校开设专门课程——国家安全教育公共基础课。高校国家安全教育将进入独立开设课程与融入课程相结合的新阶段。

国家安全教育与思想政治教育具有本质上的一致性，但在学科归属和国家安全教育管理层面有其独特性，在高校“三全育人”教育内涵和教育体系中有特殊的定位，是相对薄弱的领域，教育“孤岛”困境更为突出。

高校国家安全教育目标是培育国家安全意识。高校国家安全教育体系建设和评估的现实是教育政策需求持续强化和高校教育供给不足的矛盾、有效教育的困境、学生的狭隘认知与总体国家安全内涵的错位。高校国家安全教育的“三位一体”评估是宏观层面的体系评估，微观层面的工作方案、课程和教师能力评估。在课程教学实践中要探索教学设计与评估一体化的课程发展模式、激发学生动机的教学方式。

第六章 “三全育人”视野下高校国家安全教育的定位与目标

国家安全教育与中华民族的伟大复兴直接相关。“加强国家安全教育，增强全党全国人民国家安全意识，推动全社会形成维护国家安全的强大合力”[①]是有效维护国家安全的途径。以总体国家安全观为理论指导，以国家安全意识培育为主要目标，加强国家安全教育，提高大学生维护国家安全的能力是新时代维护国家安全的法定要求和客观需求，是落实立德树人根本任务的关键内容。国家安全教育在高校“三全育人”教育体系中有特殊的定位，国家安全教育是有法律和政策依据的高校育人体系构成部分，与思想政治教育具有本质上的一致性，但在学科归属和国家安全教育管理层面有其独特性。高校国家安全教育实施的工作机制建设是实现全员、全程和全方位育人。但由于观念认识不到位，评估机制相对单一，高校国家安全教育在“三全育人”的教育体系中是相对薄弱的领域，教育“孤岛”困境更为突出。高校迫切需要以全员、全程和全方位的方式建立健全国家安全教育工作体系。

第一节 “三全育人”视角下高校国家安全教育定位

国家安全教育以国家安全意识培育为主要目的，强化共识，增进认知。高校是开展国家安全教育的关键机构，依据国家安全目标和法定要求对大学生开展国家安全教育，以国家安全战略与观念、形势与政策等为教育内容，

① 习近平．习近平谈治国理政（第三卷）[M]．北京：外文出版社，2020：39.

目标是提高大学生国家安全意识，增强维护国家安全的责任与能力。

一、依据《国防教育法》开展国家安全教育

基于国家安全需求实施的国家安全教育，体现国家安全体制的教育意涵，其思想观念并非止于军事，是一种全方位、全民参与的教育行为和活动。通过教育程序，学习国家安全知识，实现全民了解、支持及参与国家安全的政策目标，培养无形和潜在的维护国家安全力量。

国家安全教育长期以国防教育方式开展，二者具有本质上的一致性。国防是国家生存与发展的安全保障，国防教育是国家为防备和抵抗侵略，制止武装颠覆，保卫国家的主权统一、领土完整和安全，对全体国民进行的一种具有特定目的和内容的教育活动。中国的国防教育目的是建设强大国防，以教育为手段和方式，以爱国主义、革命英雄主义、民族精神培育和国防知识理解为基本内容，有领导、有组织、有计划地对国民进行国防意识培养，激励全民热爱祖国、建设祖国和保卫祖国的综合教育活动。

国防教育是提高民族素质、弘扬爱国主义光荣传统的重要手段。加强国防教育、强化国防观念是关系国家兴衰的一项重要基础工程。开展全民国防教育，增强全民国防观念，不仅是保障国家安全的需要，也是国家发展、民族振兴、增强凝聚力和向心力的黏合剂。加强国防教育，强化国防观念，是现代化国防的一项基本的思想建设。国防精神培育是国防教育的一个最直接的目的。国防精神包括国防意识、国防思想、国防意志、国防理论及国防文化等诸多方面的储备。国防教育是加强全民国防理论知识，培育维护国家安全的意志和精神。

国家安全教育发展与《国防教育法》《国家安全法》以及国家安全政策演变紧密相关。中华人民共和国的成立标志着中华民族“有国无防”时代的结束。新中国建立后注重在高等学校开展国防教育，国防教育内容、形式等呈现阶段性变化与发展。安全威胁是推动国防教育的动机：新中国成立后之初爆发抗美援朝战争，随之在国内开始积极推行军事和政治教育。冷战时期，国防教育具有浓厚的军事色彩，1955—1957 年，依据《兵役法》的规定，首

次实施军训试点。到1989年，学生军训试点范围进一步扩大。冷战后，纯军事化的专业训练不再完全符合国家安全需求，带动国防教育由军事专业训练向普及教育发展，并开启法制化进程。1998年开始国防教育法制化时期，1998年12月批准《国防教育法》为《九届全国人大常委会立法规则》的立法项目，1999年3月，组成国防教育法起草办公室，以《国防法》和《教育法》为依据，全面启动起草工作。2001年4月28日第九届全国人大常委会通过《中华人民共和国国防教育法》。国防教育办公室自2004年开始起草《全民国防教育大纲》，2006年由国防动员委员会公布实施，对国防教育的指导思想、基本任务、目标等作了明确，对教育的内容、途径和保障措施进行了规范，广泛深入开展爱国主义为核心的全民国防教育。2014年修订了《全民国防教育大纲》。2018年国家修正了《国防教育法》。军事理论公共基础课成为当下实施高校国家安全教育的主渠道，国防教育进入以国家安全教育为主要教学任务的新时期。

二、总体国家安全观的理论创新

当前，中国特色社会主义进入新时代，中华民族伟大复兴处于关键时期，面临更复杂和严峻的内外安全环境，内外威胁的渗透性广、联动性强，隐蔽性高。总体国家安全观对提升大国安全的战略能力提出更高要求，对公民尤其是大学生群体所应具备的国家安全知识、理论、态度和能力提出新要求，这也是高校国家安全教育的新使命。

（一）总体国家安全观的理论创新

国家安全与威胁、脆弱性相关，指不存在危险或威胁，或者没有威胁的状态，实力衰弱是造成一国不安全的结构性来源。冷战后，各国越来越重视来自经济、社会、环境、等议题的非传统安全威胁；安全威胁可能源自国际，或国家内部；安全威胁因素有具体的、客观存在的或潜在的及心理层面的认知。

冷战后国家安全威胁呈现新趋势，安全的边界扩大，不再局限在国内；安全主体多元，安全威胁来自国家行为体和非国家行为体；安全要素综合化，经济、科技和军事安全越来越难以区分，联动现象更加突出；维护国家安全的手段更复合多元，硬实力和软实力手段都关系到国家安全；安全问题国际化，安全问题的解决更需要国际合作，各国安全关系呈现多边化趋势。国际权力格局和利益格局剧烈变化，美国以维持和巩固优势地位作为其首要战略目标，遏制任何新兴国家的崛起。近十几年来，伴随着中国实力增强，面临更加严峻复杂的国际、周边安全形势，承受更大的传统和非传统的安全压力，国家主权问题、经济安全、科技安全、金融安全等安全问题交织在一起，这些不确定的外部因素对国家安全产生了复杂影响。

国家安全的内涵与外延不断丰富，范围和领域更加广泛，内外因素日益复杂。我国正处于社会转型期、改革攻坚期，也处于矛盾凸显期。国内外安全形势复杂而严峻，国家安全面临的风险与挑战增多，各种威胁与挑战的联动效应更加明显。从现实而言，我国安全风险内渗与外溢相互传导，传统安全与非传统安全相互交织，科技泄密、金融风险、环境污染、传染性疾病等大量非传统安全风险上升。长期以来，西方敌对势力对我国分化、西化、弱化的战略从未停止，随着我国综合实力的提升和国际影响力的扩大，西方国家开始变本加厉，严重威胁我国的国家安全和人民安全。中国倡导新安全观，提倡各国应正视全球化下多元安全威胁对国家安全的冲击。中国以官方白皮书形式提出中国与各国在互信、互利、平等、协作的基础上，合作应对新安全威胁。2014 年海牙核安全峰会上，习近平同志提出“亚洲新安全观”，并在同年举行的亚信峰会上写入《上海宣言》，谋求各国共同、综合、可持续的安全。

2014 年 4 月 15 日，习近平总书记提出“以人民安全为宗旨，以政治安全为根本，以经济安全为基础”的总体国家安全观，构建以政治、国土和军事等 11 种安全于一体的国家安全体系，提出维护国家安全需要处理内部与外部安全的关系、国土与国民安全的关系、传统与非传统安全的关系、发展与安全的关系、自身与共同安全的关系，以促进国际安全为依托，“走出一条中国特色国家安全道路”。[①] 作为理论创新的总体国家安全观，在内容上更丰富完

① 习近平 . 坚持总体国家安全观 走中国特色国家安全道路 [N]. 人民日报，2014-04-16（1）.

整，党在国家安全理论上的创新发展为国家安全工作提供了根本遵循。[①]2018年4月17日十九届中央国家安全委员会第一次会议上，习近平同志进一步部署总体国家安全观，提出五个坚持：统筹安全和发展；人民安全、政治安全、国家利益至上的有机统一；立足于防，又有效处置风险；维护和塑造国家安全；科学统筹，形成维护国家安全合力。[②]总体国家安全观把对国家安全基本规律的认知提升到新高度，把握国家安全内涵与维护路径的全局性、全面性和包容性，突破传统政治、军事、情报外向型硬实力要素主导国家安全狭隘观念，重视以内外部一体化、协调化及同步化的方式运用国家所有资源和能力维护国家安全，这为高校国家安全教育提供原则、理论指导和教育内容。

（二）全民国防教育的政策需求

习近平同志指出：“加强国防教育，增强全民国防观念，使关心国防、热爱国防、建设国防、保卫国防成为全社会的思想共识和自觉行动。”[③]全民国防教育政策的依据是国内外安全环境、安全威胁认知和国防政策思维等。全民国防教育是21世纪世界各国国防发展的主轴，是一个国家应对外患和危机的必要机制，而其理念与以往不同。新的战争形态与作战思维已整合国家战略与军事战略，国家安全模式更加多元化，国防事务的发展离不开民众的参与、社会的影响及资源的整合运用等，这都与全民国防教育有关。国家安全的维护主体和构成要素更加多元化和综合化，国家安全事务发展与实践离不开民众的参与、社会的影响及资源的整合运用。新安全威胁下的全民国家安全教育内涵与系统结构应能有效支持国家安全的维护。一般而言，国家安全建设与发展先于国家建设事务，越是实力强的国家，越重视国家安全建设，面临的安全环境越复杂和严峻，全民在国家安全层面的共识与行动更加重要。

总体国家安全观指导下的国家安全事务的管理和参与不再只是军人的责

① 陈文清．牢固树立总体国家安全观在新时代国家安全工作中的指导地位 [J]．求是，2019（8）：18-25．

② 习近平．全面贯彻落实总体国家安全观 开创新时代国家安全工作新局面 [N]．人民日报，2018-04-18（1）．

③ 习近平．习近平谈治国理政（第一卷）[M]．北京：外文出版社，2014：221．

任，而成为全体人民共同关心的事务，这也是全民国防教育和总体国家安全教育持续推进的原因所在。探讨全民国家安全教育的实践目标可以从需求、政策、执行三个层面着手，需求是国家所处安全环境的评估，必须考虑到国际环境，社会现实和国家的战略方针，而政策和执行则是国防施政上的实际作为。政府在社会上推动全民国家安全政策已初具成效：法律层面，政府先后通过有关全民国防的各项法律作为推动政策实施的法律依据，在国家法制层面的政策保障逐渐完备。在教育层面，政府正在通过各种渠道向民众宣传全民国防和总体国家安全观的共识，主要包括学校教育、政府机关的在职教育、社会教育，以及国防文物的保护、宣传和教育。通过全民国防教育法的实施，全民国防教育的推进工作由国家的相关行政部门、地方政府、教育机构等逐步落实，全民国防教育得以向下扎根。全民国防动员层面，各部门和各地政府落实全民国防动员准备和健全动员体系，能够有效运用和发挥人民的综合力量。在社会建设方面，国家提出军民融合，开展全民国防。

三、高校国家安全教育的新阶段

高校国防教育进入“大国防”教育——国家安全教育阶段，突出体现在全方位和全民参与。国家安全所涉及的内容越来越广泛，不再局限于军事领域，而是逐步延伸到政治、经济、科技、文化、环境领域，所以领土、主权、政治制度、经济、外交、军事、环境、跨境犯罪等都是影响国家安全的因素。国民关注国家安全，协助政府“全方位”维护国家安全是全民国防教育追求的终极目标。国防为全民国防，需要全民关注、全民支持、全民参与。

国家安全具有广泛的渗透性和密切的联动性，需要大学生专门学习理论知识，从而在纷繁复杂的表象中把握事物的真实面貌和本质，科学预见和发现其中隐藏的风险和威胁，培育维护国家安全的责任感。国家重视安全教育工作的法律和政策保障，国家安全法是开展国家安全教育的基本依据。1993年全国人大通过《中华人民共和国国家安全法》，国家安全教育逐渐启动。2015年全国人大通过了以总体国家安全观为指导的《中华人民共和国国家安全法》，将国家安全教育纳入国民教育体系和公务员教育培训体系，增强全民国家安全意识。新国家安全法以法律的形式确立了总体国家安全观的指导地位，设立国家安全教育日，把国家安全教育作为国民教育体系的重要内容，标志国家安全教育开始进入以总体国家安全观为教育内容的新阶段。2017 年党的十九大报告强调加强国家安全教育，增强全党全国人民国家安全意识，推动全社会形成维护国家安全的强大合力。①

教育部 2018 年发布《关于加强大中小学国家安全教育的实施意见》，以增强总体国家安全观的安全意识为目标，从学科建设、内容体系、教材建设、教学活动、实践基地、师资队伍和教学评价 7 个方面加快国家安全教育体系建设，为新形势下进一步加强国家安全教育提出了重要指导意见。总体国家安全理论的提出与国家政策的高度重视使构建中国特色的国家安全教育体系成为可能。针对有些地方和学校对国家安全教育缺乏认知高度，政策落实不到位等问题，进一步明确地方和学校的教育责任。2020 年教育部发布《大中小学国家安全教育指导纲要》，突出增强国家安全意识，树立总体国家安全观，践行总体国家安全观的要求；强调全领域、全学段覆盖，结合学科（专业）特点有机融入，将总体国家安全观的宏观要求分领域全面阐述，将核心要义具体化、细化为可理解、可实施的学习内容与要求；提出实施国家安全教育的保障要求，该文件明确提出高校开设专门课程——国家安全教育公共基础课。高校国家安全教育将进入独立开课，融入高校教育全过程的“三全育人”阶段。

国家安全教育是高校学生思想政治教育的重要内容。2005 年的大学生思想道德修养与法律基础课程，专门增加了增强国家安全意识教育的内容。2017 年 2 月 27 日，中共中央、国务院印发了《关于加强和改进新形势下高校思想政治工作的意见》，培育和践行社会主义核心价值观，加强国家安全教育是重点任务之一。2020 年 4 月教育部等 8 个部门发布《关于加快构建高校思想政治工作体系的意见》，国家安全教育被列为高校思想政治教育安全稳定体系内容之一，明确提出持续推动国家安全教育进学校、进教材、进头脑，把集中教育活动与日常教育活动、课堂教育教学与社会实践相结合，建立健全国家安全教育长效机制，不断充实教育内容，完善教学体系。

---

① 习近平．决胜全面建成小康社会 夺取新时代中国特色社会主义伟大胜利——在中国共产党第十九次全国代表大会上的报告 [M]．北京：人民出版社，2017：50.

第二节　高校国家安全教育目标体系构成

总体国家安全教育的目标是知识、认知、情感和能力的综合。对大学生开展国家安全教育，提升国家安全意识是国家安全治理能力现代化的重要内涵，是维护国家安全的软实力举措。

一、国家安全教育以意识培育为目标

我国国家安全政策的实践目标在于使人民认识并相信自身是维护国家安全不可或缺的力量，是国家安全受益者，是支持和参与维护国家安全的实践者。国家安全教育目标是建立起能够有效支持国家安全的潜在力量、后备力量。通过全民国家安全教育树立防御观念，常保忧患意识，强化人民维护国家安全的意志和决心。国家安全政策的基础是全民了解国家安全，通过适当的教育和政策阐述确立“四个自信”；总体国家安全政策目标之一是整合动员机制，建立全国资源整合和危机处理系统，军民融合发展，形成全民支持国家安全的信念；更高层面的政策目标是全民在各自不同领域提升维护国家安全能力，形成维护国家安全的合力。

（一）国家安全教育的目标层次

2020 年教育部发布的《大中小学国家安全教育指导纲要》是科学、规范地开展国家安全教育的政策依据，对于国家安全教育目标作出清晰完整的界定。从国家意识形态的战略高度，以习近平新时代中国特色社会主义思想指导大学生国家安全教育，落实立德树人的根本任务。坚持的基本原则和正确方向是坚持和加强党对国家安全教育的领导，增强国家意识，强化政治认同，坚定道路自信、理论自信、制度自信、文化自信，践行社会主义核心价值观。高校国家安全教育目标主要体现在知识、认知和能力层面，知识层面理解和准确把握总体国家安全观的内涵和精神实质，了解中国特色国家安全体系。认知和能力层面是全面增强大学生的国家安全意识，树立政治安全为根本和

国家利益至上的观念，树立底线思维，围绕理解中华民族命运与国家关系，将认知转化为自觉行动，提升维护国家安全的能力。

高校国家安全教育目标是由具体到抽象的过程，共同认知的国家安全是抽象的理念，教学要唤醒与激发对国家的“信任与信心”；实践目标是从知晓到支持、参与的过程；目标体现的过程是教育内容与大学生主体的相关性转变为大学生的价值认同，最高层次是作为国家建设者和国家安全维护者的角色判定。（见表 6-1）

表 6-1　国家安全教育目标定位表

	教育目标	实践目标	目标体现的层次
具体↓抽象	知识与信息	了解国家安全，培育安全意识	国家安全教育内容及教育主体的相关性
具体↓抽象	信任与信心	支持国家安全，凝聚共识	教育主体价值观层面
具体↓抽象	责任与荣誉	具有维护国家安全的意志和参与的能力	国家角色层面（积极行动者）

（二）国家安全意识的概念结构

总体国家安全观下，国民的国家安全意识是国家的生存和安全保障之魂。国家安全政策和总体国家安全观的提出客观上提升了国民对国家安全意识的敏感度，即个体具备了有关国家安全概念并积极参与到维护国家安全实践的认识。意识就是认识，意识不是与生俱来的，而是有发生发展的过程。从客观层次观察总体国家安全，国家安全发生和影响的范围更广，渗透性更强，个体生活越来越多地受到安全事件的影响，如中美经济摩擦、科技竞争所引发的经济和科技安全问题直接对民众产生不同层次的影响，新冠疫情所导致的非传统安全问题与每一个人都相关。从主观层次观察总体国家安全观，客观的安全挑战和中国维护安全能力提升同时产生危机感和自豪感。从学校的教育层面，学生有对安全问题影响日益广泛的直接体验和认识，教师思考如何将学生零星的甚至是片面的体验和认识导入课程设计，启发学生形成更深刻、客观和全面的认识，提升学生对国家安全的认知、情感和行为能力。大学生作为一个特殊而重要的群体，是维护国家安全的关键力量。大学生会对国家安全问题与维护国家安全利益有自己的体验、认知和意识取向。

国家安全意识是国家安全教育在观念和认知层面的目标。国家安全教育目标是培育具有意识指向作用的情感和能力，通过总体国家安全观、全球和周边国家安全形势、国家安全战略与政策、国家核心利益的内外威胁、国家实力、国防史等国家安全教育内容为载体实现的。国家安全意识的概念架构主要包含总体国家安全意识、全球共同安全认识、国家安全的动态认识。总体国家安全意识，区别于对国家安全的狭隘理解和认识，包括对总体国家安全理论的掌握，以辩证观点和全局观对总体国家安全形势复杂现实的认识，以大局观对维护国家安全措施的认识。对全球共同安全的认识，区别于传统的以国家安全为主的安全观，安全越来越具有普遍性和共同性，国家安全危机的发生不再局限在一个国家，维护国家安全依赖于多边合作，构建人类安全共同体。对国家安全的动态认识涉及对国家安全的关键特征及结构的深刻理解，并据此关注国家安全的持续变化。国家安全意识的基本含义是正确认识总体国家安全中不断出现和变化的、新的、未知的和不确定所导致危险的因素，具有积极应对安全风险的心理、思想和法律准备，具有预防和应对安全风险的基本知识和技能。国家安全的动态认识是培育学生在课程学习后依然能持续关注国家安全问题，这是能带得走的基本素养。国家安全意识培育最终是让学生具备维护国家安全的能力。意识教育不仅是提升和拓展认识，更是培育应对国家安全风险的能力和行为实践的责任心。总体国家安全意识是自觉和深刻的，其教育的根本目标是统一民众意志力、爱国心和责任感，捍卫和发展国家的根本利益。

二、国家安全意识培育的目标体系

国家安全意识的培育以爱国主义为核心，包括情感、能力和行动三方面，即大学生对国家安全威胁的警惕性、行为的合法性，以及对国家稳定、发展和繁荣的满足感、自豪感和使命感。高校国家安全教育中，国家安全意识具有目标导向性，是知识的传授，更是认知转变、能力、素养与情感的培育，即大学生具有维护国家安全之情、维护国家安全之能、维护和强化国家安全之行。

（一）国家安全意识教育的本质是爱国主义教育

总体国家安全教育实质是爱国主义教育，总体国家安全意识教育有利于爱国主义教育的深化。爱国主义与国家安全意识是实质相同而形式有异的认识与情感，二者的统一性决定有效衔接的可能性和重点领域。

爱国主义和国家安全意识都是培育对党、国家和社会主义制度的情感。爱国主义是中华民族最为深厚的历史情感，是激励我们前行的民族精神。历史表明，中华人民共和国是在打破帝国主义封锁和挑衅的过程中巩固、发展和强大起来的。新中国成立 70 多年特别是改革开放 40 多年的快速发展，中国特色社会主义建设进入新时代。2015 年习近平主席强调：“只有坚持爱国和爱党、爱社会主义相统一，爱国主义才是鲜活的、真实的，这是当代中国爱国主义精神最重要的体现。”[①] 政治安全是总体国家安全的根本，政治安全最为核心的内容是中国共产党执政地位的巩固和国家政治秩序的稳定。大学生没有维护党、国家和社会主义制度安全的大局意识，难以具有抵御各种国家安全风险的素养和能力。

爱国主义与国家安全意识教育在教育目标和内容上相互融合。2019 年 11 月印发的《新时代爱国主义实施纲要》中，明确：加强国家安全教育和国防教育，增强全党全国人民国家安全意识是爱国主义教育的内容之一[②]。2019 年 4 月，教育部、中央军委国防动员部联合印发《普通高等学校军事课教学大纲》，修订课程目标、要求及评价，突出增强“国防观念、国家安全意识和忧患危机意识，弘扬爱国主义精神、传承红色基因、提高学生综合国防素质”的内容与目标。[③]

爱国主义与国家安全教育最终都要落实立德树人的人才培养目标。加强

① 新华社．习近平在中共中央政治局第二十九次集体学习时强调：大力弘扬伟大爱国主义精神 为实现中国梦提供精神支柱 [N]．人民日报，2015-12-31（1）．

② 新华社．中共中央国务院印发：新时代爱国主义教育实施纲要 [N]．人民日报，2019-11-13（1）．

③ 教育部、中央军委国防动员部关于印发《普通高等学校军事课教学大纲》的通知 [EB/OL].（2019-01-18）[2021-01-05]. http://www.moe.gov.cn/srcsite/A17/moe_1061/s3289/201902/t20190201_368799.html.

大学生总体国家安全意识教育，深入具体地阐释国家安全是公民平安与幸福生活的最基本前提，夯实爱国主义的根基；深入具体地阐释我们党勇于并善于维护国家安全，有利于引导大学生体会爱国主义的本质；有利于塑造大学生的理性爱国意识，使他们认识到从维护国家安全稳定的全局、大局出发，把爱国热情转化为爱国智慧。

（二）国家安全意识教育要提升大学生判断和抵御风险的能力

2016 年召开的中共中央政治局会议上，习近平总书记强调国家安全能力建设：“认清加强国家安全工作的极端重要性，……加强国家安全能力建设，切实做好国家安全各项工作，切实维护国家主权、安全、发展利益，不断开创国家安全工作新局面。”[①]“完善国家安全制度体系，加强国家安全能力建设”在党的官方文件中反复被强调。总体国家安全观下的安全能力建设不仅限于国家安全有关部门，更需要全社会的合力，扎根于也依赖于社会安全认识水平和安全意识的共同提高。

国家安全能力建设对不同群体有不同的内涵。新形势下，国家安全能力主要指判断、防范、抵御现实和潜在安全威胁与风险的能力，具体表现在对总体国家安全观的认识、对安全风险的认知和判断力、维护国家安全的行动力。青年需要形成对国家安全积极认同和主动践行的自觉意识，意识的核心在于判断力和执行力。大学生通过学习总体国家安全观的系统知识，秉持心中有党、国家和社会主义的政治定力，对国家安全与相关法律有敬畏之心，时刻保持清醒的头脑和正确的方向。大学生应具备学安全、懂安全、护安全的自觉和能力。近年来，境外间谍组织威逼利诱在校大学生案例偶有发生，大学生要拧紧头脑中的“安全阀”，不为短期的诱惑和压力所动摇，对危害国家安全的行为具有辨识力。大学生正处于价值观形成和确立时期，在新媒体等多种平台上对各种有悖于社会主义意识形态的思潮有清醒的判断力，不被纷繁复杂的现象和思潮所迷惑。在专业学习和思想政治学习中有坚定的执行力，提升维护国家安全的自觉性与主动性。

① 新华社 . 分析研究 2017 年经济工作，审议《关于加强国家安全工作的意见》[N]. 人民日报，2016-12-10（2）.

（三）国家安全意识的情感培育

情感在认识活动和行动之间发挥联结作用。意识发挥主动或能动作用是通过意识指引的有关意向活动而间接产生的。认识活动总是有一定的意向活动指引，不是单纯为了认识而认识。从认识到行动，积极情感是连接的桥梁，是发挥意识主动性的关键。在情感层面，意识构成一个价值的系统。意识情感影响意识指向的形成与发展，而意识指向则使意识情感发生转移和变化。[①]因此，情感意味着某种价值被联系到大学生的认识与行动上。意识教育中，如果没有情感作为目标，将不会对意向活动施加充分有效的影响。

对于大学生群体而言，国家安全意识培育的情感目标有三个层次：安全需求层面的安全感和幸福感，安全感受层面的自豪感和安全行为层面的责任感与使命感。安全感与幸福感是总体国家安全观目标，是党的执政使命，也是大学生国家安全意识培育的首要情感目标。2016 年在首个全民国家安全教育日到来之际，习近平总书记指示：“国泰民安是人民群众最基本、最普遍的愿望。……要坚持国家安全一切为了人民、一切依靠人民，……不断提高人民群众的安全感、幸福感。”[②]安全感是对获得感、幸福感的保证。有了获得感，追求幸福，必然对安全保障有诉求。

安全感受层面，自豪感是国家安全维护的精神力量支撑，是美好未来的希望所在。自豪感是自然的流露，更是深入的思考。大学生深入详细了解国家发展成就、综合实力、维护国家安全战略能力和国际地位的不断提高，民族自信心和自豪感便油然而生，坚信中国注定迎来更新的发展阶段。自豪感也是更深沉的思考。中国缘何迎来了从站起来到富起来到强起来的伟大飞跃？深沉的思考竖立了我们的信念。

责任感与使命感是国家安全意识教育情感目标的实践指向，要实现“知行合一”的国家安全意识培育目标。每个人都可享受国家安全所带来的红利，同时也拥有维护国家安全的责任和使命。大学生是推动社会进步的中坚力量，是维护国

---

① 唐孝威．意识笔记 [M]．杭州：浙江大学出版社，2017：32．

② 新华社．习近平在首个全民国家安全教育日之际作出重要指示：强调汇聚起维护国家安全强大力量 不断提高人民群众安全感幸福感 [N]．人民日报，2016-04-15（1）．

家长治久安的社会基础。国家安全意识培育的责任情感目标是：从大局出发认识国家安全工作的重要性，遵守和履行国家安全相关法律、规章和政策；坚决维护国家安全，切实负担起维护国家安全的责任，并把责任担当变为自觉行动。

三、国家安全意识的内涵体系

高校国防教育内容是中国国防、国家安全、军事思想、现代战争和信息化装备。国家安全意识在不同时期呈现不同的时代特征，新时代的国家安全意识培育需要以总体国家安全观为原则和指导，克服狭义的军事和军队的战备意识，反间保密的防范意识。明确国家安全意识的内涵构成使教育的教学内容更清晰，教学效果更有针对性。总体国家安全意识内涵的具体化是意识培育的前提，是坚持目标导向的国家安全教育的关键，主要体现为政治意识、危机意识和法律意识。国家安全意识的内涵以“个人、家、国统一”基础上的爱国主义为支撑，以国家安全历史和知识为依托的统一整体，突出体现为政治意识、危机意识和法律意识。意识是由认识作用所构成的，国家安全意识教育需要渗透在相关知识中进行，包括新时代总体国家安全观、国防历史与启示、国防法规体系、国防现代化建设，以及人民军队的光辉历程及成就、国家所面临的周边安全和国际安全形势等。

（一）维护国家和社会稳定的政治大局意识

政治安全是国家总体安全的基础和保证，是事关党和国家安危的头等大事，只有从维护政治安全的高度认识其他领域安全工作，严密防范、坚决抵制各种渗透颠覆破坏活动，才能实现党的长期执政、国家长治久安、人民安居乐业。政治安全是指国家主权和政权以及意识形态等方面免受威胁、侵犯、颠覆、破坏的客观状态。在当代中国，维护国家政治安全集中表现为对外保持主权独立、领土完整，对内坚持党的领导、人民民主专政、社会主义政治制度和社会政治秩序稳定、马克思主义意识形态的主导地位。①

① 杨大志. 政治安全是国家安全的根本 [N]. 解放军报，2018-04-20（7）.

对于大学生群体而言，政治大局意识是以中华民族伟大复兴为主题，坚持爱党爱国爱社会主义，体现在政治敏锐性和政治信念。大学生政治敏锐性是具有防范政治风险的意识，对危害政治安全的内外联动风险事件具备甄别能力。政治信念是对中国特色社会主义制度优势和发展模式的自信，充分认识党的领导是中国特色社会主义本质特征和最大制度优势。大学生的政治大局意识要求具有自觉抵制错误思想的觉悟乃至化解风险的能力，充分认识党的领导、社会主义制度及社会稳定对于国家发展及人民安全的重大意义，而这需要大学生熟悉党和国家的大政方针，知晓国际国内政治局势变化，培养政治素养，培育与中国特色社会主义建设及改革相适应的人生观和价值观。

（二）维护国家安全的危机意识

总体国家安全教育的危机意识包括居安思危和对现有国家安全风险的忧患意识。《周易》有“安而不忘危，存而不忘亡，治而不忘乱”之说。《左传》中有“居安思危，思则有备，有备无患”之说。司马迁指出：“天下虽安，忘战必危。”通过对反抗西方压迫和中华人民共和国建立的历史教育，唤起大学生使命感和爱国热情，同时也使大学生认识到战争与冲突并非遥不可及，需要保持忧患意识，时刻为保卫国家安全而准备。我国已经进入危机频发和风险多元化时期。总体国家安全风险和危机意识是综合性及全局性概念，涵盖的领域既包括以主权为中心的军事、政治、领土等传统安全危机，也包括经济、科技、金融、能源、信息、生态、粮食、文化等非传统安全危机；中国所面临的国际和周边战略环境既有台湾问题、领土争端、美国因素、跨国威胁等挑战，也有多极化进程加速、上海合作组织、地区经济合作机制、“一带一路”倡议等发展的机遇。国家安全的危机意识需是辩证看待安全机遇和挑战的全局观。大学生应该在安定的环境里具有辨别及应对各种危机的意识和能力，了解国家安全风险及危机发生的必然性和突发性，时刻保持对危机的警惕和敏感性，对国家安全形势和风险有全局性把握，客观性认识，提高危机防范意识及应变处理能力。

（三）防范风险和维护国家安全的法律意识

国家安全的法律意识体现在防范风险、保守国家机密的警惕性和维护国家安全的法律责任意识。信息时代，维护国家安全方式呈现新形式和新特点。自觉抵御境内外敌对势力的渗透活动，高校应重点抓好《国家安全法》《反间谍法》等法律法规宣传教育，积极开展保密教育，增强大学生敌情观念和保密意识，使每个大学生清楚认识到危害国家安全所承担的法律责任，在对外交往中能自觉遵守各项保密制度和规定，自觉保守党和国家的秘密。如果大学生对国家安全问题缺乏法律意识，不仅危及自身安全，触犯法律，更有损国家安全。国家安全涉及整个社会政治、经济、文化等各方面的发展，国家的稳定与安全关系着整个民族的切身利益。维护国家安全的法律责任意识依托国防法规体系。通过法律法规的知识性学习，让大学生知法守法，了解公民具有维护国家统一和安全的义务、履行兵役、接受国防教育、支前参战、保护军事设施、保守国防秘密的义务和责任。

第三节　高校国家安全教育体系建设和评估的现实逻辑

高校国家安全教育已规范化，但与新时代总体国家安全的目标任务还存在较大差距。以总体国家安全观为指导，构建国家安全教育课程体系，明确课程定位和建设重点，更新教学内容，重视教学场景与学习场景的育人功能等是高校国家安全教育有效性和教育评估的现实基础。高校是全民国家安全教育的主阵地，因其历来是境外敌对势力思想渗透和意识形态斗争的最前沿。高校国防教育在总体国家安全观指导下不断丰富内容和载体，提高大学生国家安全意识培育的针对性和有效性，但国家安全教育现状依然存在挑战。

一、高校国家安全教育供给与需求矛盾

《国家安全法》是开展国家安全教育的根本依据。发挥课堂教学主渠道作用，构建大中小学有效衔接的国家安全教育教学体系。[①] 大学生国家安全教育

① 刘利民．把国家安全教育纳入国民教育体系 [N]．光明日报，2016-04-16（6）．

是提升国家安全能力建设的基础性和系统性工程，在政策和法律层面不断强化教育需求。

实践层面，高校国家安全教育没有建立独立的学科体系，是多元化模式的教育实践。高校国家安全教育主体课程定位及融入方式选取方面并未统一，各学校实践差距较大。学校主要采取融入国防教育和马克思主义学院的法律基础、形势与政策等课程的方式开展国家安全教育。有学校重视思想政治理论课程中的国家安全教学内容，但将国家安全教育作为重要内容纳入工作考核还没有得到重视。北京矿业大学以法律基础课程作为开展国家安全教育的主渠道，编写《国家安全法教程》，积极开展教学实践。[①]国家安全教育在政策层面有融入思想政治理论课程体系的需求，但融入方式及效果受教师个体因素影响较大，缺乏稳定性和规范性，教育实践中出现浅层化现象。

政策层面，军事理论课逐渐成为国家安全教育的主渠道。在总体国家安全观指导下，2019 年，教育部、中央军委国防动员部发布《普通高等学校军事课教学大纲》，明确提出课程目标是增强国防观念、国家安全意识和忧患意识，确立以国家安全为核心的军事理论课程内容体系。在课时、内容方面实现制度化与规范化，但形式上的规范化与教育有效性之间依然存在较大差距。军事理论课程管理呈现碎片化与形式化，如班级容量大影响教学效果、教师管理分散化使教师缺乏科研教学支持、师资队伍不稳定等。国家安全观为高校国防教育提供新的指导原则和理念，国防教育进入以国家安全意识培育为核心目标的新阶段，但以军事理论课为主渠道的高校国家安全教育实践还未得到足够重视。

高校国家安全教育在政策和法律层面的制度逐渐完备，对国家安全教育实践的要求日趋强化和具体。在政策层面以多种方式提出高校强化国家安全教育的迫切需求和育人任务，政策明确规定单独设立国家安全教育公共基础课程，军事理论课程不断被强化国家安全教育需求，高校思想政治教育工作中不断被提及国家安全教育融入体系建设。在党和国家的高度重视和政策推动下，高校国家安全教育取得显著成果，但高校国家安全教育存在教育方式

① 邹放鸣，边和平，潘盘甫．抓好大学生国家安全教育 [J]．中国高等教育，2010（10）：43-44．

分散化、内容碎片化与肤浅化、教育结果形式化的现象，与总体国家安全观的理论内涵与目标依然存在较大差距。高校国家安全教育本是系统工程，却缺少组织规划，相关行政部门和教学部门、军事理论课与思想政治课教学团队之间缺乏合作协调。

高校国家安全教育政策层面，需求不断强化与实践中学科定位不清、行政归属不明之间的失衡是教育实践的主要挑战。高校国家安全教育没有独立的学科地位，容易导致国家安全教育管理的分散化、融入思想政治理论课程的浅层化及组织规划、合作协调的缺失。高校对国家安全教育实践流于形式，或教师师资力量不足。国家安全已经被列为独立的学科，但绝大多数高校并不具备开设国家安全一级学科的能力和需求，因而依赖学科设立推动国家安全教育发展在大多数高校是不具备现实基础的。

法律和政策层面，高校国家安全教育的重要性和必要性被不断强调，具体的国家安全教育工作机制也不断被建立，但高校国家安全教育实施最根本的问题是学科规划和行政管理归属问题，作为国家安全教育主渠道的军事理论课程要求成立教研室，但其大多散布于各种文科院系内，或单独归属于学校武装部。行政归属混乱直接导致教师队伍不稳定、教师学科认同度低、教师成长空间受限，国家安全教育的有效性和实效性更难以保证。高校国家安全教育亟待实现全员、全程和全方位育人。国家安全教育是多层次、宽领域和全方位进行的教育活动。[①] 国家安全教育有自己的学科合法性和清晰的行政归属是现有问题解决的根本途径，以体系评估方式推动高校教育资源的整合，构建课程体系和全方位育人的教育环境，是高校国家安全教育有效性的保障。

二、国家安全教育有效实施的困境

（一）狭义的教育内容难以满足总体国家安全观需求

当前我国国内外安全形势异常复杂，高校积极探索国家安全教育的推进

① 赵庆寺．新时代高校国家安全教育的理念、逻辑与路径 [J]．思想理论教育，2019（7）：99-105．

途径。新时代，我国面临大国发展进程中的安全共性问题，也面临中华民族伟大复兴关键阶段的安全问题。“国家安全工作的重要职责是防范化解实现两个一百年，奋斗目标的历史交汇期和国际秩序转型期相互叠加带来的各种风险挑战。”① 国内外安全形势异常复杂，西方敌对势力对我国的分化、西化和弱化战略不仅没有消失，反而通过新媒体强化了对青年群体的渗透。国家安全问题已绝不仅仅体现为军事、政治方面的传统安全问题，而是一个复杂的、有机的体系。然而，现有国家安全教育，囿于对国家安全内涵的狭义理解，专指反间防谍和保密教育。② 狭义的高校国家安全教育难以应对国家安全工作的新阶段及国内外安全形势的复杂性。国家安全教育应避免教育内容的片面、单一和局部问题，推进到总体国家安全观的高度与广度，确立爱国主义与国家安全教育的统一性，从安全内容的综合性实现安全教育内涵的整体性；从安全风险的多样性和复杂性实现国家安全内部与外部安全的统筹；从防御风险与安全维护的统一性实现国家安全教育目标付诸实践的责任。

（二）宏观教育目标与个体微观认知的断裂

“将国家安全教育纳入国民教育体系”成为法定要求后，教育部发布专门针对国家安全教育的实施意见，指出加强大中小学国家安全教育的目标是使广大学生牢固树立国家安全意识。军事理论课程新版教学大纲指出：“让学生了解掌握军事基础知识和基本军事技能，增强国防观念、国家安全意识和忧患危机意识，弘扬爱国主义精神、传承红色基因、提高学生综合国防素质。”国家安全教育目标的叙事比较宏大，对什么是国家安全意识并没有具体界定。宏大叙事使教育工作者难以把握教育目标，也导致同个体微观生活有较大差距。具有强制性特征的教育方式如何与学生自身的价值和态度契合，形成辩证统一的关系是解决宏大目标与个体微观生活差距的关键，也是高校国家安全教育实施过程所面临的核心问题。

---

① 陈文清．牢固树立总体国家安全观在新时代国家安全工作中的指导地位 [J]．求是，2019（8）：18-25．

② 刘跃进．总体国家安全观指导下的总体国家安全教育 [J]．河南警察学院学报，2019（1）：10-15．

宏大教育目标与个体微观生活有较大差距，教师教学内容和教学方式选取需要与学生自身的价值和态度契合，形成辩证统一的关系。把国家安全教育从感性、感情教育推进到理性科学教育，激发安全教育对象的主动性和自觉性，成为当前我国国家安全教育的一项重大而艰巨的任务。微观生活作为个体观念形态与个体的直观视域紧密相关。[①]国家安全意识是国家安全教育的核心目标，不能仅依赖于知识传授及新意层出的教学方式，更需要唤醒和激发，需要“嵌入”式的“浸润”。意识的实质是认识，本身不具有主动性，却能对意向行动予以正确指引，使之产生充分有效的、施加影响于客观事物的主动作用。[②]宏观教育目标与和个体微观认知的断裂需要学习场景的拓宽。缩小宏观教育目标与个体微观认知的差距，需要把目标具体化和微观化，体现在主渠道课程设计重视国家安全意识具体呈现形式，以思想政治课和选修课的课程体系建设保持教育的持续性效果，以社会实践及校园文化主题活动实现与学生生活的融合。国家安全教育需要把多年行之有效的国防教育、思想政治教育、爱国主义教育融合并拓展到总体国家安全观的教育中来。整体视野、融入思路是探寻国家安全教育目标融入学生微观生活的系统路径。

（三）总体国家安全观与大学生安全狭隘认知的错位

大学生作为中国特色社会主义事业的未来建设者，是国家安全要重点保护和培育的群体，是国家安全事业的潜在后备力量，也是西方敌对势力思想渗透、境外间谍机构发展的主要对象。大学生是总体国家安全维护的基础力量和参与全球化竞争的骨干力量，却因缺乏社会经验，辨别是非的意识和能力有限，极易受到各种不良社会思潮的影响。新媒体平台加快了各种错误思潮与言论的传播广度和速度，削弱了大学生抵御思想渗透的力度，增加了对大学生群体进行价值引领和行为塑造的难度。[③]大学生是新时代总体国家安全

① 张卫伟，余玉花．新时代个体国家意识生成的现实逻辑 [J]．思想教育研究，2019（11）：52-58．

② 潘菽．意识——心理学的研究 [M]．北京：商务印书馆，2018：196．

③ 赵庆寺．新时代高校国家安全教育的理念、逻辑与路径 [J]．思想理论教育，2019（7）：99-105．

教育的关键群体。

总体国家安全能力体系构建中，对青年有更高的要求与青年群体安全意识淡薄存在强烈反差，青年学生在价值观念上的困惑矛盾明显增加。总体国家安全理念与大学生对国家安全认知失衡。大学生价值取向的特点深刻影响他们的国家安全意识，体现在观念陈旧、行动茫然和法制意识薄弱。大学生的对国家安全内涵的认知滞后、模糊，对国家安全现状能作出合理判断，可以高度认同国家安全重要性，却局限于国土、军事安全等传统安全的旧观念，仍停留在传统思维，军事化、政治化倾向明显，缺乏将国家安全问题置于总体国家安全观及全球化、信息化大背景下的深切思考，对文化安全、科技安全等非传统安全的威胁认识不够。大学生群体有较强的国家安全责任意识和危机意识，却对维护国家安全应承担的具体责任和义务知之甚少。大学生缺少维护国家安全的行动力，对于危害国家安全威胁缺乏警惕防范意识，更不知如何应对，对维护国家安全的行为选择表现出徘徊与迷茫。在维护国家安全的实际行动上表现出与切身利益无关和无所适从的茫然，无法把责任意识落实到个体行动。大学生的国家安全法制意识淡薄，对《国家安全法》《国防教育法》等安全法律体系知之甚少。

大学生对国家安全的认知表现出“两极”特征——认同但与我较远，有责任但不知如何做。大学生国家安全的认知和能力培育滞后于总体国家安全观的需求。在国家高度重视全民国家安全教育之际，作为推动社会进步的中坚力量和维护国家长治久安的大学生群体而言，强化与总体国家安全观相适应的国家安全教育尤为迫切。在当前我国国家安全特别复杂的新形势下，要明确国家安全意识内涵构成，通过多种途径探索有效对策，强化全面和客观的认知，提升能力。

三、国家安全意识教育的设计框架

国家安全意识教育是以认知为目标的。认识活动是变化的，依赖于人们在生活实践中与客观世界联系的变化和客观事物本身的变化。人们对客观事物的认识活动常常带有片面性和表面性的特点，容易出现认识不完全甚至歪曲或谬误。对于教育接受者（学生）而言，知识和信息不会直接变为教育者所要期许的认识状态，而是存在知识与认识关联的鸿沟和认识的鸿沟。在心理状态层面，意识是个体的清醒与警觉，意识体验是主观上能体验到什么，基于知识形成某种认识需要以某种方式及某种强度的激活。意识形成在最初阶段是分别的、孤立的感受，前后感受缺乏联系，持续时间较短。随着意识培育的持续和强度的增加，感受越来越具有相互联系和前后联系，感受转变为初步的感知觉。意识培育的最优状态是形成范围大的、联系性强的、持续时间久的认识，形成一种复杂的立体性认识，具有时间性和空间性联系。知识与意识之间的认识鸿沟主要体现于变动性和片面性。

总体国家安全形势和安全观念的出现对高校国家安全意识培育提出新要求，浅显的国家安全意识培育不能满足总体国家安全教育需求，更无法使大学生培育坚定的政治立场和敏锐的判断力及深刻的思想认识，唯有确立知识内容与意识融合的培养目标，转变原有狭义和肤浅化的教育理念和方式、分散和孤立的课程体系建设，才能建立大学生群体总体国家安全知识和意识之间的联系，形成符合总体国家安全要求的认识需求。

国家安全教育课程的意识培育包含空间、议题、时间和内在层面的四种思维。空间层面探讨国家安全与全球安全的相互联系性，学生具有普遍、共同安全观乃至全球安全共同体的基本立场。议题层面是国家安全教育课程探讨各种与学生生活需求相关的议题，涵盖政治、经济和文化等总体国家安全观所包含的各个层次议题，议题的探讨包括安全议题之间的联系性及安全议题与学生个体的相关性，配合学生的认知、经验和情感发展，学生在议题的学习中认识到国家安全的重要性，对中国实力维护国家安全有自信和自豪感。时间层面是将时间阶段视为互动的，过去、现在和未来并非分离的而是相互关联的整体，课程就是给学生提供机会探讨国防的历史、现在和未来的相互联结，思考历史经验对于现在的启示，探讨未来的国家安全维护的能力需求，让学生通过时间层面的探讨，从个人层面认识到如何对未来国家安全维护作出适当的选择和行动。内在层面是国家安全教育思维模式的核心，教育是双向的过程，一方面向外引导学生发现国家安全的现实形势，另一方面向内提升学生对自身与国家安全相关性的认识，引导学生形成国家安全的态度、情感和能力。

国家安全教育课程思维模式的四个层面不是割裂的，是相互联系的整体，时间、空间和议题的教育思维之间相互联系，并同时指向学生内在心理和认知发展以及外在的能力提升和行动意愿。以时间的互动和空间的相互依存以及议题的彼此关联设计体现知识、情感和能力的国家安全教育课程。（见表6-2）

表 6-2 国家安全教育课程的思维模式和核心概念

课程思维	核心概念（教学方法）	知识	情感	能力
空间	安全的综合性；安全的相互依存（比较法）	中国新安全观；非传统安全；从全球思考安全问题	中国新安全观的共同价值；多边安全与合作意识	联系性思考 整体性思考
议题	议题之间的相互联系；议题与自身的相关性（案例分析）	总体国家安全观；周边安全热点和非传统安全议题；国家安全的法律法规	对于议题导向的国家安全保持关注，培育危机意识、大局意识、全局意识、法律意识	系统性思考 辩证思考
时间	事件的历史脉络；判断未来趋势并付诸行动（历史分析）	国防历史；军队建设历史；国家安全观演变；安全热点问题的历史背景	和平意识；维护国家安全的使命感；国家实力变化的自豪感和责任感	过去、现在和未来的关系；对国家安全未来的判断及行动意愿
内在	认知和学习过程；媒介和信息（多媒体教学；研究模式课程）	对国家安全观的认识；对国家安全形势的判断	对国家维护安全能力的信任；具有安全感和幸福感	个人的反思和分析能力；个人在情感、智力和认知层面的成长

第七章 高校国家安全教育机制建设与评估

国家安全教育机制构建基于以课程为主渠道的教育实施体系，培育具有理论知识、教育方法和育人信念的，高水平的，层次结构合理的教学队伍和科研团队，培养一批研究型国家安全教育师资队伍，构建国家安全教育各层次的评估机制。

第一节 国家安全教育全过程全方位实施体系建设

国家安全教育是动态过程，在组织和实践层面推进体系建设，以制度化、整体性、整合性和系统性为基本特征。以国家安全意识、态度和能力为核心价值构建课程体系是国家安全教育建设的核心，包括正式课程体系、融入课程体系和校园育人实践。

一、高校国家安全教育协同推进的政策需求

高校国家安全教育工作是立德树人教育目标的一项重要任务，是基础性、长期性、战略性的系统工程，需要整体谋划、协同联动。高校在国家安全教育层面形成部门联动、协同推进、尊重规律、注重实效的工作格局是国家的政策需求和法定要求。教育部明确国家安全教育的目标定位、任务部署、责任主体、考核指标、保障措施等。《大中小学国家安全教育指导纲要》文件中规定，确保国家安全教育“有人管”“有人教”“有载体”：专门课程方式是开设国家安全教育公共基础课程，鼓励开设地方和校本课程；开展专题教育；结合专业特点将国家安全教育纳入课程思政教学体系；充分利用各类平台发

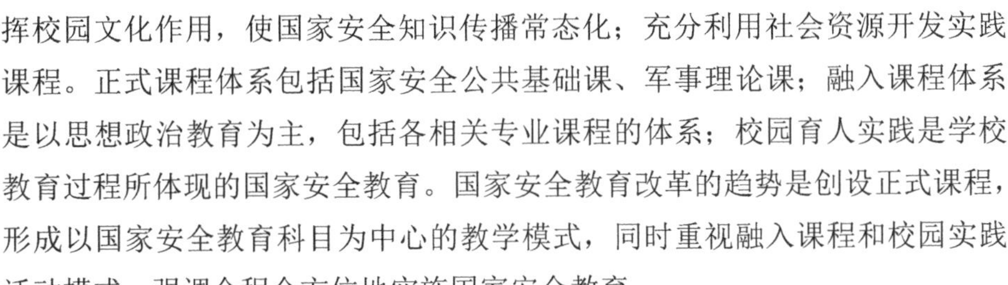

挥校园文化作用，使国家安全知识传播常态化；充分利用社会资源开发实践课程。正式课程体系包括国家安全公共基础课、军事理论课；融入课程体系是以思想政治教育为主，包括各相关专业课程的体系；校园育人实践是学校教育过程所体现的国家安全教育。国家安全教育改革的趋势是创设正式课程，形成以国家安全教育科目为中心的教学模式，同时重视融入课程和校园实践活动模式，强调全程全方位地实施国家安全教育。

二、国家安全教育全过程全方位实施的现状与困境

（一）国家安全教育主体课程的缺位

国家安全方向的学科建设在加速推进，部分军地高校在国家安全学课程方面进行了探索。2017 年，东南大学、武汉大学等 7 所高校入围一流网络安全学院建设示范项目。2018 年国际关系学院开始招收首批国家安全学专业的硕士研究生。国家安全的学科建设为国家安全教育提供理论支撑，为国家安全人才培养提供学科基础。在总体国家安全教育不断受到重视的背景下，国务院学位委员会、教育部在 2020 年 12 月发布设置国家安全学一级学科。

长期以来，高校国家安全教育的基础课程是缺失状态。为了发挥课堂教学第一主渠道的作用，2020 年教育部明文规定在高校开设国家安全教育公共基础课，改变现有国家安全教育主体课程缺失的教育状态。以公共基础课的方式开展国家安全教育是教育部出台的最新举措，在国家安全教育的理论创新、政策推动和法制完善的背景下，高校唯有尽早设立独立的国家安全教育公共基础课程，才能提升教育的实效性。

（二）军事理论课程主渠道角色发挥不到位

国家安全教育是国防教育的新阶段，国防教育是国家安全教育的核心内涵。军事理论课是目前高校实施国家安全教育的主渠道。国家安全教育与国防教育都要实施全员、全程和全方位育人，是全党干部领导、全体国民开展的学习工作，被纳入国民教育体系。以习近平同志为核心的党中央第五代领导集体坚持全民国防教育方针，从头头抓起，各级领导干部是国防教育重点

对象；从娃娃抓起，重视在学生特别是在中小学生中进行基本的国防教育；从本本抓起，以适应不同对象的学习资料创新国防教育工作的宣传方式；从条条抓起，国防军教育有法可依，与时俱进。

2019年教育部、中央军委国防动员部联合印发军事课程教学大纲，突出国家安全意识和忧患危机意识教育目标。[①]高校军事理论课程在教育部和中央军委的教育政策下越来越规范化和标准化，军事理论课程开设在两个学期，课程时数不少于36学时，这些基本要求在高校得到落实。规范化和标准化更多体现在国家安全教育的形式，并不意味着高校对国家安全教育重视程度满足政策需求。

高校国家安全教育中，师资队伍建设是突出的问题，师资队伍不固定，变动性较大；任用兼职教师、辅导员等非专业人员从事国家安全教育成为许多高校的普遍现象，理论功底和教学水平差强人意，以教学科研一体化方式深入推进国家安全教育难以实施；师资队伍行政归属不明使教师得不到应有的教学关怀和科研支持，影响教师教学能力提升，导致教师的教学积极性不高。军事理论课程班级过多，班级规模大，教学效果难以达成。学校的军事理论课一般是8个班同时上课，大概有240个学生，教学效果可想而知。虽然国家安全教育的教学内容随着教材的规范化和统一化更合理完整，但是教师在课程实施过程中，课程目标过于宏大，重视社会本位，忽略个人发展；重视内容目标，忽视过程目标；教材内容距离学生的微观生活相距甚远，不够生活化。总之，军事理论课程作为高校目前开展国家安全教育的主渠道，教育形式基本实现规范化，但实际教学效果有限，并且校际教学实施的方式和效果差异较大，以教育评估提升国家安全教育的有效性是必要的措施。

（三）思想政治理论课对实施国家安全教育主体功能定位不清

国家安全教育是高校学生思想政治教育的重要组成部分。大学生思想道德修养与法律基础课程，在2005年专门增加了国家安全教育的内容，强调大

① 教育部、中央军委国防动员部关于印发《普通高等学校军事课教学大纲》的通知[EB/OL].（2019-01-18）[2021-01-05]. http://www.moe.gov.cn/srcsite/A17/moe_1061/s3289/201902/t20190201_368799.html.

学生国家安全知识学习和意识培育。通过思想道德修养和法律基础教育，加强大学生国家安全责任和义务的法制教育。我国国家安全问题的主要法律法规逐步规范，涵盖国家安全各个领域，形成国家安全法律的总体框架。国家安全教育是引导学生理解和知晓法律法规的规范作用。国家安全教育融入高校的思想政治理论课程其实不限于法律基础、形势与政策课程，在中国近代史纲要、毛泽东思想和中国特色社会主义理论体系概论、马克思主义基本原理概论课程中也存在实施国家安全教育的空间，可以进行教学内容、情感和能力的融合教育。①

思想政治理论课与国家安全教育既是融入关系，又是共生关系。高校完善大学生思想政治教育的工作体系，创新工作内容和形式，引导青年形成正确的世界观、价值观和人生观，增强中国特色社会主义道路、理论、制度和文化自信，这与国家安全教育目标尤其是政治安全教育价值具有高度一致性，确保我国政治安全是思想政治理论教育的目标之一。在教育的核心价值层面，高校思想政治教育和国家安全教育都是以爱国主义为共同教育目标诉求。2019 年中共中央、国务院印发的《新时代爱国主义教育实施纲要》关于推进爱国主义教育的基本内容中，加强国家安全教育和国防教育是八个内容之一，思想政治理论课是爱国主义教育的主阵地。但是在实践中高校思想政治理论课程与国家安全教育的共生关系依然未受到重视。

国家安全教育融入思想政治理论课程面临制约因素。思想政治理论教育在有限课时内增加新的教学内容，对教师是一种考验。思想政治专业教师不熟悉国家安全知识，开展教育的意愿低，积极性较差。学校相关政策不明晰，学校教务部门、马克思主义学院对于在思想政治理论课程中加入国家安全教育内容及采取灵活的教学方式，无论在思想观念层面，还是工作机制层面都没有给予重视。高校思想政治理论课程应有的国家安全教育职责没有得到有效发挥。

① 董晓辉．国家安全教育融入高校思想政治理论课的新思考 [J]．思想理论教育导刊，2019（8）：100-104.

（四）高校国家安全教育多元推进渠道的缺失

国家安全教育是整合国家安全、法律体系、社会生活经验、认知和情感的教育。总体国家安全观的丰富内涵，使它注定成为跨越政治、经济、社会、文化、科技等各学科的整合式课程，需要在通识课程和专业课程中以融入方式开展国家安全教育。思想政治理论课程通过课程思政方式融入教育的形式已经基本确立，教育机制建设也在持续推进，然而，国家安全教育还没有在高校专业课程和通识课程中确立相关的融入教学方式。

学校是一个极为重要的社会化机构，校园育人实践不是正式课程，是学校组织或结构潜在功能的发挥。正式课程与学校育人实践活动不是主从关系，而是互补关系。国家安全教育的目标常常远超出学生的经验和兴趣，需要多元化的校园育人实践的配合。

三、高校构建国家安全教育体系的路径

新形势下的国家安全教育服从并服务于总体国家安全战略，目的是形成维护国家安全的合力，培育适应总体国家安全观所需的人才。国家安全教育是维护国家安全的有效途径，要加强高校教育体系建设和能力建设，解决国家安全教育主体课程缺失，军事理论课和思想政治理论课的主体角色发挥不到位、主体功能定位不清晰等突出问题，提高国家安全教育工作体系的整体效能。

（一）高校国家安全教育的组织路径

坚持党管国家安全教育，依据国家安全教育相关政策健全配套法律规章，使国家安全教育工作有章可循。在学校层面，制定学校党委、各级学院党委领导管理国家安全教育的制度规则，规范党员干部、党员教师和主要课程的教师参加国家安全教育专题培训的要求，明确各级党委领导国家安全教育的具体权责。在决策层面，贯彻国家安全教育法律要求及主体课程和融入课程建设，加强顶层设计和战略筹划，明确主要相关课程建设和教学大纲必须对接国家安全教育政策和法规、纳入各专业和各学院教育教学发展计划。在具

体执行层面，进一步落实学校党委和各级学院党委领导深入国家安全教育第一线的具体办法，把国家安全教育成效纳入各级党委主要领导绩效考评范围，确保教育工作落实。

强化高校开展国家安全教育的组织领导功能，强化教育引导能力、统筹协调能力和综合保障能力，界定高校行政机关、各级学院和教师在国家安全教育中的职能，理顺行政部门和教学学院、行政人员和教师之间在国家安全教育各领域和各环节的关系。学校行政部门和各级学院按照职能任务，明确开展国家安全教育的课程。本着职能相通、有所侧重的原则构建国家安全教育的课程体系，本着便于协调和利于落实的原则，建立国家安全教育的相关职能组织机构。

高校落实国家安全教育公共基础课、军事理论课、思想政治教育理论课、通识课和专业课融合所需要的教师人员配备，依据开展国家安全教育职责、任务和协调落实育人任务的原则，按照国家安全教育主体课程、思想政治教育保障课程、融入和支撑国家安全教育的专业和通识课程、校园实践育人四种类型，实现差异化资源配置和协同育人。

高校健全动员制度机制，推动国家安全教育融入高校育人体系，构建党委领导、马克思主义学院主导和各级学院支持的联合育人体系，实现组织制度建设和动员机制的无缝对接，建立协同推进制度。健全支持保障和需求对接机制，从完善教育需求项目入手，将国家安全教育潜力资源转换为教育项目支持的资源清单，在教改项目、师资培训、教学科研等方面提供相关的物质保障，在职称评定等层面加大倾斜力度。

（二）高校国家安全教育推进的实践路径

高校充分发挥学术、平台和环境资源，多管齐下，推动总体国家安全观在大学生群体中的普及。推进国家安全教育的课程体系建设。国家安全教育的正式课程是经过设计的教学活动，具有总体国家安全意识培育的价值导向和特殊目标。高校推进国家安全教育要充分发挥所有相关课程的优势，协同配合，合力推进，充分发挥主体课程、思想政治理论课程和融入课程的作用。在课程体系建设层面，强化主体育人课程，及时开设总体国家安全教育公共基础课，提升军事理论课程这一育人主渠道的实效性。理顺行政关系，强化军事理论教研室的学科属性，统一军事理论教研室的组织归属，整合思想政治教育育人和国家安全教育育人的关系。在师资队伍建设层面，配备专业的师资队伍，强化对教师教学和科研的支持，提升教师教学能力。

教师是国家安全教育的育人主体，教师充分发挥课程内容和教学方式的改革、创新动力。在教学过程中，教师设法激发学生对课程内容的兴趣并引导学生反思，挑战学生已经形成的既有观念和看法，培育学生总体国家安全意识。在课程内容上，强化军事理论课程主渠道的国家安全教育目标，增加国家安全意识教育在思想政治理论课程体系中的比重。在教学方法上，鼓励教师进行教学改革和探索。无论是主体方式的教育，还是融入方式的教育，教师增加与学生生活经验相关的知识和案例，使学生走向社会时可将课堂上的知识和观念化为行动。国家安全教育的实践层面，挖掘大学生实践活动和校园社团参与等为主要形式的价值，提升国家安全教育的实效。

第二节　高校国家安全教育体系评估指标构建

高校国家安全教育评估工作的前提是深入了解国家安全教育的特殊性、重要性与教育现状，掌握安全教育评估的基本原理，建构符合一般课程评价原理及具有国家安全教育课程特点的评估指标，实践层面以教育评估带动教育机制建设，丰富国家安全教育研究。

一、国家安全教育评估的政策需求

教学评估是教育规划和执行之后对整个教学过程有效性的衡量，目的是改进教育规划和教学实施方案。国家安全教育评估的应用价值在于以教学评估带动高校国家安全教育管理体系和课程建设体系的整合，为高校和相关教育主管部门开展国家安全教育评估提供参考。评估主体是高校上级主管部门，评估客体是高校，内容是以军事理论课程为主的整个高校国家安全教育体系，目标是以评估实践提高国家安全教育的有效性。2020年教育部发布的《大中小学国家安全教育指导纲要》中第一次明确清晰地规定了评估原则、如何实施评估及评估的管理与保障措施。

基于国家安全教育的意识、情感和行为的“三位一体”目标和主要内容，明确评估要求和要点，突出素养导向。评估实施原则坚持发展性、过程性和多元性。发展性和过程性评估关注教育目标的实现状况，杜绝随意打分、简单排名，避免单一考查知识概念。通过发展性评估强化教育引导作用，激发学生学习热情，提升学生国家安全意识，增强学生爱国主义情感；坚持过程性评估，激发学生实践意识，引导知行合一，提升学生维护国家安全的能力。国家安全教育课程考试采用多种方式进行，兼顾过程性考核。以多元性评估保证评估全面客观，自评与他评、过程与结果评估、定性与定量评估相结合，将相关国家安全教育内容纳入不同阶段学生学业评估范畴、评估结果纳入学生综合素质档案。

评估的组织领导工作由高等学校党委负责本校国家安全教育的组织实施，在教师配备、经费投入等方面给予必要保障。把国家安全教育纳入教育督导体系，明确督导办法，着重检查教育实效，检验学生思想认识、态度情感、行为表现等方面的状况，将督导检查结果纳入年度考核范围。在专业指导层面，全国国家安全教育指导委员会负责开展国家安全教育教学全局工作。各地教育行政部门和学校进一步发挥示范引领作用。相关专业学术机构、学术团体，组织开展学术交流、进行教学应用研究、组织学术平台建设，加强国家安全教育的理论与实践研究。各级教研部门组织国家安全教育实施途径与方法的专项研究，探索学科有机融入和专题教育设计，有效指导教师教学。

二、国家安全教育评估的基本特征

（一）教育政策和组织管理保障的具体化

政策规划发挥引导、支持与监督的作用，具有顶层设计和长远规划意义，是协同推进国家安全意识培育的关键。从政策制定的主体而言，有中央军委国防动员委员会、教育部、各省军区战备局及教育厅、市教育部门和高校。

为实现国家安全意识培育的实效性，国家安全教育以总体布局、规范引导、多元推进的方式推进，把各机构、部门和高校的国家安全教育职责和任务具体化和明确化，明确规定和整体构建国家安全意识培育的目标、内容和形式，为学生提供系统、整体和有效的国家安全教育。

从实际需求而言，中央的政策规划是全面性、原则性和指导性的，政策应针对大学生群体和国家安全意识培育进一步分化。基于国防教育目标制定《新时代高校总体国家安全意识培育实施意见》，使总体国家安全教育目标具体化，安全教育内容与目标密切关联，为高校开展国家安全知识教育提供深层次的情感和意识目标指引。从教育效果而言，为了保证国家安全意识教育，细化的评估机制必不可少。目前相关政策重视总体国家安全教育的评价和评估，却缺少具体的评估措施和指标，无法满足国家安全教育有效性的需求，有必要构建相关评估机制和体系，形成国家安全教育的长效机制。在具体实施层面，地方政府结合自身教育实际，出台省或市的《关于加强大中小学国家安全教育实施方案》，构建具有各省特色的国家安全教育。

（二）教育实施的整体性

意识培育的最优状态是形成范围大、联系性强、持续时间久的认识，形成一种复杂的立体性认识，具有时间性和空间性联系。以国家安全意识培育为目标的国家安全教育，转变原有狭义和肤浅化的教育理念、方式，改变分散和孤立的课程设置，通过知识竞赛、辩论、主题活动等多种方式塑造校园文化，唤醒大学生的主体意识、责任担当和实践自觉。

基于专业和学校特色高校确立宏观层面的政策框架，改变目前以军事理论课程为主，思政课程、形势与政策有所涉及的，分散、割裂的实施国家安全教育的方式，整合一切教育教学资源，构建多学科的国家安全培育课程体系，以及科研与教学紧密结合、相辅相成的教学科研体系，使总体国家安全意识培育全方位贯穿于人才培养和教育教学的各个层面，进一步提升教育的持久性和日常化，切实提高国家安全教育的有效性。

高校国家安全教育依据法律和规定以融入教学方式实施。融入教学是把学习内容适当地安排在既有课程中，教学内容与融入教学主题结合，融入教学蕴含着整合与统整的意涵，以原课程为主轴阐述要融入的课程内容而进行教学。单向教育缺少回馈及信息互动的机会，整合教育是整合各种教育教学方式和教学环节，整合校园的各个相关部门，促成目标对象的“态度”转变，检视实际的行为结果，实现综合效果。（见图 7-1）

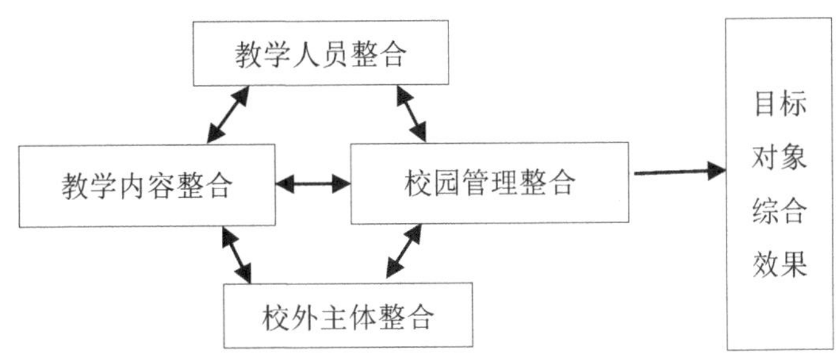

图 7-1 国家安全教育实施的整合框架

（三）课程评估的整合性

面对国家安全教育的迫切需求和复杂的国家安全议题，构建整合的国家安全教育课程指标是实现融入高校课程或各专业领域的依据，是教师主动积极参与国家安全教育课程设计的导向。课程指标的解读在方法上是通过概念知识的阐释去澄清课程指标所蕴含的旨意及课程所要培养的基本能力。解读能力指标时，有助于课程设计者思考国家安全教育课程指标内涵，并自我审视教学活动中呈现的知觉学习概念的完整性。国家安全教育指标解读包含预期达成的能力、主要学习内涵、主要概念知识、融入学习领域的分析及教学活动设计等，依据整合性的教学目标完成教学活动设计。（见图 7-2）

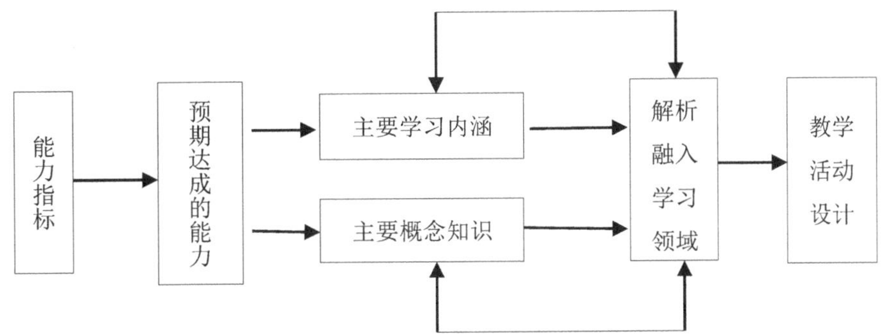

图 7-2 基于整合的课程评估指标含义与教学设计

（四）评估的系统性

从系统观点出发，以“输入—过程—输出”模式为主分析评估体系。国家安全教育指标体系的内容与范围，包括多门课程体系建立、教学过程及结果，指标体系的构成要素具有层级的逻辑关系，彼此紧密联结，相互影响。输入、过程和输出三个维度相互结合，相互影响，构成国家安全教育评估体系，输出受输入和过程的影响，过程与输入的数量及品质相关。基于教育指标系统模式考虑国家安全教育的实际发展，输入领域以组织规划和教育资源配置为主；过程涉及教育系统的运作，包括军事理论课程主渠道发挥、课程体系融入、选修课、社会实践和校园文化生活；输出领域包括学生在知识积累、意识培养方面的效果及教师成长状况。（见图 7-3）

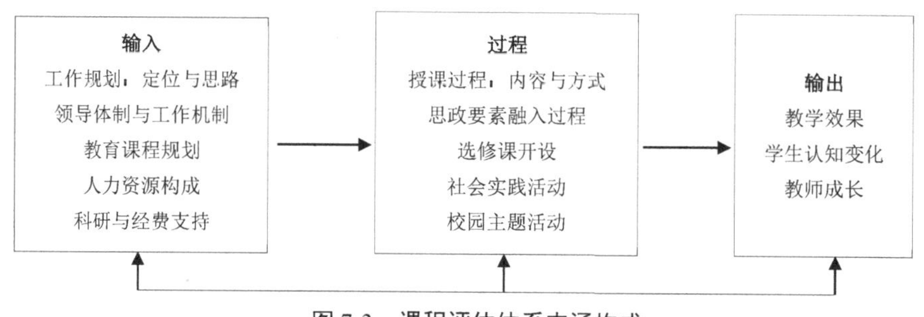

图 7-3　课程评估体系内涵构成

三、国家安全教育体系评估指标

我国课程评估研究起步较晚，但已形成中国特色的评估制度和方法的基本框架。评估指标是整个评估工作的核心。教育评估指标的核心是如何选择、如何建构及如何运用。国家安全教育评估是多要素构成的动态系统，评估内容多元化，各要素有机组成具有特定功能的整体，是基于一般课程评估程序又不限于此的特殊评估形式。

国家安全教育评估的现有研究中，有基于 CIPP 模式的研究[①]，国家安全

① 金娜．基于 CIPP 模式的高校国家安全教育评价研究 [J]．黑龙江高教研究，2017（8）：93-95.

教育评估研究成果较少，可借鉴国防教育和思想政治评估的经验。西安交通大学张正明教授构建国防教育课程指标体系，包括指导思想、组织结构、师资结构、师资学术水平、教育教学工作质量、学生学习质量、教学设备条件，但研究指标设计缺少整体性。[①]总体国家安全观提出对于国防教育的教学内容改革确立了导向，改革的成效需要建立一个包括教师、学生、同行、专家和社会5项信息维度的开放科学的评估体系，然而这个评估体系指标过多，对于教学改革过程和教育体系建设的评估不足。[②]现有国家安全教育评估研究难以满足总体国家安全观指导下的高校教育体系高品质发展的新需求。

国家安全教育评估指标的构建需要有理论根基和现实逻辑，各高校国家安全教育水平基本规范化，但有效性不足，难点在于评估指标选取的逻辑，这涉及国家安全教育的“应然”状态和“实然”状态。在构建评估指标时，基于现实，又重视“应然”面和理想状态，指标先于实践。成熟的指标系统需要反复修正和不断完善。基于高校国家安全教育实施现状，以系统方法构建评估指标时，基本思路是基于现实又高于现实的理想“应然”状态，“应然”状态的判断依据是教育部文件确立国家安全教育的工作原则，即坚持“系统设计、整体谋划，尊重规律、注重实效，部门联动、协同推进”。国家安全教育体系评估确立了3个一级指标，14个二级指标，数个测评标准。一级指标包括输入环节（组织规划、教育资源配置）、教育过程、教育结果。测评方式兼用材料审核、实地考察、访谈及调查问卷。

（一）输入环节组织规划和教育资源指标选取

国家安全教育的有效性从根本上需要高校内部发挥作用，建立顶层设计的管理体系，形成总体布局、规范实施、多元推进、统筹兼顾的国家安全教育长效机制建设。军事教研室显然无法满足总体国家安全教育需求，成立校级国家安全教育领导小组，与高校武装部、军事教研室、马克思主义学院协

① 张正明，李科，问鸿滨．高校国防教育课程评价指标体系的建构 [J]．西安交通大学学报（社会科学版），2011（7）：93-96．

② 闫忠林，问鸿滨．“总体国家安全观”视域下高校国防教育教学内容改革成效指标体系建构的研究 [J]．教学研究，2019（5）：54-57．

调合作。管理与协调机制的建立有利于总体国家安全教育有关方针政策的宣传和贯彻，有利于学校领导及全校师生对国家安全教育工作的重要性达成共识，为高校国家安全教育进入常态化管理提供组织和资源保障。

输入环节是对国家安全教育组织管理和教育资源配置的评估。组织规划层面的指标设计是：（1）领导体制与工作机制：是否建立学校党委牵头的国家安全教育顶层协调和工作机制，是否具有完善的党委领导的专项工作制度。（2）工作规划（定位与思路）：是否制定国家安全教育实施方案，各部门育人职责是否明确，各部门是否建立常态协作的育人工作机制。（3）教育课程规划：组织规划层面检视教育目标是否明确，是否成立实施教育的组织管理与协调体系，各个课程的国家安全育人要素是否在教学大纲和教案中有所体现，是否每年开展国家安全教育的调研。教育资源配置的指标设计是：（1）人力资源：教师队伍的数量与结构，专业教师队伍情况、专兼结合的教师队伍情况。（2）科研与经费支持：是否有专项课题支持，是否有国家安全教育科研育人的激励机制。教育资源配置层面检视教育过程开展的硬件和软件条件保障情况，建设一支以专业教师为主，专兼相结合的高素质教师队伍是教育资源配置评估的核心。教师队伍需要积极参加总体国家安全观的学习，并培育深厚的国家安全理论素养，通过教学科研一体化促进国家安全教学思想性与科学性、学术性与政治性相统一。

（二）教育过程指标选取

高校整合教育资源，拓宽教育思路，丰富教育内容，基于总体国家安全观的要求，多管齐下引导学生积极关注国家安全环境、安全政策和安全动向。大学生维护国家安全的能力因个人专业和素质不同、毕业后工作岗位和工作领域不同而存在差异，有必要结合专业优势，积极培养大学生的总体国家安全观。课堂教学是高校国家安全教育的主渠道，创新国家安全教育形式，形成课堂、校园及互联网多种渠道并用的育人合力。

教育过程的指标设计是：（1）军事理论课：教学目标是否确立国家安全意识培育，教学内容是否体现总体国家安全观，教学方式是否能激发学生兴趣，教材选择是否权威。（2）思想政治课融入课程：教学大纲中是否体现国家安全教育目标，教案中是否体现融入的教学内容，教学融入方式是否能激发学生兴趣。(3) 选修课实施情况：是否开设国家安全教育选修课，开设次数及开课方式。(4) 社会实践的实践育人功能：是否将国家安全相关实践纳入社会实践活动，是否整合相关的实践资源和平台开展教育，是否开展专题项目建设。(5) 网络育人：是否在网络平台中有相关的国家安全教育专栏、是否有网络专题活动，是否培养网络育人的力量和能力；(6) 校园环境育人：是否开展国家安全教育主题活动，在潜移默化中增强大学生维护国家安全的意识。教育过程是教育评估的主体部分，涉及学校教育实际运作，是检视课程和教育方式与教育目标的契合程度，通过课堂教学，促使学生在知识、能力和情感层面提升国家安全认知，在社会实践和校园文化活动层面激发学生兴趣，使国家安全教育保持可持续发展。

（三）教育结果指标选取

教育结果评估不是针对某个课程的评估，是对高校国家安全教育体系的最终检验，是高校整体国家安全教育开展的育人效果评估。教育结果的指标包括教学效果、学生认知变化和教师成长 3 个二级指标：(1) 教学效果：以学生考核成绩的分布情况对学生知识学习效果进行定量评估，考查是否达到课程教学目标。(2) 学生认知变化：以国家安全意识培育为目标的教学最终要实现学生对国家安全认知广度和深度的调整和变化，用调查问卷的方式以情感、行为自觉性为主要指标考查高年级学生对国家安全认知的变化。(3) 教师成长：教师的成长依赖于教学过程中知识能力的提升和教学方式的优化，以教师教学科研论文和相关科研项目、竞赛为指标。教师成长是评估教育有效性和发展可持续性的关键环节。

教育评估目的及评估过程就是促进高校国家安全教育体系化实施和规范化运作，提升教育有效性。国家安全教育体系评估与课程思政教育改革进程中高校课程体系建设具有内在一致性，学校层面推广自我评估和反思的政策和实践比外部评估更有效。教育有效性来自对教育目标本身的态度改变，来自学校管理的变革和以战略方式追求教育效果的体系建设。当教师和其他教育行为者参与变革过程的计划以及评估时，学校的变革会更有效。立德树人教育目标不能孤立获得，它涉及教育体系的建立。教育实践活动不仅满足系统外部要求及评估所采取的应对行为，更是教育系统内部完善管理机制，实现教育目标主动实施和制度化运行的行动。

第三节 教师能力评估与发展

高校国家安全教育实施主体是以军事理论课程为主的专业教师、思政教师、其他相关学科的专业教师。国家安全教育师资队伍是专兼结合的，选拔、培育一批专门从事国家安全教育的专业骨干教师，鼓励相关领域专家、思政课教师、相关学科教师，发挥专业特长，参与国家安全教育。无论是专、兼教师队伍，通过各级各类培训，强化每位教师的国家安全意识，提高他们实施国家安全教育的自觉性，更新其自身知识结构，优化其教学策略，使其实现自我成长。保持持续有效学习是有效开展国家安全教育的基本保障。

一、高校教师能力评估现状与问题

教师能力评估内容由教师能力内涵界定。教师能力与一般职业能力构成具有共通性。国家安全教育教师能力包含知识、技巧和教育信念层面，知识和教育技巧相对容易评估，教师信念相对不容易衡量。高校现有对于教师能力的评估主要采取学生评估和同行评估相结合的方式，基本以学生评估为主。授课结束后，学生一般会对教师的授课内容、态度和授课效果等主要指标进行评估。这种评估具有现实意义，同时局限性也很明显，尤其是不能体现教师能力的成长状况，教师的主体性和积极性更无法体现。教师主体对于教师评估是被动的，甚至是抗拒的。由于传统的教师角色及定位、校园文化和相关的配套措施不足等因素，教师评估在执行上依然面临很多问题。

首要问题是学校对教师专业成长的支持不足。从教师的角度而言，在赋权增能的学习过程之中，教师不是被动地接受评估，而是一位自主且具有创新研究能力的专业人员。学校或者是教育主管部门应提供多样且系统的教师成长支持，提供符合教师需求的教育成长规划或者是进修机制，才能更好促使教师教育教学素养的提升。其次，在现有评估中，教师的主体性和积极性有待提升。评估大多数是自上而下的，部分教师对于教育教学发展评估缺乏参与感，只是被动地配合行政人员的要求。教师评估的理想状态就是建立一种评估文化和完善的评估系统，通过持续进行的评估活动促使良性校园文化的逐渐形成。最后，教师评估的专业知识技能和认同仍需加强。专业知识技能是指评估者应该了解评估的概念，熟悉评估的方法和评估结果的应用。参与评估的相关执行人员包括教师、学校教育行政人员。一般教师对于评估的过程较为陌生，教师常常不熟悉评估程序和内容。为了增加教师对评估的认同，不仅要强化教学行政部门人员的评估知识和技能，也要增加教师对评估内容的认知，让教师参与到教师评估中，降低教师对专业评估的抗拒。从评估内容而言，教师发展评估层面主要包括课程设计与教学、课程管理及敬业精神和态度。

在“三全育人”的教育格局中，对教师能力和素养提出新要求，更需要以评估带动教师能力提升。教师能力评估问题的主体应是行政部门、教师和学生，其中教育行政部门尤其是教务部门负有主导责任，评估的目的不是监督监视教师，而是促进教师成长。在评估中教师与行政机关人员是合作伙伴关系，不是领导与被领导、评估与被评估的关系。评估的内容是教师的思想政治素养、德育素养所体现的相关知识结构、教学方法、教学态度和信念及教师能力提升机制的参与度这四个基本层面。教师评估目的是提升教师的教学表现和教育品质，根据各个层次的评估规则，对教师的教学表现进行系统的、多元的和公正客观的信息搜集，作出价值的判断和决定，让教师从中得到反馈，了解自身教学的优缺点，并且协助教师规划自身成长，促进教学发展。国家安全教育评估机制的建立是教师教育教学能力发展的要求。国家安全教育的教师评估在高校教师评估中是相对被忽视，也是亟待加强的领域。

二、国家安全教育教师能力评估的内涵

高校国家安全教育不是某一个课程或某一科教师的职责，而是一项深入

挖掘各类课程潜力和资源，将总体国家安全观的丰富内涵融入教学过程中的教育工作，因此需要更多专业教师积极参与和有效落实。从事国家安全教育的教师所具备的专业素养主要包括理论知识、教学知识、教学信念三个方面，这也是教师评估的主要内容。教师一方面掌握总体国家安全知识并向学生传授，改变学生对国家安全的狭隘认知，使学生认识国家安全意识教育的价值，了解国家安全与个人命运的关系，同时向学生阐释维护国家安全的责任，使其了解自身的责任是什么及承担责任的恰当方式。教师能够做到以学科知识的延伸、拓展引导学生分析国家安全问题，在课程中融入国家安全教育内容，教学上以教学设计避免知识的简单添加和生硬衔接，注重教学实效。

（一）国家安全的理论知识

国家安全教育的理论知识包括安全知识的教育目标及同自身专业相融合的理论知识。教育部《国家安全教育指导纲要》中明确规定，国家安全教育主要包括对其重要性的认识，总体国家安全观的内涵、重点领域和重大意义、新时代国家安全的形势与特点、国家安全相关法律法规等。国家安全教育的重点领域包括政治、国土、军事、经济、文化等传统安全和不断拓展的新型领域安全，还包括上述国家安全重点领域的基本内涵、重要性、面临的威胁与挑战、维护的途径与方法。大学阶段，在公共基础课中应全面落实具体规定，各学科专业主动结合相关内容落实。（见表 7-1）

从事国家安全教育的教师不仅要具备总体国家安全知识，还要有开展国家安全教育的核心素养：具备国际安全形势分析素养，能判断全球化发展趋势、世界经济与政治形势对中国发展的影响；具备国际战略分析与判断素养；具备国家安全政策教育素养，能了解政策目的与手段运用，以及国家安全体制妥善分配资源的机制；具备对近代史、建党、建国史和抗日战争史充分认识与分析的整合素养，包括能从重要战役中认知忘战必危与保家卫国的重要性。

表 7-1　大学生国家安全知识要点

领域	知识类别	一级知识点	二级知识点
国土安全	维护国土安全的途径与方法	坚持兴边富民，强边、固边、稳边	推进兴边富民工程 巩固边境安全
		加强国防和外交能力建设	增强国土安全的国际话语权 增强国土安全对外法律斗争能力
军事安全	军事安全主要内容	军事科技武器装备	军事科技分类、高技术武器装备类别
		军事秘密	军事秘密等级、军事秘密范围
	军事安全面临的威胁和挑战	世界新军事革命深入发展带来新挑战	战争形态和作战样式发生新变化 军事战略、力量和作战思想面临新环境 新型安全领域的斗争日趋尖锐复杂
	维护军事安全的途径与方法	加强领导指挥体制与力量建设	新一轮军队改革的总体布局 军委管总、战区主战、军种主建 重塑各军兵种作战力量
		贯彻强军思想创新军事战略指导	党在新时代的强军目标 积极防御的战略思想 新时代军事战略指导方针 应对新型安全领域威胁 坚持军民融合发展战略
经济安全	经济安全面临的威胁与挑战	国际经济金融动荡	国际金融危机持续影响 世界贸易战的发展演变 经济霸权主义和霸凌主义加剧国际经济金融动荡
		国际经济秩序变革	要求变革国际经济旧秩序的呼声高涨
		主要经济领域安全存在风险	经济发展存在滑坡风险
	维护经济安全的途径与方法	实现经济主权安全的途径与方法	经济方针政策自主制定的权利 有效掌握自己重要资源的权利 战略产业的权利
文化安全	维护途径与方法	文化安全国际环境	积极主动加强国际文化合作
科技安全	科技安全的主要内容	科技人才	海外引进人才
		成果应用	防范技术“双刃剑”效应
	科技安全面临的威胁与挑战	人才风险	高端人才流失
	维护科技安全的途径与方法	落实战略规划	加强科技安全基础设施建设
网络安全	维护网络安全的途径与方法	依法治网	网络安全信息收集、分析、通报和应急处置 建立监测预警与应急处置、网络安全审查制度
		网络管理	采取监测、记录网络运行状态和网络安全事件的技术措施
核安全	核安全威胁	核武器扩散	
	维护核安全的途径与方法	加强国际合作，维护国际核安全体系	核安全技术引进和合作开发

（续表）

领域	知识类别	一级知识点	二级知识点
海外利益安全	维护海外利益安全途径与方法	健全维护海外利益安全的工作机制	构建社会力量和机构广泛参与的维护海外利益的综合性安全网
新型领域安全	新型领域安全	生物安全	防范生物恐怖袭击、防御生物武器威胁
	新型领域安全面临的威胁与挑战	太空安全面临的威胁与挑战	太空碎片增加阻碍人类活动
	维护新型领域安全的途径与方法	开展新型领域安全国际合作	推动新型领域国际治理和规则制定 推动新型领域安全文化建设

（二）基本的教学方法和技巧知识

国家安全教育的目标在知识和认知层面是对总体国家安全狭隘认知的转变。教师所具备的关于教学方法和技巧的知识主要有基于认知心理学的教学方式、激发学生学习兴趣的教学方式和课程过程评估模式。教师的教学能力主要体现在了解大学生的认知特点，发挥学生在知识学习和教学内容生成中的主体地位和作用，实现教学相长；认识学生的思维特点，采用师生互动和学生参与等多种教学方法，避免缺乏互动和灌输模式教学；拓展虚拟空间教学领域，实现学生知识获取或疑难解答的即时化。

国家安全教育的目标是培养学生的总体国家安全意识，意识是认知层面的目标。国家安全对于学生生活而言距离遥远，学生对总体国家安全的认知或陌生，或仅是狭隘的军事安全。因此，教学目标就是转变现有狭隘认知，而学生认知的转变是基于心理因素的知识意义建构过程，教师需要了解如何结合学生的知、情、意教学，让学生能够做到深层认知投入，使自身先前具备的知识和新信息相结合形成更复杂的认知结构。学生不限于对字面意义的理解，重在寻求国家安全知识学习对其自身的意义。从心理层面探究知识和认知观始于皮亚杰的认知理论。大学生群体有独立思维和自主角色需求，其思想与价值观对其求知本质和求知历程发展具有建构意义。学生知识认知的转变来自内在假设和外在经验的交互作用，某些认知会随着时间而自动转变，有些认知需要依赖外在协助才能改变，不一致和个人相关是知识认知转变的潜在条件。教师所做的是让学生发现国家安全认知的应有状态与学生原有认知的不一致，教师选择与学生个体相关的知识帮助学生实现认知转变的过程。教师依据认知心理学的相关知识和理论整合教学内容、选择教学方式。

国家安全教育无论从目标还是从内容层面都是距离学生生活相对较远的，激发学生学习动机的方法和技巧在教学中极为重要。西方有一句谚语：你可以带一头牛到河边，却不可以强迫它喝水。在教学上，教学者需要提供激发学生学习动机的学习情境和教育方式，因而教师最迫切需要的是如何增进学生学习动机的相关技巧和策略。教师应了解动机模式教学设计的要素构成、定义、教学过程中应该思考的问题及激发学生学习动机的策略。教师需要培养应对不同课程需求的教学能力，从而达成预期的教育效果。

国家安全教育是以培养某种观念和意识为目标的课程，不是以知识记忆和训练为目标的，教学效果依赖于整个教学过程的开展。国家安全意识培育的过程评估与课程发展阶段相一致，包括先测评估、过程中评估、形成性评估和总结性评估等。教学过程中的教学设计、教学内容整合、教学方法选取都与教学评估相关，教学评估伴随着教学过程开展。先测评估，对于教师而言，是了解学生认知状况进行课程分析和课程设计的基础；对于学生而言，是了解自身原有信念的基础，使其在学习过程中，面对不断强化的并与自身认知不一致的信息时，将新信息与原有信息进行对比，进而引起认知冲突，在学习过程中通过认知历程解决认知冲突，选择是否接受新信息，是否决定调整或改变原有认知，最终用新认知指导自身行动。教师的形成性评估是对学生认知调整程度的测量，也间接发挥强化学生认知调整的作用。教师要掌握的教学评估知识包括如何围绕评估目标设计评估问题，包括评估内容、评估原则等基本知识和技巧，根据评估数据进行分析，并最终指导教学。

（三）教师的专业精神和态度

无论是教师自身教学知识的学习，还是对教学模式理论和教学技巧的掌握都体现教师对教学的认真和执着的信念，体现教师对教育的热忱，教师为了使教学更完美地呈现而表现出的使命感和信念。教师从事国家安全教育的专业精神、信念和态度是基于对国家安全教育必要性和重要性的认识。国家安全教育是社会适应取向的课程，国家安全的前提是政治和国家稳定。国家安全教育的目标不仅是对总体国家安全的认知，也是对国家安全规则制度了解，对维护国家安全价值与态度的养成。学校为社会提供具有维护国家安全意识和行动实践能力的人才。基于教师的育人责任和教学信念，大学生能更好地了解国家安全的价值理念，学习国家安全的知识并维护国家安全。

三、高校教师能力提升原则

教师能力提升和成功教学的关键动力来源是教师的有效学习，促进教师有效学习的方式和工作机制也是教师能力评估的重要内容。教师能力提升是教师自身的内在动力和教师所在环境所提供的外部机制影响的结果。只有教师参与专业发展活动，才能产生有意义的学习结果，才能提升学生学习成效。传统上对于教师学习的理解是教师在学者专家的指导下接受各种权威性知识的结果。然而，这种理解是被动和单一化的概念描述，与真正的教师学习有很大差距。教师学习是有意识的、有知觉性的训练，或者是在环境的浸润下，使行为潜能产生持久性改变。简单说，教师学习是有意向性的练习，或者是因为环境和文化的间接影响，造成外在的和潜在的行为，包括思想、观念、价值、态度和知觉等方面发生持久性的改变。

（一）学校管理层面的机制和制度变革

教师学习能力提升与教师生活、教学情境及学校的组织性支持相关。教师的教学行为所代表的不仅是其专业能力的表现，更是其自身的成长背景或个人的教育理念、所任职的学校文化、教师之间所形成的文化形态的总体反映。大学的教学问题牵涉的层面是如何提供资源，制度的改革可能是最有效的办法。国家安全教育在行政组织机构设置方面：创设国家安全教育工作室，为教师的教学生活和科研能力提升提供资源和服务。在教学生活方面：对教师的关注莫过于通过职称评定方式对教师的认同，提高教学表现在教职称评定中所占的比重。教师学习是教师在生活的基础下发生改变的过程。教师的学习和改变在本质上并非单靠外在的力量就可完成的，需要教师自身觉察到要改变和有意义的学习才可能发生。

教师能力提升是教师在教学情境脉络需求下获取新知识和技能的过程。教师的教学是在某种真实和动态的教学情境下进行实践的专业行为。教师学习是在教师认识到教学现场中的问题，从而在各种专业实践的机会中逐渐增进教学知识和技能的过程。教师学习是否真正发生与教师的内在动机相关，但仍要视教师与教学情境互动的结果而定。教师学习是教师进行深思、反思的过程，唯有此，才足以让教师在教学上将所需要的各项知识和技能加以整合。因此，反思的最大功能是教师能够在教学上将形成一种综合性的表现，并且更有能力展现个人的实践智慧。一般而言，教师所运用知识的层次越高，代表教师所进行的反思性学习越有深度，教师也越具有高品质教学的潜力，反之亦然。

学校强化师资培训，可成立国家安全教育师资培训中心，协助教师进行教学专业的实地参观考察和交流，提升教师队伍国家安全教育教学能力。学校一方面提供资源协助教师提升教学知识和技能，同时也可积极促成教师之间相互学习和支持的组织的创设，为教师提供教学实务经验交流的平台以及优良教学观摩的机会，为教师提供帮助和支持。学习是教师个人和学校组织连接的一个过程。教师专业发展需要时间和心理空间的因素加以配合，否则教师学习不容易发生，不足以内化为专业实践的基础。教师学习要依赖于学校组织性的支持和协助，需要学校发展出一种正式的方式持续地评估和反思教师的学习，营造出一种学习的文化和心理氛围，促进并持续助力教师学习。提升国家安全教育的教师能力，学校可分层次举办总体国家安全观专题研讨班，进行专项培训，提升教师教育教学能力。

教师能力提升基于教师学习时间的供给，学校需要为教师提供更多的自主选择时间，减少不必要的工作负担。教师是独立自主并且高度自我导向的个体，教师更倾向于个人化的学习，不管是正式的或非正式的学习，更热衷于探寻学习对自我和生活具有何种意义以及这种意义如何整合到自己的日常生活当中。因此在教师专业发展上，教育行政部门有必要把握成人学习强调自我导向以及自我发现等学习原则，采取创造一个被尊重的学习气氛、鼓励主动参与、采用合作探究学习等方式，使教师的学习更具品质、更有效。相反，严格的时间限制或是强制性学习机会的提供，都不容易促成教师能力的成长及其所引起的知识结构的改变和教学实践预期效果的取得。

（二）建立教师科研教学一体化的培育机制

教师学习具有成人学习的自我导向和兴趣需求导向。自我导向的学习是使人有能力获得变通性的知识基础，进而足以发现并触及个人的真正需求。[①]自我成就导向的能力提升需要学校建立教学科研一体化的工作机制。教师教学科研一体化的促进机制建设是教师能力提升的主要途径。依靠培训和自我学习的途径培养相关教师国家安全方面的专业能力，充分挖掘教师科研潜力。学校邀请相关专家进行专题讲学，加强对国家安全教育相关教师的专业化培训；提供课题研究项目资助，深化对国家安全教育工作特点和规律的研究。教师的专业能力通过科研实践活动实现提升，科学研究开展深化教师知识学习和教学技能训练，科学研究是对知识学习深入思考的结果。教师的理论潜力挖掘、教学和实践能力提升要依赖于教学科研一体化。

① Mezirow. A critical theory of adult learning and education[J]. Adult Education. 1981, 32(1):3-24.

第八章　国家安全教育课程评估与实践

高校国家安全教育意识培育是认知目标导向的教学理念实践探索。国家安全教育属于学生社会规范、价值观念以及思想体系的建立，以认知目标导向和教学过程设计的系统教学模式实施教学。认知目标导向与教学过程设计并不矛盾，是以过程评估的方式实现整合与统一。认知目标导向的教学是师生互动的过程，教师在发展课程的过程中，以实践研究的方式对自身教学行为进行评估。

第一节　教学设计整合模式的理论基础

以中国特色社会主义思想和社会主义核心价值观为认知目标的教学在高校课程建设中具有普遍意义，对知识认知教育目标与知识能力培养目标之间相互统一有更高层次的要求。课程思政是高校课程研究的重点，不是“加法”是方法。[①] 教学是高校教育系统运作的核心，是落实教育效果的重要媒介。传统教学设计重视知识的理解和掌握，而以知识认知为导向的学习议题是没有标准答案的。国家安全教育以国家安全意识培育为核心目标，在高校现有国家安全教育主渠道的军事理论课程中，教师在系统模式的教学设计、认知目标转变的心理学基础、教学阶段和过程、课程教学评估这四个方面进行理论总结和实践探索。认知转变目标导向的教学策略、系统化的教学设计、基于课程评估的研究模式课程发展是国家安全教育教学设计的理论基础，在高校价值观引领知识教育中具有方法性意义。

① 杨洋，王强，高建．课程思政是方法不是“加法”[J]．中国高等教育，2020（8）：4-5.

一、教学设计的系统化模式

教学活动是涉及诸多要素的教与学双向回馈历程。教师如何运用各种策略、教学法、各种语言、符号、例子将教学内容转化成学习者可以理解的内容。从教学主题到教学目标、教学实践和评估需要建构教学设计系统化模式。

教学设计模式是指教学设计的历程概念化或步骤化，包括学习者、方法、目标与评估等主要因素。宏观的教学设计模式侧重系统、课程和管理理论在教学设计层面的反映；微观教学设计模式强调心理学、教学理论在教学设计层面的反映。以教师为中心，重视知识的控制与传递的传统教学设计已逐渐被替代，教师成为学生信息的提供者、合作者、引导者。传统教学知识的来源与获取来自教师、权威专家观点和教科书；教师是教学的管理者，学生是学习的接受者，偏重机械性的记忆、模仿；教学活动是静态的被动吸收，可预测性强，属于单向活动。建构取向教学设计重视知识的选择与建构，教师是教学的引导者，学生是学习的探索者，教学活动是动态的过程，具有不可预测性，属于师生双向互动。系统教学设计模式结合认知取向和建构取向，基本架构包括 9 个具有相互关联的教学和评估的系统化步骤，是教学设计者可用来进行有效教学的程序。[①]（见图 8-1）

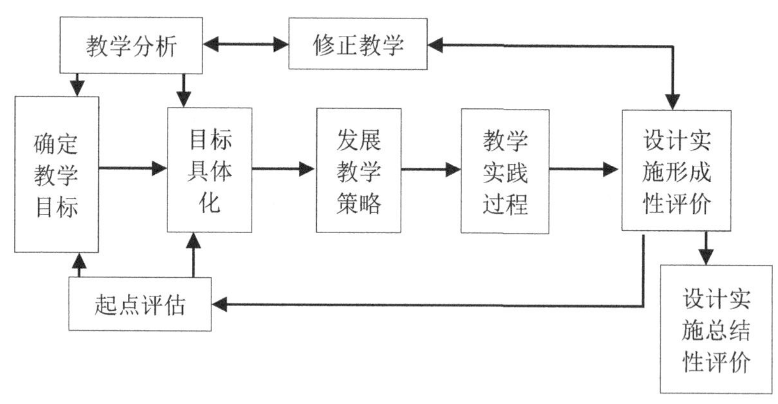

图 8-1　系统设计教学模式图

① Walter Dick, Lou Carey, James O Carey. The systematic design of instruction[M]. New York: Pearson, 2008.

教师开始教学之前首先确定教学内容所要达成的教学目标。基于总体教学目标、教学分析和教学基础评估，确定具体的课程目标，并与学生的微观生活相契合，表达所要学习的内容。为了解学习者的学习过程，在教学活动中进行的形成性评估不可或缺，其目的在于针对教学目标的完成和学习效果的掌握，根据认知、情意、技能等目标进行评估类型和标准的设计，以供教学修正的参考。总结性评估是对学生学习结果和教学效能的验证。课后评估学习前的决定是否合理，目标是否达成，通常涉及教师与学习者对教学、学习成果的评估，并提供回馈。

二、认知相关理论在教学实践中的整合

作为教学目标和教学运行的要素，认知在整个教学过程中发挥基础性和普遍性作用。认知心理学及其在教育中的应用由来已久，然而，从不同研究视角，对认知的解释并不相同。总体而言，认知有两种解释：一种是所知的结果，是个体在知识与技能上表现在外的能力和所具备的知识；另一种是获取知识的历程，吸收、加工和运用知识的心理活动。

（一）作为学习结果的认知

以学习结果的认知作为教学目标，是美国心理学家布鲁纳提出的，他提出教育目标包括认知、情感和技能领域的分类系统，基于认知结构的教学目标为多个学科课程发展、教材教法、教学评估提供重要依据。布鲁姆的认知目标分类系统包含两部分：知识、知识的能力与技巧。[①] 知识是学生对教学内容的识别和记忆，知识的能力和技巧指学生能够把学习内容的意义进行内在化和系统化，使知识成为独立存在并能加以运用，能力和技巧分为理解、应用、分析、综合和评估这五个类别，连同知识在内的六个层次的认知目标是由简单到复杂，是彼此之间有内在关联性的体系。知识是认知目标类别结构中的基础，包括特定知识记忆，处理特别事务方法的知识、一般及抽象知识

① Benjamin S Bloom. Taxonomy of educational objectives: the classification of educational goals[M]. London: Longmans, 1956:201-207.

的记忆。理解能力因知识而产生，包括转换、解释和推论。应用以理解为前提，学生对于提出的问题能够结合已有知识引导行动，或由最初的不熟悉到寻求同自身有关的知识要素，找到熟知的类别，选取抽象的理论原则和方法解决问题。分析能力比应用能力更复杂，能够分析要素、关系和组织原理。综合能力高于分析能力，且涵盖分析能力，包含建立抽象关系，拟定研究计划和实施方案。评估能力是认知目标领域中层次最高和能力最复杂的层次，依据内在和外在规则作出判断。

随着学习理论和认知心理学的发展，对知识的认识更全面，不仅是客观的，也是由学习者依个人主观经验建构而来，学习是主动、认知和建构的历程。新的认知目标理论修订布鲁姆认知目标重视学习结果忽视学习过程的问题，把认知目标分为知识和认知历程两个维度。[①] 认知历程维度重视引导学生保留和转移所学知识，进行有意义的学习，认知历程维度包括记忆、了解、应用、分析、评估和创造。

（二）作为心理过程的认知理论发展

认知心理学家偏重于知识认知历程的解释，研究范畴是如何获取、加工和使用知识，被称为“认知加工心理学”。[②] 认知过程包括主体对外界刺激产生反应和个体有意识地建构观念，认知过程贯穿于学校教学过程之中。认知心理学大体经历了从认知建构论、情境认知论到认知生成论的演进。

认知建构论强调主体主观建构。皮亚杰的认知发展论主要回答人“何以能知”。以信息处理为基础的认知心理学家主要回答人“何以获知”。强调认知是信息处理的心理活动，对符号的抽象化、意义化和规则化的历程，是思考问题与解决问题的过程；是心智活动与心理状态综合运作的过程。

情境认知理论是在自然情境下对认知进行的研究，个体认知受到情境复杂性的影响。现实教学中的课堂、校园都可以成为问题产生和解决情境大体

---

① Lorin W Anderson, David R Krathwohl. A taxonomy for learning, teaching, and assessing: a revision of Bloom' s taxonomy of educational objectives[M]. NY: Longman, 2001:46-68.

② 谭绍珍，曲琛．认知过程模型研究述评 [J]．四川教育学院学报，2004（11）：33-35.

一致的教学环境。课堂情境会塑造学习者个人的认知与动机，学习者知觉到教师传达的教学要求与期望时，会促使学习者把课堂目标内化为个人成就目标。课堂目标结构理论就是教室中的“情境因素”，是教学和学习过程中，教师通过与学生互动传达教学要求，形成某种特殊的目标结构，通过学习者的知觉与主观诠释进而影响其个人成就目标及学习结果。①

认知生成论主要关注有机体作用于环境的身体活动，行动界定行动者的认知域，是整体互动的认知观。② 认知生成是“具身认知”取向，认知加工是身体特定感觉通道（如视觉、听觉等）提供的内容。认知生成主义打破将心灵视为输入、信息处理和输出的“三明治”现象，提出认知不仅仅是符号表征和信息处理，而是包含着大脑、身体和环境之间复杂的循环交换作用。认知生成的核心观点是：认知生成和人身体、大脑以及环境所结合的动态结构密不可分；认知和行动不是分离的，知觉影响行动，又因行动得到新的知觉；认知的主体不是独立存在的，是嵌入与他人相互作用的社会情境中。③ 认知生成论认为认知存在于主体和其他个体及环境的互动关系中，研究焦点不是个体内部认知机制，不是认知情境，而是行动者和环境之间相互依赖、彼此制约的整体关系，是复杂性的动力关系。从教育心理学的角度，身体动作参与到学习和思维过程中，不仅可提升学习兴趣，改变学习态度，也会对学生的概念理解和记忆保持产生积极效果。

（三）影响认知转变的教育技术因素

教学是以学习者为中心，要考虑如何采用技术手段促进知识“再建构”。教育技术作为一种认知工具是多媒体学习的认知理论，是比较学习者在不同学习条件下学习结果的差异。教育技术与认知教育目标、认知过程是相联系

① Carole Ames. Classrooms: goals, structures, and student motivation[J]. Journal of Educational Psychology, 1992, 84(3):261-271.

② 叶浩生，曾红，杨文登. 生成认知：理论基础与实践走向 [J]. 心理学报，2019（11）：1270-1280.

③ E Thompson. Empathy and consciousness[J]. Journal of Consciousness Studies, 2001(8):1-32.

的。教学设计的主要挑战在于如何在不增加学习者信息加工系统中记忆负担的情况下，用促进生成的方式呈现教学资料，教育技术如何应用更容易产生知识认知的变化。多媒体学习的认知理论是解释人如何从画面中学习，认知过程包括以语词的选择和组织完成听觉信息加工，以图像的选择和组织实现视觉信息加工，双向整合涉及在言语和形象模型之间建立联系，以及与从原有记忆库中提取的已有知识建立联系。① 现代教育技术使教学受益，增加教学效率，是促进认知互动过程的重要媒介。

三、整合认知和评估的教学设计理念

（一）整合认知的教学设计

把认知视为结果或过程的研究，都是从单一立场说明教学中的认知问题。心理学是科学，教学是艺术，心理学的原则不能直接用于教学，只能间接有助于教学。教学是知识运作的过程，以改变或塑造学生认知为教学目标。教师的教学实践要从单一的研究中实现整合，并依据不同课程、学生及教学情境进行个性化的设计，而心理学的认知研究无疑是教学实践的基础。

1. 认知转变教学策略的整体架构

认知的调整或变化，是认知程度的强化、深化，知识内涵的拓展，变化的过程有激进的、有缓慢的。有的认知因认知成熟而自动改变，有的认知依赖于教育才能改变。以认知转变为目标的教学过程是渐进的、缓慢的，教学过程中有必要保持学习者认知调整的持续意志。转变认知的教学策略是整合教育心理学、认知心理学和教育技术学理论，是教师如何促进认知变化过程的教育实践。以认知转变为目标的教学策略是思考如何将其应用于教育情境以增进教学的有效性，有助于解释并预测学生学习过程和结果。

认知转变过程的机制是认知不一致、保持认知变化意志的教学策略和多媒体技术应用及认知变化评估。知识认知转变是学生内在心理过程和教师教

① Susan Veronikas，Michael F Shaughnssy，盛群力 . 教育心理学与教育技术学联盟：促进学习者认知变化 [J]. 远程教育杂志，2008（1）：21-26.

学设计交互作用的结果（见图 8-2）。当学生面对与自身有关并和原有认知不一致的信息时，有助于重新审视原有认知，不一致是认知调整的潜在条件。改变认知的第一步是察觉新信息与原有认知是否一致，信息与学生本身的关系越密切，越可能驱动并维持认知调整的历程。以原有认知为基础，学习主体根据新信息的强度和方向，逐渐调整认知系统，会选择接受哪些信息，决定是否改变或多大程度调整原有认知，最后会付诸行动。知识认知调整的教学过程中，师生互动体现为现有认知、认知改变动机和新知识信息之间的复杂互动。学生对已有认知差距的觉察驱动认知调整，真正的改变需要教学设计引发的认知调整意愿，即学生始终保持对新认知的持续关注并引导改变的心智历程，最后基于对已有认知的怀疑及改变的意愿，学习主体会实施调整或改变认知的策略。教学过程的结果不仅实现认知改变的教学目标，也提升学生的认知能力。

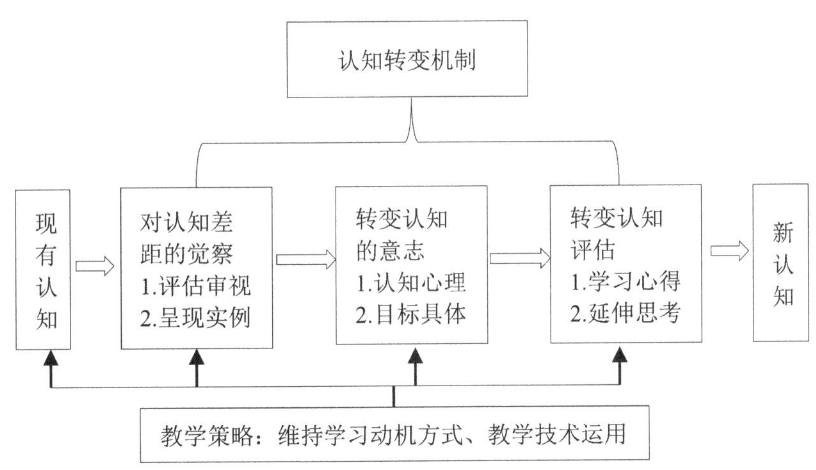

图 8-2　认知转变目标的教学策略整体架构

2. 基于认知阶段的教学设计与教学评估

认知导向教学是一个师生互动的过程，教师教学设计和学生认知阶段相互关联并紧密互动（见图 8-3）。教学过程是学生认知心理参与认知再构建的过程，受到教师塑造的课堂情境和自我认知的影响。在学生的认知过程中，教师是引导者，学生是主体。基于认知心理学的认知中介教学研究，教师教学过程、学生的认知运作、学生认知结果和学生学习成果之间存在关联性。[①]学生认知过程只有朝向期望目标，找出相互关联的知识才能有助于新认知形成，学生认知是否集中在解决问题的目标方向是强化认知结构的关键。学生的认知活动是一个持续循环的过程，可分为原有认知、认知过程和新认知三个阶段，知识是在认知主体已有认知基础上进行加工的过程，将新得到的知识与大脑中现有的符号结构交互作用，经历接受、转换、传递、加工、储存、提取的过程，最终形成新的认知。

教学设计中，教师在先测阶段需要了解学习主体认知的最初状态，这是达成最终认知目标的基础，也影响在主体认知过程中所采取的教学方式，具体做法是对话和调查。教师将教学目标明确化和具体化。作为结果的认知，积极的方向是对知识的认知由主观、片面、不清楚、关系模糊，逐渐变为客观、全面、具体和关系清晰等，消极的结果是对知识的初始认知没有变化，或变得更模糊不清。教师需要对学生认知结果进行后测评估，进而改进未来教学计划。

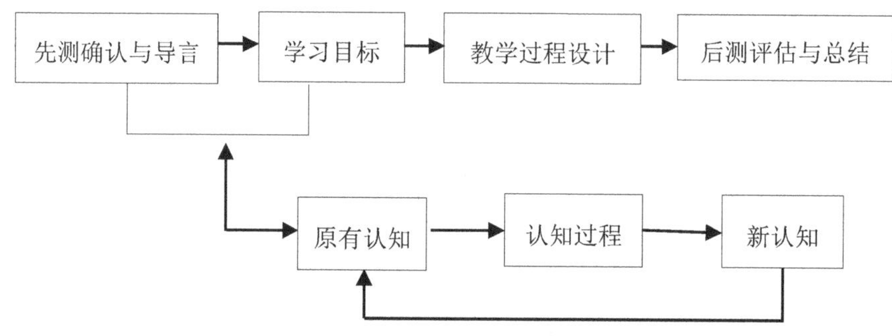

图 8-3　阶段教学设计与学生认知阶段的关系模式

教师所需的教学知识包含授课知识、学生的认知心理知识及把知识与学生经验联结起来的教学方法知识，包括“知其所然”的陈述性知识及“行其所宜”的程序性知识。在知识学习过程中，学习主体会受到过去已有概念或原有符号结构的引导、影响，逐渐了解问题情境中的知识，由现在的知识状态达成

① Philip H Winne. Why process-product research cannot explain process-product findings and a proposed remedy: the cognitive mediational paradigm[J]. Teaching and Teacher Education, 1987, 3(4):333-356.

教师期望的知识状态，最终是个人知识结构的变化，形成新的认知集合。

（二）课程发展与评估整合的教学过程

教学是知识运作的过程，以改变或塑造学生认知为教学目标。教师的教学实践要整合不同视角的教育学和心理学研究理论，并依据不同课程、学生及教学情境进行个性化设计。教师教学行为包含目标、教学情境设计方案和知识三个要素，这三个要素之间的结合成为理解教学过程认知的核心。教师基于认知目标设计教学过程，通过构建认知目标设计符合学生认知心理特征的教学方式，达成教学目标所期望的认知结果。

教师教学设计中，第一步是评估学生已有认知并以此作为教学设计的重要依据。教学目标首先要实现从宏观向微观的转化。在课堂情境目标设置中，学生依赖已有认知和认知心理过程所提供的认知和学习框架辨认教学目标的具体情境，并理解其中的意义，形成明确的问题意识。学生将教学知识和目标中所包含的价值观和规范内化为自身的意识与认知，最终形成新的认知结果，从而保证教学的有效性。学生个体所具有的反思能力使其不完全被动地接受教学情境目标，会对认知结果的预期形成不同的回应。一般意义上，这种反应的基本类型有接受并认同、抗拒与抵制、无动于衷，不同反应影响学生认知生成，导致不同的认知结果。后测的认知评估是完成教学目标从微观到宏观的转化，掌握学生认知建构结果，教师根据课程认知评估进行教学设计的调整。（见图 8-4）

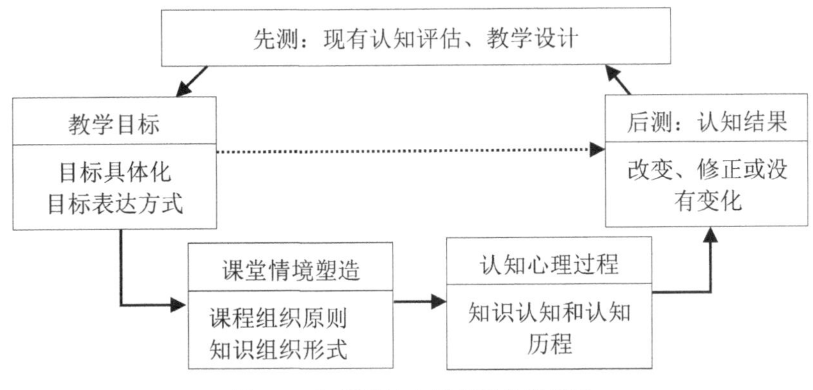

图 8-4　知识认知为目标的教学设计

1. 教师对自身教学行动的评估与反思

先测认知评估能够确认问题所在，是教学设计和教学实施的基础，具有唤醒学生原有知识及新知识认知导向的作用。后测认知结果评估引导学生总结和深入思考。认知评估指标构成包括知识内容、价值态度和行为导向。知识内容指掌握的程度和深度，从高到低的掌握程度有熟悉、知道、了解不多或完全不了解，设计指标衡量对知识内涵的认识是否全面深入，掌握的知识是否具备应用、分析和综合能力。价值和态度层面是评估知识的应用，是否作出符合准则的判断。行为层面是评估学生是否具有将所学付诸行动的意愿和能力。通过先测和后测两次认知状况评估可以分析学生的认知变化，了解教学目标达成度及教学组织的有效程度，也为教师的教学设计提供更新的依据。

2. 作为课堂情境要素的教学目标需要明确和具体化阐释

课程目标在教学评估中具有主导作用，是开展教学和检视教学成果的依据。教师以教学目标为核心进行教学设计，或向学生明确告知教学目标，或把教学目标作为暗线内嵌于教学过程中。从认知心理学角度，教学目标结构强调“情境因素”，教师通过与学生互动传达的教学要求，形成某种特殊的目标结构，通过学习者的知觉与主观诠释影响个人成就目标及学习结果。[①] 课堂目标结构是学习者对于学习情境中，教师所营造的整体学习氛围的主观知觉，这种主观知觉对学习行为有重要影响。当学习情景中的信息线索并不明确时，个体对教学情境目标难以形成认知，则个体目标结构将成为决定个体学习行为的主要动力。反之，当教师所传达的信息或线索非常明确并形成某种特殊目标结构时，学习者产生主观知觉的认同，其个体目标导向或被掩盖，或被教学目标结构所改变。当教师在课堂中所传达的目标信息趋于清楚明确时，会经由学生主观知觉加以认知和诠释，进而影响学生采取的目标导向学习及之后的学习行为。[②] 课堂情境会塑造学习者个人的认知与动机，学习者知觉到教师传达的教

① Carole Ames. Classrooms: goals, structures, and student motivation[J]. Journal of Educational Psychology, 1992, 84(3):261-271.

② Carole Ames, Jennifer Archer. Achievement goals in the classroom: student' s learning strategies and motivation process[J]. Journal of Educational Psychology, 1988, 80(3):260-267.

学要求与期望时，会把课堂目标内化为个人成就目标。

3. 课程组织的顺序性、思辨性及开放性

课程组织是指将课程的各种要素或成分妥善加以安排，使其力量彼此和谐，对学生的学习效果产生最大的累积作用。课程组织原则首先符合顺序性及整合性原则。任何课程都是在有限的时间内安排可能的内容，教学顺序建立在学生的生理及心理条件基础上，如学习兴趣与动机，学习相关性与连续性等。基本概念和概念网络依赖于教师对教学内容的了解，即对学科知识的精熟度。跨越不同学科知识要求教师成为学习者或者教学的合作者。教师掌握知识形式的逻辑结构以规划教学进度，依课程目标而选择内容。课程设计需要厘清知识之间存在的内在关系。内容与内容之间是开放关系，内容之间没有界限。教学关系中完成选择、组织、调整行为的知识主体是教师，但教师不再控制知识传递，学生有更大自主性。教师的教学设计不仅要吸引学生，还要用学科语言的逻辑思维，适当引导学生认知发展。教师在合理的知识形式下组织和整合教学内容，从生活经验开始，基于学习者的认知状况，重视学习者的需求和动力，帮助学生理解知识体系并获得解决问题的能力，使学生了解学习和思考的方法，掌握深入广博的知识体系。

4. 知识组织原则要兼顾抽象和具体

组织知识形式要兼顾抽象和具体。课程所要发展的知识和理解是在共识的基本范畴上，尤其是与生活经验直接相关的。知识组织原则是依据学习的程序将内容予以具体化和阶段化，与社会需求及心理需求相关联，再进入抽象的思维。实际上传统教学组织轻视务实经验，忽视学生已有的背景，所学与生活所用相去甚远。与生活疏离、与实际生活经验存在断层的知识让学生对教科书内容和课程缺乏兴趣，学习的内在动力不足。因而，在知识组织中，教师要引入实际生活的问题让学生看到实际问题的复杂和多变性。但学习不可能完全停留在具体的操作形态，知识的学习必须借助语言符号，运用抽象思维，以拓展知识的深度和广度。具体和抽象两种组织知识的形式互不排斥，可以从生活经验开始，逐渐接近学科知识的范畴。

5. 多媒体教学技术的应用

在多媒体教学方式的运用过程中，达成更好学习效果的原则是聚焦重点，去除无关的词语、图片和声音方式。学习者进行记忆、信息加工的能力有限，如果一次呈现多幅图片和太多信息，容易导致学习者认知系统负荷超载。教师需要对主要概念和知识体系有精熟的掌握，多媒体材料应按照学习者的进度有序呈现，以连续单元的形式，而不是以整体方式，要以重要材料和组织特点突出课程结构，保障教学目标达成的认知加工过程。多媒体资料呈现方式的原则是画面、口头解说和文字屏幕相结合，这种方式遵循视觉听觉双向通道加工的原理，比多媒体画面和屏幕文本学习效果好。此外，相应的文字与图片呈现的时间和位置是同时的、邻近的，便于深入理解和反思性认知加工。

第二节　课程发展与评估整合的国家安全教学设计

课桯评估关注教学效果，也关注一种教育方案的原理、发展、运作和成果。评估是教学过程所需，其本身也是教学活动的一部分。教师是研究者，以实践行动研究的方式，对自身教学实践人作出评估与反思。教师的教学设计是以认知转变为教学目标，将课程发展与课程评估相结合。

一、教师教学知识构成

课堂是国家安全教育的主渠道，需要教师提升课堂教学能力和科研能力。高校国防教育课堂上，需要教师将国家安全意识教育培养作为自己教学成果的重要指标，在教学和科研层面，坚持科学有效的自我学习、自我提升，满足自身全面发展和国家安全教育教学的整体需要。

教师需要对中国特色社会主义理论体系的持续学习，以理论的视野解读时代的需求、把握发展的脉搏，满足自身知识结构和教育教学的整体需要。高校国家安全教育是以总体国家安全观为指导，以安全内涵的综合性及安全维护方式的辩证性、全局性为特色实现安全理论创新。总体国家安全观对高校国家安全意识培育提出新要求，培育大学生坚定的政治立场和敏锐的判断力及深刻的思想认识。教师教学知识构成包括教学学科知识、课程发展及评估的教学方法及学生的认知心理知识。

（一）国家安全教育内容与研究内容相结合

国际战略形势和中国所面临的安全环境是国家安全教育的内容构成之一。国际体系处于深刻转型之中，转型动因和特征是一批新兴国家的群体性崛起，国际体系出现集权化和制度化的结构性变化。国际体系集权化主要表现为居于主导地位的霸权国权力集中，霸权国权势的合法化和主导国际体系的认同度高，大国权力不平衡加剧；超级大国在国际上掌握权力优势和道义强势；权力核心的吸附能力增强，权威的覆盖性强。国际体系制度化的表现之一体现为既有国际制度的强化和变革；二十国集团这样新型国际制度的创建和发展；国家主权的衰变，小国的主权权益有时不得不服从于大国主导的国际制度。国际体系结构性变化主要表现为美国仍是唯一超级大国，但其主导世界事务能力在下降；一批新兴大国实力和影响力迅速扩大，但它们更多是配合美国而非制衡美国；国际体系中间力量整体向霸权国倾斜，西欧、日本、加拿大和澳大利亚等国与美国的合作关系远远多于冲突。[①]2010 年以来中国所面临的周边安全环境越来越复杂，美国的区域战略和对区域热点问题的介入是主要原因。对于美国的东亚战略制定者而言，基本的战略问题是找到一种能调节和平衡美国、日本及中国利益的战略选择，最大限度地维护美国的主导性优势地位。中国安全环境的好坏依赖于对环境的主动塑造，对周边国家共同利益的理解、关注和警觉，并及时主动采取应对措施。[②]

教师强化对总体国家安全观综合内涵的研究，并不断更新国家安全形势的动态和最新信息，向学生提供综合全面和最新的授课内容。从文化安全方面，研究国家文化秩序和文化安全战略体系构建。文化的复兴和繁荣是中国和平发展的历史使命，崛起的中国从战略视野思考文化安全，在文化发展和文化交往中实现文化安全。[③]国际文化格局转型的趋势是国际文化力量的分化，

---

① 赵广成，付瑞红．国际体系的结构性变化析论 [J]．现代国际关系，2011（8）：32-38.

② 付瑞红．奥巴马政府东亚战略的特征及影响 [J]．现代国际关系，2009（9）：8-11.

③ 付瑞红．文化安全 [M]．北京：国际文化出版公司，2014：135.

维护中国的文化安全，离不开文化外交和实施文化产业“走出去”战略。[①]军事安全方面，关注美国在亚太地区与越南的军事合作。军事合作是一国提升军事影响力和军事软实力的途径。和平时期军事外交的开展和军事合作的水平往往成为衡量和评估两国关系的重要指标之一。因此，与政治、经济、文化等合作相比，军事安全合作是双边关系演变中的战略议程。[②]

对于总体国家安全能力建设和安全所面临的挑战进行动态跟踪和研究。在“一带一路”倡议研究中，关注该倡议与公共外交的深入互动发展，从政策理解和支持升级为价值和理念的认同，实现公共外交的立体化和网络化，促进中国与相关国家的关系。[③]2018 年美国对华征收高关税，中美贸易摩擦和纷争不断，成为国家安全形势面临的巨大挑战。笔者通过对比美国针对苏联的“经济战”，探究美国对华“贸易战”的政策逻辑是通过经济手段维护美国的实力优势，实施对抗性竞争政策。里根政府对苏联“经济战”是充满矛盾和妥协的政治过程，其目标确立和政策实施过程均受制于国内政策制定者及与欧洲盟友之间围绕国家安全利益和经济利益展开的冲突和妥协，面临政策和强制力不足的困境，最终影响了政策效果。美国的目标不限于贸易赤字，根本目标是从国家安全角度维护力量优势。从效果而言，美国试图通过经济制裁手段达成外交或政治诉求在理论和历史上难以成立。[④]

（二）从事教学科研一体化的相关教学研究和教改探索

教学科研一体化的条件是内容上的高度相关性，教学设计的主动性和案例教学的采取。教师通过科研获得该领域的前沿知识、最新的发展动态和趋势，从而在教学中具有把握本专业知识体系的高度，与时俱进地优化课程体

① 付瑞红．国际文化秩序与中国文化安全战略 [J]．中共中央党校学报，2012（10）：96-99.

② 付瑞红．美国和越南军事合作的新变化与未来走向评析 [J]．东南亚研究，2013(1)：24-29.

③ 付瑞红．“一带一路”与公共外交在东南亚地区的互动发展分析 [J]．广西社会科学，2016（9）：44-49.

④ 付瑞红．里根政府对苏联的“经济战”：基于目标和过程的分析 [J]．俄罗斯东欧中亚研究，2019（1）：85-103.

系，深化教学内容、改进教学方法，及时将科研能力迁移为教学能力。科研在很大程度上影响教师的教学内容、方法甚至是教学活动的价值取向。教学既是一种教育性实践，也是一种科研性实践。教师成长存在于教学和科研的互动过程中，在一定条件下，科研和教学可以相互促进并最终带动教师能力提升和课堂教学质量的提高。教师在教学过程中不断梳理相关科研领域的知识结构，用于科学研究，使教师能够把系统的基础知识和创新的科学研究及知识的再创造有机结合起来，提升教师科研能力。教师的专业知识在基于教学现场的知觉、领悟中不断重塑。在教学科研互动的过程中，教师不断反思教学方法和模式，教学的研究水平也随之提升。教师在科研中成长，进行科研设计是教师专业发展的现实选择。教师在科研中实现主动发展，提升自我能力。教师将教学和研究结合起来，改进教学实践情境，从而提高教育教学实践的有效性。研究型教师对工作有情感、有责任心和使命感，专业情感使自我的追求与社会对教育的要求和特定教学环境之间发生持续、积极和动态的相互作用。教育科研一体化对于教师能力提升而言不是静止概念，是不断实践，不断增强教师专业技能、提高教育教学水平的过程。①

二、国家安全教学设计过程和原则

军事理论课是高校国家安全教育体系的主渠道，教改实践中应积极探索课程发展与评估模式的教学设计。教改实践的授课对象是理工类学生，班级容量为 240 人左右。在教学中，教师以促进学生思考和知识重构为前提进行教学设计，唤醒大学生的主体意识和责任担当，养成其维护国家安全的能力和实践自觉。

（一）教学设计的整体框架

教育实践有其特殊性，教育理念和运作途径却具有普遍意义。作为研究者和评估者的教师有更多意愿去了解课程本质、问题与未来发展方向，将教

① 付瑞红．基于 OBE 理念的教学科研一体化探索与实践 [J]．教学研究，2017（5）：29-33．

学过程视为自我探索的成长历程。

通过系统设计，整个国家安全教学过程是让学生经历国家安全意识的认知过程，感知国家安全战略形势的危机和辩证意识；通过专题设计“国家安全就在身边”，把学生带入国家安全的实境中。以知、情、意、行的历程，使学生最终能以行动参与国家安全维护实践。军事理论课程设计，以学生的总体国家安全认知贯穿于整个师生互动教学过程（见表 8-1）。教师依据已确立的教学目标设计调查问卷，了解学生的认知差距，使学生认识到自身认知的不足。

表 8-1　以国家安全认知调整为目标的教学策略结构

教学目标及具体内涵	认知评估（学生确认现有认知的差距）	维持认知改变意志的教学设计	新认知评估与反思
知识：总体国家安全	认知局限于传统安全对相关常识缺乏了解	明示课堂教学目标； 问题导向教学法让学生参与认知学习过程； 与学生生活经验相近的案例教学； 知识的国际比较视野； 激发情感目标； 多媒体教学影响认知	认知教学目标：知识的掌握和理解、应用、分析和综合
能力：研判防范安全风险	对安全风险缺乏防范意识，与自身无关		
情感：安全、幸福、自豪	视安全为理所当然，情感需要激发		多元化评估方式：问卷调查、学习体会、课堂汇报、结课论文
行动：责任感和使命感	对维护国家安全的责任和义务知之甚少		

（二）设计阶段的课程评估与发展

在课程设计阶段对学生的国家安全意识进行了问卷调查以了解现状、确认问题，问卷调查涉及常识性知识、情感、态度和行为层面。

调查发现，大学生对国家安全意识的认知不能满足总体国家安全需求：第一，国家安全认知水平较低，陈旧、狭隘的国家安全认知与总体国家安全观不符。学生高度认同国家安全重要性，却局限于国土安全、军事安全等传统安全的旧观念，对总体国家安全观缺乏深入了解，对国家安全内涵的理解过于狭隘，未能从总体安全、大安全的角度去思考和认识国家安全问题，对国家安全内容的认识过于片面，对总体国家安全观内容的认识存在局限性。学生对我国总体安全形势能够作出较为准确的判断，能够较为充分地感知到国家安全的重要意义，维护国家安全的责任意识和行动意识较为强烈，对国家传统安全威胁的认识也比较充分，但是对国家安全的内涵和所涉内容的认识不够全面，对国家安全政策与安全环境关注程度不足。第二，国家安全危机感和责任感化为行动力不足。学生有较强的国家安全责任意识和危机意识，能够把维护国家的安全与自身联系起来，将其视为自身的重要责任，但在维护安全的实际行动中不知如何做，对维护国家安全应承担的具体责任和义务知之甚少，在行为方式的选择上较为茫然。学生的国家安全法制意识相对淡薄。学生缺少维护国家安全的行动力，对于危害国家安全的威胁缺乏警惕防范意识，更不知如何应对，维护国家安全的行为选择表现出徘徊与迷茫。国家安全距离学生的微观生活遥远，导致个体对宏观政治形成“我同意但与我无关”的浅表甚至是畸形认同。[①] 总体国家安全观能力体系构建中，对青年有更高的要求与青年群体安全意识淡薄存在强烈反差。个体认知和国家安全宏大叙事之间的差距是总体国家安全教育课程设计首先应关注的问题，即如何改变大学生对国家安全狭义理解、行动茫然和法制意识薄弱等问题。

通过调查问卷分析出学生国家安全意识现状的原因主要有：大学生价值观念的多元化、宏大的国家安全教育目标与学生认知之间存在差距。大学生的价值观取向极易受到外部环境的影响，多数处于不稳定状态。国家安全教育目标对学生而言缺乏具体操作性，空洞的理论难以获得青年群体的认可和接纳，导致他们缺乏与切身利益联系起来的深刻思考。高校国家安全教育渠道融合不到位、认识高度不到位、理论研究不到位、保障机制不到位等因素影响大学生国家安全教育的成效。

三、教学内容与形式的选择策略

新时代总体国家安全观的提出是国家安全意识的新内涵，总体国家安全意识如何内化并转化为学生的认知是教育所要解决的核心问题。大学生国家安全意识培养是复杂的、长期持续的系统工程，绝非单一主体或单一过程所能完成，也并非短时间内就能奏效。

① 张卫伟，余玉花．新时代个体国家意识生成的现实逻辑 [J]．思想教育研究，2019（11）：52-58．

（一）教学目标的具体化

基于认知转变的过程评估研究模式的教学探索，是因为国家政策所规定的教育目标是宏观的，课程实施必然经历微观的过程；教育目标属于认知范畴，社会规范及价值观念层面的目标难以用行动指标进行衡量；理工科学生对政治敏锐性较低，对国家安全知之甚少。高度抽象化的教学目标需要内涵具体化。教学目标应具体化、明晰化，缩小国家安全教育目标宏大叙事和个体认知之间的差距。

在教学过程中，把国家安全意识具体化为政治意识、危机意识、大局意识、法制意识。政治意识教育渗透到总体国家安全观的教学内容中，政治安全是根本，坚持党的绝对领导是国家安全工作的根本政治原则；在国防建设和武装力量的教学内容中，加强党对军队的绝对领导是习近平强军思想坚持的首要原则和目标。危机意识体现在国际战略形势和中国周边安全形势。随着中国实力增强，中国国际战略环境更加复杂，挑战更加多元，中国国防历史的启示是保持忧患意识是国防巩固发展的前提，筑起心中的长城，国家安全才能有保障。大局意识是如何辩证看待中国周边安全的领土争端、热点问题持续紧张与多边合作机制不断发展的现实，如何从中华民族伟大复兴的大局思考中国的国际战略形势和周边安全环境。法制意识教育渗透到国防法规的学习中：《国家安全法》规定的国家安全内容和维护原则，坚持法治是维护国家安全的重要原则；《国防教育法》对学校国防教育的具体规定；《国防法》所规定的公民国防权利和义务。

（二）教学内容的丰富和生活化

总体国家安全的知识与意识体系相融合是国家安全教育的根本目标，教育者把国家安全意识内涵具体化，并了解内容转化为意识的生成机制。内容是信息、事件和知识。意识是对客观世界反映的认识活动，包括感觉、知觉、思维（回忆、联想及思考）等。“意识到”是“感觉到”“领会到”的意思。意识是包括感知觉过程和思维过程所组成的认识活动的综合过程。[①]

① 潘菽．意识——心理学的研究 [M]．北京：商务印书馆，2018：31．

在教学过程中，以总体国家安全观的内容、与大学生生活经验相关的知识促进学生对国家安全新认知的形成。

教学实施阶段是要针对现状及深层次原因修正课程方案。教学内容以总体国家安全观为指导，兼顾传统安全与非传统安全，超越反间谍、保密教育的狭隘安全观，把生态、科技、经济、文化和网络安全等非传统安全纳入总体国家安全教育；兼顾内部与外部安全，克服新安全观只讲外部安全，轻视或忽视内部安全的局限性，把内部安全问题作为重点内容，使学生充分认识到当前我国面临的各种安全风险，提高维护国家安全的自觉性；兼顾安全与发展，把大学生的国家安全意识与国家安全的维护行为和责任连接起来。

青年群体不愿意认可和接纳空洞的理论。课堂正当化的国防知识和文化，常与学生从具体经验中感知的不一致。① 与生活疏离、与实际生活经验存在断层的知识使学生学习的内在动力不足。教师以精准教学、丰富内容、灵活直观的形式增强课程吸引力，维持学习的兴趣和动力是学生认知改变的关键。教学设计以问题导向教学法强化学生认知发展能力，界定问题、搜集信息、分析资料、比较不同解决策略的学习过程。教师持续维持学生学习动机，创设知识认知应用在未来的实际情境。课程所要发展的知识和理解是在共识的基本范畴上，尤其是与生活经验直接相关的。

大学生是接受国家安全意识教育的主体，其主观能动性的发挥，对总体国家安全意识的培育起着决定性作用。当下的大学生，属于“00后”的一代，长期生活在和平与安定环境中，经历的是中国在21世纪快速崛起的20年，认为国家安全距离自己的生活很遥远，对国家安全面临的复杂形势和严峻挑战知之甚少。同时空洞的理论难以获得青年群体的认可和接纳。意识体验是个体的主观体验，存在个体差异和情境差异。在大学生总体国家安全意识培育过程中，要有理论上的习得和养成，也要有实践中的认识和经验积累。发挥大学生的主观能动性，促进总体国家安全观内化的过程中，不能依赖强制性的灌输和被动式的接受，而是在充分尊重大学生主体地位的前提下，通过多种形式促使其对总体国家安全实现形成高度自觉的心理认同，在践行中养

① 叶欣，陈绍军．高校国防教育教学场域的困境和理性反思［J］．江苏高教，2015(5)：59-61．

成维护国家安全的能力和自觉。

（三）教学形式的微观化

学生认知生成的心理机制是课程发展和评估的基础。教师通过唤醒、激发、启发的方式实现内容与意识的内在联系，达成总体国家安全教育培养目标。教学形式的微观化缩小国家安全的价值传播与个体微观生活之间的差距。如何将国家安全意识融入课堂教育和教学过程是国家安全教育对高校教师的重大要求，教师的教学需要更精准、内容更深入丰富、形式更灵活直观，从而增强课程吸引力。教师以显性和隐性融合为思路，采取鲜活、多样的教学方式在课堂上唤醒和激发学生的国家安全意识，使教学效果最大化。

显性融合是在教学过程中通过图片赏析、影音资料等将国家安全教育以直观形式呈现，让大学生直接评判国家安全教育内容及如何认识国家安全的意义，而这需要对课程内容的精心设计，打造形式多样的教学环节，客观讲授知识的同时覆盖能力与情感培育。多媒体制作和资料选取符合顺序性及整合性原则，关注学生学习兴趣与动机，实现学习的相关性与连续性。

隐性融合是在教学过程中通过案例分析、比较分析等课堂实践环节，将国家安全教育融入案例分析过程，建立国家安全内容与安全意识、安全情感的联结，结合传授知识的学习和潜移默化的学习培育学生的国家安全意识。案例教学法旨在分析及探索案例，揭示现象背后的规律，探求实践和理论的结合之道，从而使学生掌握相关理论要点，并学会把理论知识应用于实践的思考模式，有利于增强学生的学习兴趣。

案例教学法在教学内容上相对灵活，要求教师对本学科前沿知识、最新动态和相关理论有敏感度和熟悉度。在案例教学法应用的过程中，教师摆脱专业科学研究的特性，不是从教师角度出发指定和分析案例，而是从教学规律、学生思维特点出发选取适当案例有针对性地讨论教学内容，提升教学效果。案例设计需要依托理论教学所确立的基本知识框架分析现实问题，主要包括案例的选取与设计、案例的应用和教学方法设计、案例教学的评估。在教学内容层面，案例选取从量上要适度，不可过多，而是根据知识点情况进行适当设计，要与理论知识具有较高的相关性。在教学案例选取层面，播放与大学生相关的国家安全情报泄露事件的视频资料，以真实故事和切身的认知经历让学生感受到国家安全问题就在身边。隐性融合方式能达成最佳效果，需要教师对学生群体和个体成长有基本的了解和关切，以促进学生思考和知识重构为前提进行比较，在教学内容中有机融入意识培育和能力。

第三节 基于 ARCS 动机设计模式的课程评估指标构建与实践

课堂教学是高校育人的主渠道，是学校教育成败的关键。学校课程的发展需通过不断评估、反省和改进。《新时代教育评价改革总体方案》明确提出评估教师的基本要求是突出教育教学实绩，认真履行教育教学职责。然而，随着高校扩招，班级授课规模不断扩大，课堂教学中普遍存在教师侧重知识单向流动、漠视学生学习内在需求和动机的现象。动机是学生学习及教育者进行教学设计的重要概念。动机与学生的学习成绩密切相关，是学生保持学习的主要因素。如何激发学生学习动机，提高成效的教学探索一直被高校教师所重视。

被广泛应用的动机设计模式根植于期望价值理论的注意、相关、自信和满足的 ARCS 模式，由美国佛罗里达州立大学的凯勒教授整合动机理论提出，是基于教学过程实践的体系设计。我国教育工作者对该模式的意义进行积极探讨[①]，在教学设计环节引入该模式[②]，并进行本土化实践设计[③]。现有动机设计模式以教学设计和实践运用中如何激发学生动机为主，鲜有对其教学效果进

① 孙冬梅，刁彩霞．ARCS 动机设计模型及其在高校课堂中的实践探索 [J]．高校研究，2011（3）：141-144．

② 余青兰，王美倩．动机设计模型 ARCS 研究的最新进展及其在外语教学中的应用 [J]．现代教育技术，2015（5）：103-109．

③ 陈立春．美国 ARCS 学习动机设计模型的本土化研究 [J]．上海教育科学，2009（12）：65-66．

行评估。高校国家安全教育，教师教学的目标不仅是传授知识，更需要激励、唤醒学生学习的意愿和情感，维持学习活动的内部动力，进而提高学习效率和课堂教学效果。笔者从事高校国家安全教育的教学设计和评估实践，以动机教学设计实施过程为评估对象，构建综合评估指标，该指标不仅关注教学效果，更强调达成教学效果的过程设计，试图对课堂教学动机设计实践提供新的研究视野和实践思路。

一、ARCS 动机模式的教学设计

ARCS 动机设计的课程评估是过程模式的课程评估与发展理念，评估指标设计与教学方式、教学内容等教学过程设计相一致。

（一）ARCS 动机模式的理论根基与核心要素

动机对于学习过程和结果都有重大影响，包括学习者在目标设定、策略选择和学习表现等行为。动机是引发学习行为的内在因素。教育学领域对于学习动机有不同的诠释，行为学派强调动机是刺激与反应之间的联结，强调外在动机的重要性；认知学派重视内在动机激发，认为人是主动的信息寻求者和问题解决者；人本学派相信个体具有自我实现的潜能；社会学取向动机理论将动机视为个人达成目标的期望与对目标的价值判断。期望和价值是学习过程中最重要的两个要素。①

期望动机是学习者对某项学习任务是否能成功的预期，是学习者知觉的自我效能，即在特定环境下，学习者对自身表现能力的信念。自我效能是外在环境，自律机制和个人能力、经验、成就表现互动作用的结果。价值是学生从事某一项学习任务的理由以及由此对学习任务的重要性、兴趣或效用的信念，包含学生学习的内在、外在目标导向以及对学习价值的认可。内在目标导向是学生因发自内心的求知欲而自觉学习的潜在内部情感因素，没有其他外部明显的强加利益。当学习具有挑战性且能激发学生的学习兴

① Paul R Pintrich, Elisabeth V De Groot. Motivational and self-regulated learning components of classroom academic performance[J]. Journal of Educational Psychology, 1990(1):33-40.

趣，促使学生具有胜任感并能主动学习，就是受到内在动机支配，同时对学习所呈现的个人态度表现为专注、坚持、具有好奇心和创造力。外在目标导向是指因外在事物诱导而驱使个体从事各种行为，如成绩、认同或赞美因素。1983 年美国凯勒教授整合学习动机研究成果提出 ARCS 学习动机理论，其理论根基是期望价值理论，在应用层面是探究优化教学设计以达到激发学生学习动机的途径。

基于学习环境和教学技巧影响学习动机的观点，ARCS 动机理论界定了提升学生学习动机的四个要素：注意、相关、自信与满足。引起注意是开展教学活动的前提，要激发学生兴趣和好奇心，教学设计需要让教学更有趣并能激发学习意愿。引起注意需要了解学生的心理发展特点，采用符合学生认知特征的教学；同时还要关注教学内容的逻辑关系和学科特性；以创设问题的方式激发探究意识；增加教学内容的趣味性，维持吸引力。教学知识与学习者的经验、生活、需要与目标应密切相关，学生因熟悉、需要而产生积极的学习态度。相关性就是要回答学生所学知识有什么用，为什么学的问题。教师让学生明确知晓学习内容与他们的生活、未来有什么相关性，有多大的相关性，提高相关性的途径是明确教学目标、学习内容的理论性、道德性及应用性价值，使学生对知识的学习有一个清晰的认知。建立信心是帮助学生建立正向的成功期望，教师思考如何借由教学帮助学生学好，并且认可学习是自己能掌握的事。教师遵循认知规律，对知识点讲解循序渐进，确保学生对知识的理解与内化，并做到融会贯通。满足感是学习者因成就而获得的，可以使学生产生持续学习的愿望。

（二）ARCS 动机模式是基于教学过程的系统设计

ARCS 是系统化教学设计的动机理论，互动是学习情境下不可或缺的条件。ARCS 是学习动机、教学设计与学习成果的整合与互动关系模式。[①]在学习动机模式的系统中，输入环节是个人特征和外部环境（见图 8-5）。内

① John M Keller. Motivational design of instruction[M]//Carles M. Reigeluth. Instructional-design theories and models: an overview of their current status. NJ: Lawrence Erlbaum Associates, 1983:383-429.

在个人特征因素包括 ARCS 这一概念本身所代表的核心要素，还包括知识、技能、态度与主观认知、价值。教学环境的外在因素包括动机、学习、情境设计与管理，教学的设计与管理影响学生的努力程度。注意、相关、自信和满足与环境特征的设计与管理共同发挥作用，并受三个输出环节的影响，即学习者的努力、表现和结果。努力是动机的依赖因素，行为是指学生实质完成学生任务，结果是学习者获得的内在与外在成就。结果受到行为者个体行为表现及学习环境中具有增强效果的事件影响，因而结果会间接影响个体的动机。学习者依其学习结果影响个人动机，决定是否继续努力，并再次表现在行为上及学习结果上，最终形成循环。学习者对于动机强、学习效果好的科目会形成良性循环，反之亦然。

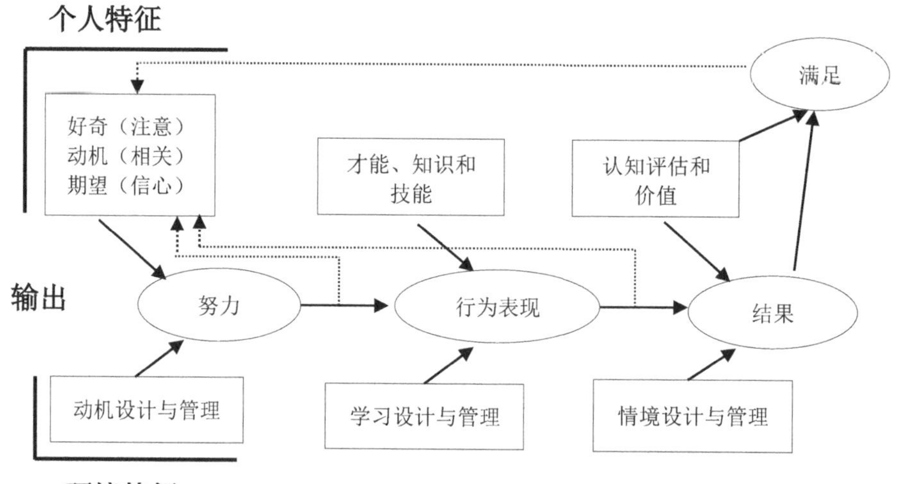

图 8-5　学习动机、教学设计与学习成果关系设计图

ARCS 是贯穿整个教学设计过程并在教学实践中分步骤实施的，动机激发行为并非只是在课程开始时实施，是分配资源的过程和引发学习者动机改变的过程。凯勒教授不断发展这一模式，并提出四阶段动机设计模式：首先是定义阶段，对问题进行分类、分析学生动机并设计动机目标；其次是教学设计，选择适当的有创造性的教学策略；再次是发展阶段，准备实施动机教学策略的教材，在教学中进行整合；最后是评估动机成就。学习动机策略选取需要考虑学生的特性及其需要，进而选择适合的策略，随时修正与评估，帮助学生产生持

续的学习动机。[1]ARCS 模式是以应用为出发点的理论，不是纯粹描述性或说明性理论。动机设计模式是基于心理学理论的以人为本模式、以环境为中心模式和互动模式，第四种是具有更多教学实用性的综合模式。综合模式倾向于从已经被验证的成功实践中发展出来的有效性，不拘泥于任何特定的理论框架，但可以基于特定的技术或主题。[2] 凯勒教授重视技术与学习动机的问题，提出在输入环节环境特征中，动机设计与管理所面临的挑战越来越大，尤其需要整合新技术，动机模式应用转向网络或电脑辅助教学设计。[3]

二、ARCS 动机模式课程评估指标构建

ARCS 模式是动机设计与教学设计、教学活动的整合，因而过程性和总结性评估对于动机设计教学模式都很重要，以指导教学过程顺利开展并保证教学效果的有效性。动机评估与学习的有效性评估一起实施，学习者的动机表现本身就是学习成就的一部分。

（一）评估指标体系构建原则

课程评估是对教学课程作衡量与选择、评估与判断，检视所实施的课程方案。课程方法的“好”与“不好”牵涉价值判断和多元的理念。从目标模式而言，评估等于成就检测，课程目标具有指导作用，也是最后检测成果的依据。过程模式的课程重视教学过程，重视教师如何安排教学主题与活动，在师生对话和活动过程中，知识如何被学生以其生活经验加以重新建构。课程发展的研究模式是自我反思式探究，是实践者对课程实践进行的批判性和系统性审视。ARCS 动机模式融入教学的主要目的是为教师提供针对学生动机需求的教学设计策略，让学生在学习过程中参与及互动，以激发学生学习

① John M Keller. Development and use of the ARCS model of instructional design[J]. Journal of Instructional Development, 1987(3):2-10.

② John M Keller. Motivational design for learning and performance: the ARCS model approach [M]. NY: Springer, 2010:26.

③ John M Keller. Motivation, learning, and technology: applying the ARCS-V motivation model[J]. Participatory Educational Research, 2016(2):1-13.

动机，提高学习成效，培育其终身学习的能力。

ARCS 动机设计的课程评估是过程模式的评估与发展理念，评估指标设计与教学过程设计相一致。教师在设计课程的同时，以行动研究的方式对自我的教学设计行为进行评估和反省。课程评估与教学设计、课程发展具有内在一致性。过程模式课程评估是要阐释课程的意义、程序、活动的实际情况以及学生对课程的感知。课程发展与评估是教师的责任，课程发展与评估是同时进行的。在教学过程中，教师通过行动研究方式，随时检视与反思，随时调整教学策略。基于动机教学模式的课堂教学评估，为动机教学模式设计者提供重要信息并以此作为教学策略选择及改善的依据。过程教学评估中，教师不是被评估者，而是评估的设计者和实施者。

指标是评估体系构建的核心，不仅决定评估工作能否顺利推动，更影响教育实施的深度及广度。评估指标能够反映动机设计教学过程的完整信息；评估避免指标过多和多杂，应具有代表性，保证应用效应；确定指标维度和组成部分的关系，维度之间避免指标及所体现内容的交叉，维度内的组成部分有较强的相似性，是相互关联的，并能从不同角度反映教学设计。

（二）教学设计与过程评估整合的指标构建

教师的教学直接影响学生的价值判断与学习动机的养成。ARCS 动机教学设计以注意、相关、信心、满意这四个核心构成要素开展，是教学评估的主要维度。从环境特征的输入视角，动机、学习和情境的教学设计与管理的议题是教学内容、教学方式、教学目标的知识、情感与能力，基本的价值判断是以“有趣性”引起注意，以“有用性”设计切身相关，以“易学性”建立信心，以知识能力情感教学目标评估获得的满足感（见表 8-2）。认知有趣是一种内在动机。认知有用、易学是一种外在动机。评估时，量表上的选项由左向右分别为“非常不同意”“不同意”“一般同意”“同意”及“非常同意”5 个选项，分别给予 1、2、3、4、5 分，平均值为 3 分。

表 8-2 ARCS 学习动机课程设计过程的评估指标

评估维度	评估的操作性指标	教学设计的操作性定义
A. 引起注意	A1. 教学内容有趣 A2. 教学章节编排方式 A3. 教学内容呈现方式（图片、影像） A4. 教学方法引起的注意（案例、讨论等） A5. 注意力持久性	动机和学习设计与管理中的内在动机、教学内容与教学方式的“有趣性”，引起学生兴趣与好奇心
R. 切身相关	R1. 教学内容与生活经验相关 R2. 课程体现的知识、能力与情感与个人成长相关 R3. 与未来的工作和生活相关 R4. 因相关性而未来会持续学习	动机和学习设计与管理的外在动机，教学知识、能力和情感的“有用性”，符合学生需求或目标
C. 建立信心	C1. 掌握知识的信心 C2. 知识有用的信心 C3. 未来遇到相关问题知道如何做的信心	动机和学习设计与管理的期望和价值、教学知识的“易学性”，建立学生学习自信
S. 获得满足	S1. 对知识获得的满意 S2. 对课程所培育能力的满意 S3. 情感的满足	学习成果设计与管理：知识能力与情感教学目标的统一，协助学生获得正向情感反应

三、高校国家安全教育 ARCS 动机模型的教学实践

通过教学设计维持和激发学生的学习动机，根据教学内容不同，方式会有所不同，需要灵活运用。在首个全民国家安全教育日，习总书记指示：“要以总体国家安全观为指导，全面实施国家安全法，深入开展国家安全宣传教育，切实增强全民国家安全意识。”①

（一）动机模式教学设计缘由和教学评估思路

国家安全教育因宏观教育目标与个体微观认知的断裂而面临有效性的困境。具有强制性特征的教育方式如何与学生自身的价值和态度契合，形成辩证统一的关系是解决宏大目标与个体微观生活差距的关键，也是高校国家安全教育所面临的核心问题。高校国家安全教育事实上存在供给与需求的矛盾，国家对大学生安全教育高要求与实际效果之间存在较大差距，教学时间按规定能得以保证，教学效果却不理想。主要原因是授课班级规模大，一般是

① 中共中央党史和文献研究院．习近平关于总体国家安全观论述摘编 [M]．北京：中央文献出版社，2018：10.

6～8个班的大班授课，人数约在180～240人，学生学习动机明显不如其他课程。在军事理论课程有必要采纳动机模式的教学设计，建构适当的教学效果评估指标，作为衡量教学现状与判断教学效果的参考，提高国家安全教育的有效性。

本研究从理工科两个班级中随机抽取60人为两组，一组实施ARCS动机设计教学实验，另一组是采用传统教学模式的对照组。实验组以动机模式进行教学设计，对教材内容重新编排，使教学更流畅，提升学生对教学内容的注意力。在教学内容呈现方式上，不仅运用图片、影片、动画等视觉影像和声音效果，引起学生感官的注意，还用案例、国际比较等教学方式激发学生求知的好奇心。以熟悉、相关、新奇和重要性的教学内容，并与网络资源联结，增强知识与日常生活的相关性，让学生产生共鸣。以生活中的案例使教学内容与现实生活融为一体，运用类比教学将抽象宏观的内容具体化，让学生对学习有熟悉感，提升掌握知识的自信，并引导学生学以致用，使学生在知识、能力和情感层面获得满足。教学实验后，以“有趣”“相关且有用”“建立信心”及“获得满足”四个层面的情形进行问卷调查，探究学习动机的教学设计模式融入国家安全教育后，动机与学习效果之间的关系、学习动机指标构成要素之间的关系。

（二）数据分析与研究结论

ARCS教学模式与策略有助于提升国家安全教育的学习成效并激发学生的学习动机。由于实验组与对照组采用的教学模式不同，在动机模式评估量表中仅选取可进行比较的指标，包括引起注意力中的注意力持久性、切身相关中的未来是否会持续学习、建立信心和获得满足中的所有评估指标及两组的学习成绩。两组学习成绩满分为100分。调查问卷中，动机向度调查分值从1分到5分，得分越高，表示答题者对于该题项目所叙述的情况认同度越高。对数据进行平均值和标准差的初步分析，发现两组学生最终成绩有所差异，实验组高于对照组5分左右。整体而言，动机模式的教学设计对知识掌握目标有一定影响（见表8-3）。在实验组中，动机激发程度高的学生，学习成绩表现比较突出，反之亦然，动机评估量表中的四个构成要素的平均值与学业成绩的相关系数高达 0.927。无论从实验与非实验组的对比，还是实验组内部学生表现而言，动机模式教学设计能够激励学习者学习并取得更好的学习成绩，在知识掌握层面达到了教师预期的教学效果。

表 8-3 实验组和对照组动机量表数值对比

向度	成绩		A5 注意持久		R4 持续学习		C 建立信心		S 获得满足	
	实验	对照	实验	对照	实验	对照	实验	对照	实验	对照
平均	85.57	80.72	4.65	3.41	4.65	3.42	4.60	3.35	4.60	3.35
标准差	4.93	6.14	0.56	0.50	0.56	0.50	0.61	0.49	0.61	0.49

ARCS 动机设计教学模式所产生的效果突出表现在对学生动机激发层面和教学效果综合评估层面。在学生注意力保持时间、未来会持续关注国家安全相关知识，知识掌握和能够学以致用的信心、获得知识能力情感的综合目标的满足感方面，从平均值来看，实验组认同度和动机激发效果比非实验组普遍高 24%。实施 ARCS 动机模式融入国家安全教育的班级，学生的学习动机激发和维持、学习能力与情感综合目标达成及知识掌握程度都明显优于采用传统教学模式的班级。国家安全教育是知识、能力和情感整合为一的教学过程，采用动机模式教学设计，使学生对总体国家安全观的认知更全面，维护国家安全的情感和意识都有所提升。

动机设计模式各构成要素之间存在正相关关系。ARCS 动机模式四个构成要素之间存在密切相关与互动关系，注意动机会正向影响相关动机、信心动机和满足动机；切身相关动机会正向影响建立信心动机和获得满足动机；建立信心动机会正向影响获得满足动机，反之亦然。四个变量之间的相关系数趋近于 1，表示量表具有相当高程度的内部一致性。在教学设计中，激发动机的四个要素之间相互影响并能产生叠加效应。调查的 60 人中，动机量表平均值未超过 3 的仅有 1 人，7 人在 3 ～ 4 之间，总共占比 16%，人数相对较少，意味着动机教学设计模式从整体上取得了积极效果。值得注意的是，注意动机、相关动机激发效果一般的学生，会影响信心建立和获得满足，成绩表现也相对略差。

动机量表中各构成要素具有较强的一致性，但也有细微差别，引起注意与切身相关相比，对学生建立信心和获得满足相对影响小一些。注意动机与

相关动机、建立信心与获得满足的相关系数是0.998，切身相关动机与建立信心、获得满足的相关系数是0.996和0.993，引起注意与建立信心、获得满足的相关系数相对低一些，分别是0.984和0.976。学生建立信心和获得满足还存在其他影响因素，如教学设计体系中环境输入因素、个人知识技能及认知等个性化因素，但这并不影响ARCS动机模式对学生动机激发、学习目标达成的总体正向影响。

（三）ARCS动机模式教学设计建议

基于动机模式教学设计指标建构和实践探索，为高校教师提升课堂教学效果提供新思路。

第一，动机与学生的学习成绩紧密相关，是保持学生学习的主要因素之一，高校课堂教学普遍采纳动机模式的教学设计有利于教学效果达成。ARCS动机模式在不同课程中的应用方式会有所不同，但最终结果有高度一致性。实践证明这种教学设计对于教学目标达成、教学有效性、学生动机激发乃至终身学习的能力方面具有积极作用。

第二，教师以系统思维进行教学设计。ARCS动机模式包括注意、相关、信心和满足四个核心要素的教学设计体系，需要分阶段并利用现代科技手段来实施。教学设计模式的体系观意味着教学内容的整合及灵活的呈现方式、教学方式的多元化等要素，与课程动机、学习及成果的设计与管理相结合，使知识有趣、有用、易学，营造学习环境和氛围，进而达成知识能力和情感的教学目标。

第三，针对教学设计实施相应的评估，将教学设计过程与教学评估过程加以整合，教师不仅是施教者和教学设计者，还是课程的研究者，以教学评估带动教师从事教学研究，教学实践理论化的过程就是教师成长的过程。教学评估还为教师进行教学设计提供信息，使其在以后教学设计中强化和固化好的做法，反思不足之处并加以修正，使教师的教学过程形成良性循环。

第四，在动机模式教学设计中注意、相关、信心和满意是分门别类进行思考和评估的，但也需要各要素之间的整合。注意、相关和信心是特征明显的输入因素，满意动机既是输入因素又受教学效果影响，也受个人特征中的认知和价值影响，同时满意动机又会进一步影响学生对于教师注意和相关动机教学设计的认可。知识有用和易学相比知识有趣对获得满足具有更强的影响效果。教师在教学设计中把知识的有趣性与有用性相结合，进一步增强学生的动机激发效果和课程教学的有效性。动机设计各要素之间存在密切的关联性和高度的一致性，教学设计以整合思维开展，不仅提升学生的动机，而且能维持学生的动机状态甚至是终身学习的兴趣和能力。

第五，高校教师在课堂教学中对动机激发因人而异、因群体而异有充分的认识。不同水平的学生动机在学习中往往表现不同。积极性高的学生表现出更多的探索性学习。教师在塑造整体教学氛围进行教学设计之余，更多关注学生个体，对动机激发效果不明显的学生实施更具有针对性、更有个性特征的动机引导策略。

参考文献

[1] 习近平．习近平谈治国理政（第三卷）[M]．北京：外文出版社，2020.

[2] 教育部课题组．深入学习习近平关于教育的重要论述 [M]．北京：人民出版社，2019.

[3] 中共中央党史和文献研究院．习近平关于总体国家安全观论述摘编 [M]．北京：中央文献出版社，2018.

[4] 习近平．决胜全面建成小康社会 夺取新时代中国特色社会主义伟大胜利——在中国共产党第十九次代表大会上的报告 [M]．北京：人民出版社，2017.

[5] 习近平．习近平谈治国理政（第一卷）[M]．北京：外文出版社，2014.

[6] 习近平．关于《中共中央关于制定国民经济和社会发展第十四个五年规划和二〇三五年远景目标的建议》的说明 [N]．人民日报，2020-11-04（1）.

[7] 新华社．习近平主持召开学校思想政治理论课教师座谈会强调 用新时代中国特色社会主义思想铸魂育人 贯彻党的教育方针落实立德树人根本任务 [N]．人民日报，2019-03-19（1）.

[8] 新华社．习近平在全国教育大会上强调 坚持中国特色社会主义教育发展道路 培养德智体美劳全面发展的社会主义建设者和接班人 [N]．人民日报，2018-09-11（1）.

[9] 习近平．在北京大学师生座谈会上的讲话 [N]．人民日报，2018-05-03（1）.

[10] 习近平．全面贯彻落实总体国家安全观 开创新时代国家安全工作新局面 [N]．人民日报，2018-04-18（1）.

[11] 新华社．习近平在全国高校思想政治工作会议上强调 把思想政治工作贯穿教育教学全过程 开创我国高等教育事业发展新局面 [N]．人民日报，2016-12-09（1）.

[12] 新华社. 习近平在首个全民国家安全教育日之际作出重要指示：强调汇聚起维护国家安全强大力量 不断提高人民群众安全感幸福感 [N]. 人民日报，2016-04-15（1）.

[13] 新华社. 习近平在中共中央政治局第二十九次集体学习时强调：大力弘扬伟大爱国主义精神 为实现中国梦提供精神支柱 [N]. 人民日报，2015-12-31（1）.

[14] 习近平. 做党和人民满意的好老师——同北京师范大学师生代表座谈时的讲话 [N]. 人民日报，2014-09-10（1）.

[15] 习近平. 坚持总体国家安全观 走中国特色国家安全道路 [N]. 人民日报，2014-04-16（1）.

[16] 冯刚. 改革开放 40 年高校思想政治教育编年史（1978—2018）[M]. 北京：北京师范大学出版社，2019：461.

[17] 岳修峰，向春枝，陈璐. 普通高等学校“三全育人”研究 [M]. 北京：中国社会科学文献出版社，2018.

[18] 路德维希 · 冯 · 贝塔朗菲. 一般系统论 [M]. 秋同，袁嘉新，译. 北京：社会科学文献出版社，1987.

[19] 潘忠歧. 世界秩序：结构、机制与模式 [M]. 上海：上海人民出版社，2004.

[20] P B 切克兰德. 系统理论的思想与实践 [M]. 左小斯，史然，译. 北京：华夏出版社，1990.

[21] 张彩江. 复杂系统决策理论 [M]. 广州：广东人民出版社，2006.

[22] 秋山穰，西川智登. 系统工程 [M]. 高烈夫，译. 北京：机械工业出版社，1983.

[23] 汪应洛. 系统工程论 [M]. 北京：机械工业出版社，2008.

[24] 颜泽贤，张铁明. 教育系统论 [M]. 郑州：河南教育出版社，1991.

[25] 廖泉文. 高等教育系统工程 [M]. 厦门：厦门大学出版社，1990.

[26] 克龙巴赫. 通过评价改进课程 [M]// 陈玉琨，赵中建，译. 翟宝奎. 教育学文集 · 教育评价. 北京：人民教育出版社，1989.

[27] 张远增. 高等教育评价方法研究 [M]. 上海：复旦大学出版社，2002.

[28] 姜凤华．现代教育评价理论·技术·实践 [M]．广州：广东人民出版社，2003．

[29] 蒋广学．全环境育人理念的探索实践与网络思想政治教育的时代创新 [M]．北京：北京大学出版社，2016．

[30] 张伟宏．新时代高校“三全育人”机制研究 [M]．长春：吉林大学出版社，2019．

[31] 钱学森．论系统工程 [M]．长沙：湖南科学技术出版社，1982．

[32] 潘懋元．高等学校教学原理与方法 [M]．北京：人民教育出版社，1996．

[33] 顾明远．教育大词典（第一卷）[M]．上海：上海教育出版社，1990．

[34] 北京市高教局及北京航空学院等院校教育科学研究机构（合编）．教育评估理论与实践 [M]．北京：北京航空学院出版社，1987．

[35] 邹珊刚，黄麒维，李继宗．系统科学 [M]．上海：上海人民出版社，1987．

[36] 魏宏森，曾国屏．系统论 系统科学哲学 [M]．北京：清华大学出版社，1995．

[37] 陈秉公．思想政治教育学原理 [M]．北京：高等教育出版社，2006．

[38] 施良方．课程理论——课程的基础、原理与问题 [M]．北京：教育科学出版社，1996．

[39] 泰勒．课程与教学的基本原理 [M]．施良方，译．北京：人民教育出版社，1994．

[40] 黄甫全．课程与教学论 [M]．北京：高等教育出版社，2002．

[41] 阿瑞亚·莱维．教育大百科全书：课程 [M]．丛立新，赵静，译．重庆：西南师范大学出版社，2011．

[42] 应俊峰．研究型课程 [M]．天津：天津教育出版社，2001．

[43] 唐孝威．意识笔记 [M]．杭州：浙江大学出版社，2017．

[44] 潘菽．意识——心理学的研究 [M]．北京：商务印书馆，2018．

[45] 付瑞红．文化安全 [M]．北京：国际文化出版公司，2014．

[46] 赵耀，王建新．论新时代高校“三全育人共同体”的内涵与建构——基于利益趋同、价值共同和行动协同的思考 [J]．中国矿业大学学报（社会科学版），2021（3）：11-24．

[47] 余嘉云．“三全育人”的生态主义理论阐释与实践路径探索 [J]．南京师范大学学报（社会科学版），2021（1）：130-138．

[48] 邓国彬．新时代高校“三全育人”格局体系构建 [J]．社会科学家，2020（3）：141-145．

[49] 杨晓慧．高等教育“三全育人”：理论意蕴、现实难题与实践路径 [J]．中国高等教育，2018（18）：4-8．

[50] 丁丹．新时代高校“三全育人”探赜：机理、问题与路向 [J]．思想教育研究，2020（6）：119-123．

[51] 杨晓慧．高等教育“三全育人”：理论意蕴、现实难题与实践路径 [J]．中国高等教育，2018（18）：4-8．

[52] 王艳平．高校“三全育人”的特征及其实施路径 [J]．思想理论教育，2019（9）：103-106．

[53] 张平，丁德智．“三全育人”视域下民办高校思想政治教育创新 [J]．学校党建与思想教育，2020（4）：39-41．

[54] 刘承功．高校“三全育人”的核心要求、目标任务和实现路径 [J]．思想理论教育，2019（11）：92-95．

[55] 刘润，王小莉．高校“三全育人”工作路径与机制的探索实践 [J]．思想教育研究，2020（6）：115-118．

[56] 王习胜．“三全育人”合理性的逻辑诠释 [J]．思想理论教育，2019（3）：52-56．

[57] 张睿．协同论视域下高校“三全育人”实施的机理与路径 [J]．思想理论教育，2020（1）：101-106．

[58] 冯刚，陈飞．新时代高校立德树人的治理架构与实施路径 [J]．思想教育研究，2020（7）：99-104．

[59] 于景元．系统科学和系统工程的发展与应用 [J]．科学决策，2017（12）：1-18．

[60] 顾基发，唐锡晋．从古代系统思想到现代东方系统方法论 [J]．系统工程理论与实践，2000（1）：89-92．

[61] 包国庆．教育系统工程的内涵与类型 [J]．高等理科教育，2003（3）：

20-24.

[62] 段敏静，裴新宁，李馨．教育系统的范式转变 [J]．中国电化教育，2009（5）：1-6.

[63] 李国栋，朱灿平．坚持“三全”育人注重思想政治工作实践 [J]．中国高等教育，1999（24）：14-15.

[64] 张文雪．试论大学教师文化建设 [J]．清华大学教育研究，2006（6）：26-29.

[65] 顾德光．我国大学教师文化建设的审视与批判 [J]．现代远距离教育，2009（2）：42-45.

[66] 孙梦云，杨国辉，曹又华．思想政治教育评估的研究状况分析 [J]．湖南师范大学社会科学学报，2006（1）：59-63.

[67] 江乐园．浅析高校院系学生思想政治教育评估指标体系构建中的问题 [J]．中国电力教育，2008（19）：173-174.

[68] 鄢显俊．论高校“课程思政”的“思政元素”、实践误区及教育评估 [J]．思想教育研究，2020（2）：88-92.

[69] 李春宏．大学生价值观教育评估的意义和体系构建 [J]．教育评论，2015（10）：68-71.

[70] 高德毅，宗爱东．从思政课程到课程思政：从战略高度构建高校思想政治教育课程体系 [J]．中国高等教育，2017（1）：43-46.

[71] 肖昕，张天雪．优质教育更加丰富——《教育规划纲要》十年回眸与展望之四 [J]．中国教育学刊，2021（1）：19-22，84.

[72] 吴刚平．校本课程开发的思想基础 [J]．外国教育研究，2000（6）：7-11.

[73] 黄凌飚．关于过程性评价的思考 [J]．课程•教材•教法，2004（10）：15-19.

[74] 张瑞，刘志军．教师：不可或缺的课程评价主体 [J]．课程•教材•教法，2008（8）：11-16.

[75] 李润洲，张良才．论“教师即研究者” [J]．教育研究，2004（12）：60-64.

[76] 夏雪梅．教师课程实施程度的评估：一种整合架构 [J]．教育发展研究，2009（22）：19-24.

[77] 张俊列．中国课程评价研究 40 年：历程、主题与展望 [J]．课程•教材•教法，2018（10）：59-66.

[78] 阳利平．对“教师即研究者”命题的探析 [J]．教育发展研究，2017（10）：5-8.

[79] 黄元国，陈雪营．大学教师教学能力：内涵、困境与实践路线 [J]．当代教育论坛，2019（6）：49-54.

[80] 杨彩霞．教师学科教学知识：本质、特征与结构 [J]．教育科学，2006（2）：60-63.

[81] 郑敬斌，李鑫．科学构建课程思政教学体系谫论 [J]．思想理论教育，2020（7）：65-69.

[82] 朱德全，杨鸿．论教学知识 [J]．教育研究，2009（10）：74-79.

[83] 陈文清．牢固树立总体国家安全观在新时代国家安全工作中的指导地位 [J]．求是，2019（8）：18-25.

[84] 邹放鸣，边和平，潘盘甫．抓好大学生国家安全教育 [J]．中国高等教育，2010（10）：43-44.

[85] 赵庆寺．新时代高校国家安全教育的理念、逻辑与路径 [J]．思想理论教育，2019（7）：99-105.

[86] 刘跃进．总体国家安全观指导下的总体国家安全教育 [J]．河南警察学院学报，2019（1）：10-15.

[87] 张卫伟，余玉花．新时代个体国家意识生成的现实逻辑 [J]．思想教育研究，2019（11）：52-58.

[88] 董晓辉．国家安全教育融入高校思想政治理论课的新思考 [J]．思想理论教育导刊，2019（8）：100-104.

[89] 金娜．基于 CIPP 模式的高校国家安全教育评价研究 [J]．黑龙江高教研究，2017（8）：93-95.

[90] 张正明，李科，问鸿滨．高校国防教育课程评价指标体系的建构 [J]．西安交通大学学报（社会科学版），2011（7）：93-96.

[91] 杨洋，王强，高建．课程思政是方法不是“加法”[J]．中国高等教育，2020（8）：4-5.

[92] 谭绍珍，曲琛．认知过程模型研究述评 [J]．四川教育学院学报，2004（11）：33-35.

[93] 叶浩生，曾红，杨文登．生成认知：理论基础与实践走向 [J]．心理学报，2019（11）：1270-1280.

[94] Susan Veronikas，Michael F Shaughnssy，盛群力．教育心理学与教育技术学联盟：促进学习者认知变化 [J]．远程教育杂志，2008（1）：21-26.

[95] 赵广成，付瑞红．国际体系的结构性变化析论 [J]．现代国际关系，2011（8）：32-38.

[96] 付瑞红．奥巴马政府东亚战略的特征及影响 [J]．现代国际关系，2009（9）：8-11.

[97] 付瑞红．国际文化秩序与中国文化安全战略 [J]．中共中央党校学报，2012（10）：96-99.

[98] 付瑞红．美国和越南军事合作的新变化与未来走向评析 [J]．东南亚研究，2013（1）：24-29.

[99] 付瑞红．“一带一路”与公共外交在东南亚地区的互动发展分析 [J]．广西社会科学，2016（9）：44-49.

[100] 付瑞红．里根政府对苏联的“经济战”：基于目标和过程的分析 [J]．俄罗斯东欧中亚研究，2019（1）：85-103.

[101] 付瑞红．基于 OBE 理念的教学科研一体化探索与实践 [J]．教学研究，2017（5）：29-33.

[102] 付瑞红，王爱冬．信息化时代高等教育理念及课程模式的探索 [J]．教学研究，2013（3）：8-10.

[103] 闫忠林，问鸿滨．“总体国家安全观”视域下高校国防教育教学内容改革成效指标体系建构的研究 [J]．教学研究，2019（5）：54-57.

[104] 叶欣，陈绍军．高校国防教育教学场域的困境和理性反思 [J]．江苏高教，2015（5）：59-61.

[105] 孙冬梅，刁彩霞．ARCS 动机设计模型及其在高校课堂中的实践探索 [J]．高校研究，2011（3）：141-144.

[106] 余青兰，王美倩．动机设计模型 ARCS 研究的最新进展及其在外语教学

中的应用 [J]. 现代教育技术，2015（5）：103-109.

[107] 陈立春. 美国 ARCS 学习动机设计模型的本土化研究 [J]. 上海教育科学，2009（12）：65-66.

[108] 钱学森，许国志，王寿云. 组织管理的技术——系统工程 [N]. 文汇报，1978-09-27（1）.

[109] 新华社. 中共中央关于制定国民经济和社会发展第十四个五年规划和二〇三五年远景目标的建议 [N]. 人民日报，2020-11-04（1）.

[110] 顾明远. 稳步提升教育质量和水平 [N]. 人民日报，2021-01-12（9）.

[111] 新华社. 中共中央国务院印发：新时代爱国主义教育实施纲要 [N]. 人民日报，2019-11-13（1）.

[112] 新华社. 分析研究 2017 年经济工作，审议《关于加强国家安全工作的意见》[N]. 人民日报，2016-12-10（2）.

[113] 杨大志. 政治安全是国家安全的根本 [N]. 解放军报，2018-04-20（7）.

[114] 刘利民. 把国家安全教育纳入国民教育体系 [N]. 光明日报，2016-04-16（6）.

[115] Daniel L Katz, Robert Kahn. The social psychology of organization[M]. New York: John Wiley, 1966.

[116] Niklas Luhmann. Essays on self-reference[M]. New York: Columbia University Press, 1990.

[117] Niklas Luhmann. Das erziehungssystem der gesellschaft[M]. Frankfurt am Main: Suhrkamp Verlag, 2002.

[118] Maccia E S. Development of educational theory derived from three theory models[M]. Washington, DC: U S Office of Education, 1966.

[119] Theodore W Frick. A systems view of restructuring education[C]//Charles M Reigeluth, Bela H Banathy, Jeannette R Olson. Comprehensive systems design: a new educational technology. Berlin: Springer-Verlag, 1993.

[120] M Scriven. Evaluation theory and metatheory[M]//T Kellaghan, D L Stufflebeam. International handbook of educational evaluation. London: Kluwer Academic, 2003.

[121] 斯塔弗尔比姆（Daniel L Stufflebeam），等.评估模型[M].苏锦丽，等译.北京：北京大学出版社，2007.

[122] A Hargreaves. Cultures of teaching and educational change[M]//B J Biddle, T L Good, I F Goodson. International handbook of teachers and teaching. NY: Springer, 1997.

[123] R F Elmore, S H Fuhrman. The governance of curriculum. Alexandria[M]. VA: ASCD, 1994.

[124] R D Crick. Assessment in schools-dispositions[M]//Penelope Peterson, Eva Baker, Barry McGaw. International encyclopedia of education(3rd Edition), Oxford : Academic Press, 2010.

[125] J Q Wilson. Bureaucracy: what government agencies do and why they do it[M]. New York, NY: Basic, 2000.

[126] L J Cronbach, S R Ambron, S M Dornbusch, et al. Toward reform of program evaluation[M]. San Francisco, CA: Jossey Bass, 1980.

[127] Lawrence Stenhouse. An introduction to curriculum research and development[M]. London: Heinemann Educational Books Ltd., 1975.

[128] Walter Dick, Lou Carey, James O Carey. The systematic design of instruction[M]. New York: Pearson, 2008.

[129] Benjamin S Bloom. Taxonomy of educational objectives: the classification of educational goals[M]. London: Longmans, 1956.

[130] Lorin W Anderson, David R. Krathwohl. A taxonomy for learning, teaching, and assessing: a revison of Bloom’s taxonomy of educational objectives[M]. NY: Longman, 2001.

[131] John M Keller. Motivational design of instruction[M]//Carles M. Reigeluth. Instructional design theories and models: an overview of their current status. NJ: Lawrence Erlbaum Associates, 1983.

[132] John M Keller. Motivational design for learning and performance: the ARCS model approach [M]. NY:Springer, 2010.

[133] B H Banathy. Systems inquiry in education[J]. System Practice, 1988,

1(2):193-212.

[134] M W McLaughlin, J E Talbert. Building school-based teacher learning communities: professional strategies to improve student achievement[M]. NY: Teachers College Press, 2006.

[135] Richmond B. Systems thinking: critical thinking skills for the 1990s and beyond[J]. System Dynamics Review, 1993(92):113-133.

[136] Gordon K C Chen. What is the systems approach?[J]. Interfaces, 1975(1): 32-37.

[137] Lise Ann Tole. Durkheim on religion and moral community in modernity[J]. Sociological Inquiry, 1993 (1) :1-29.

[138] A J Milson, B W Chu. Character education for cyberspace: developing good netizens[J]. The Social Studies, 2002 (3):117-119.

[139] C Hongboontri, N Keawkhong. School culture: teachers’ beliefs, behaviors, and instruction practice[J]. Australian Journal of Teacher Education, 2014 (5):66-88.

[140] J Sachs, R Smith. Constructing teacher culture[J]. British Journal of Sociology of Education, 1988(4):423-436.

[141] A Hargreaves. Changing teachers, changing times: teachers’ work and culture in the postmodern age[M]. NY: Teachers College Press, 1994.

[142] C Boucher, A Smyth, M Johnstone. Creating collaborative spaces: the pleasures and perils of doing multi-disciplinary, multi-partner qualitative research[J]. Journal of Higher Education Policy and Management, 2004 (3):419-428.

[143] K Verweire, V D B Lutgart. Integrated performance management: adding a new Dimension[J]. Management Decision, 2003, 41(8):782-790.

[144] Dineke E H Tigelaar, Diana H J M. Dolmans, Ineke H A P Wolfhagen, et al. The development and validation a framework for teaching competencies in higher education[J]. Higher Education, 2004 (2):253-268.

[145] Philip A Streifer, Edward F Iwanicki. The validation of beginning teacher

competencies in connecticut[J]. Journal of Personnel Evaluation in Education, 1987(1):33-55.

[146] Lee S Shulman. Knowledge and teaching: foundations of the new reform[J]. Harvard Educational Review, 1987 (1):1-22.

[147] Richard J Stiggins. Assessment literacy[J]. Phi Delta Kappan, 1991(7):534-539.

[148] Carole Ames. Classrooms: goals, structures, and student motivation[J]. Journal of Educational Psychology, 1992, 84(3):261-271.

[149] E Thompson. Empathy and consciousness[J]. Journal of Consciousness Studies, 2001 (8) :1-32.

[150] Philip H Winne. Why process-product research cannot explain process-product findings and a proposed remedy: the cognitive mediational paradigm[J]. Teaching and Teacher Education, 1987, 3(4): 333-356.

[151] Carole Ames. Classrooms: goals, structures, and student motivation[J]. Journal of Educational Psychology, 1992, 84(3):261-271.

[152] Carole Ames, Jennifer Archer. Achievement goals in the classroom: student' s learning strategies and motivation process[J]. Journal of Educational Psychology, 1988, 80(3):260-267.

[153] Paul R Pintrich, Elisabeth V De Groot. Motivational and self-regulated learning components of classroom academic performance[J]. Journal of Educational Psychology, 1990(1):33-40.

[154] John M Keller. Development and use of the ARCS model of instructional design[J]. Journal of Instructional Development, 1987(3):2-10.

[155] John M Keller. Motivation, learning, and technology: applying the ARCS-V motivation model[J]. Participatory Educational Research, 2016(2):1-13.

[156] J Mezirow. A critical theory of adult learning and education[J]. Adult Education, 1981, 32(1):3-24.